幼儿情绪管理的方法与策略
——给幼儿教师和家长的教育建议

莫源秋 著

中国轻工业出版社

图书在版编目(CIP)数据

幼儿情绪管理的方法与策略：给幼儿教师和家长的教育建议／莫源秋著．—北京：中国轻工业出版社，2018.3（2024.3重印）

ISBN 978-7-5184-1779-7

Ⅰ.①幼… Ⅱ.①莫… Ⅲ.①情绪－自我控制－学前教育－教学参考资料 Ⅳ.①G613

中国版本图书馆CIP数据核字（2017）第311991号

保留所有权利。非经中国轻工业出版社"万千教育"书面授权，任何人不得以任何方式（包括但不限于电子、机械、手工或其他尚未被发明或应用的技术手段）复印、拍照、扫描、录音、朗读、存储、发表本书中任何部分或本书全部内容，以及其他附带的所有资料（包括但不限于光盘、音频、视频等）。中国轻工业出版社"万千教育"未授权任何机构提供源自本书内容的电子文件阅览、收听或下载服务。如有此类非法行为，查实必究。

责任编辑：吴　红　　　责任终审：腾炎福
策划编辑：吴　红　　　责任校对：刘志颖　　　责任监印：吴维斌

出版发行：中国轻工业出版社（北京鲁谷东街5号，邮编：100040）
印　　刷：三河市鑫金马印装有限公司
经　　销：各地新华书店
版　　次：2024年3月第1版第5次印刷
开　　本：710×1000　1/16　印张：17.5
字　　数：181千字
印　　数：12001—14000
书　　号：ISBN 978-7-5184-1779-7　　定价：48.00元
读者热线：010-65181109
发行电话：010-85119832　　010-85119912
网　　址：http://www.chlip.com.cn　　http://www.wqedu.com
电子信箱：1012305542@qq.com
版权所有　侵权必究
如发现图书残缺请拨打读者热线联系调换
240284Y1C105ZBW

前 言

情绪管理是指以社会认可的方式抑制或者调节情绪的过程。幼儿情绪管理就是控制幼儿的情绪，使之以符合社会标准的方式来流露或展现。幼儿情绪管理有两种模式：一是自我管理，二是他人管理。

幼儿情绪的自我管理模式是指幼儿能够依靠自身的能力控制、转移和修正自己的情绪，使之以符合社会标准的方式来流露或展现。幼儿情绪的他人管理模式是指教育者通过各种方式控制、转移和修正幼儿的情绪，使之以符合社会标准的方式来流露或展现。

孩子年龄越小，其情绪自我管理能力越差，越需要他人管理。从情绪管理能力发展来看，孩子的情绪管理能力是从他人管理模式逐渐向自我管理模式发展的过程；从教育目标来看，把情绪管理从教育者的管理转化为孩子的自我管理是幼儿情绪管理的终极任务。因此，教育者不仅要对情绪自我管理能力差的幼儿进行管理，更要培养他们的情绪自我管理能力，使其逐渐成为善于进行情绪自我管理的人，进而促进其情绪与行为的健康发展。

幼儿情绪管理，不仅包括对消极情绪的控制，也包括对积极情绪的培养。我们的目标是，让幼儿的情绪，不管是积极情绪还是消极情绪都能在社会认可的范围内表现出来。对幼儿的情绪进行管理，不是消除幼儿相应的情绪，而是尊重并引导其以合理的方式表现出来。

鲁道夫·谢弗的研究表明："借助于父母和老师的帮助，获得相应的策略去管理自己的情绪及其表现，个体运用这些策略的范围越广，运用得越娴熟

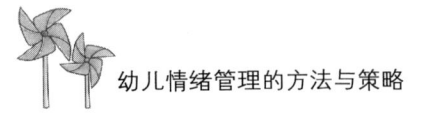

和恰当,其社会事业就越可能成功。"贝克则发现,"那些参照他人的情绪来调整自己的情绪表达的孩子,在老师看来特别爱帮助别人,具有合作性,并有良好的社交回应"。

本书在写作的过程中使用了"教育者"一词,其内涵是对幼儿进行教育的人,包括幼儿园教育工作者和家长。这是因为对幼儿的情绪进行管理,单靠教师不行,单靠家长也不行,需要双方齐心协力才行。

本书旨在引发幼儿教师和家长对孩子的情绪及其发展的关注,同时努力为大家正确理解和有效应对孩子们的各种情绪及其行为提供帮助。它是我迄今为止花费时间最多的一本书,也是我写得最痛苦的一本书。在写作过程中,几易章节条目,经过了几次资料的收集与废弃,最后连书名也换了……虽然我写得很辛苦,但是若本书在孩子的情绪管理方面能给幼儿园教师和家长一些启迪,那么,我将会感到十分欣慰。真心希望本书能给大家提供实质性的帮助。

愿孩子们情绪健康,心理健康,身体健康!

在本书的编写过程中,我参考了一些国内外同行的研究文献,在此对他们表示由衷的谢意!

由于时间仓促,加上作者水平有限,书中一定存在不足之处,敬请阅读、使用本书的读者朋友批评指正。

莫源秋

2017 年 10 月 20 日

目 录

前 言 ··· I

第一章 幼儿情绪管理的一般原理 ·· 001
一、幼儿期孩子情绪的一般特点 ·· 001
二、幼儿期孩子情绪管理的原则 ·· 009
三、幼儿期孩子情绪管理的一般方法 ··· 020

第二章 幼儿的心理防御与应对 ·· 033
一、孩子的幻想性防御行为与有效应对 ·· 034
二、孩子的退化防御行为与应对 ·· 039
三、孩子的宣泄防御行为与应对 ·· 044
四、孩子的文饰作用防御行为与应对 ··· 068
五、孩子的隐居性行为与应对 ··· 074

第三章 幼儿的积极情绪及其行为的培养 ·· 081
一、培养孩子的安全感 ·· 081
二、培养孩子的同情心 ·· 095
三、培养孩子的自信心 ·· 112
四、培养孩子的责任感 ·· 135
五、培养孩子的自控力 ·· 152

· III ·

第四章 幼儿的消极情绪及其行为的有效应对……171
　　一、孩子的哭泣行为与应对……171
　　二、孩子的黏人行为与应对……199
　　三、孩子的吸吮手指行为与应对……207
　　四、孩子的小气行为与应对……216
　　五、孩子的购物狂行为与应对……224
　　六、孩子的磨蹭行为与应对……229
　　七、孩子的愤怒情绪及其行为与应对……236
　　八、孩子的嫉妒情绪及其行为与应对……248
　　九、孩子的懦弱性格及其行为与应对……259

第一章 幼儿情绪管理的一般原理

幼儿期孩子的情绪具有易冲动性、外露性、易变性,与他们的需要能否得到满足有关,孩子的认识是其情绪的基础。了解孩子情绪的这些特点,有利于我们制定出更有针对性、更有效的情绪管理原则和方法。

一、幼儿期孩子情绪的一般特点

孩子一出生就有最原始的情绪反应。这时的情绪状态主要取决于生理需要是否得到满足和健康状况。在身体健康的情况下,一般只要吃饱、睡足,孩子就会感到愉快。如果身体不舒服、饥饿,或受到不良刺激,孩子就会哭闹。不过,新生儿由于对环境的适应能力低,消极情绪比较多,常常哭闹。两三个月的婴儿,由于产生了与成人接触的社会需要,因此,有人逗他玩时就咯咯地笑。四五个月时,婴儿有了摆弄物体的需要,此时有无鲜艳的玩具供他玩耍,常常是他情绪变化的原因。六七个月的婴儿对亲人非常依恋,情绪会因抚养者的存在或离去而变化。研究表明,孩子依恋的第一个对象一般是母亲。测定孩子依恋强度的两个重要标准是:孩子遇到陌生人的反应;孩子与母亲分离时的表现。

1岁后,随着适应能力的增强,孩子肯定的情绪反应开始超过否定的情绪反应。随着年龄的增长,3岁左右的幼儿开始出现比较复杂而多样的社会化情感。例如:受到大人称赞时,表现出满意;受到责备时,表现出烦恼、惧

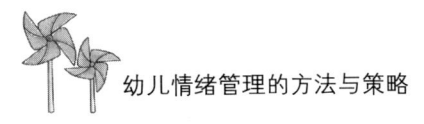

怕。又如：孩子肯把自己想玩的玩具让给其他同伴玩；孩子懂得为了不影响其他小朋友休息，上床后不乱说话、不乱动，努力约束自己的行为。这说明，3岁左右的孩子已有了最初的情绪与行为的管理能力。

案例1-1　我不吝啬

不到3岁的小男孩获得一辆小自行车，他和爸爸来到庭院，开始骑车。3岁的小女孩尼尼也来到街上，不声不响地站在路边。小男孩把车子骑到小女孩跟前骄傲地停下来，用手拍了拍车把。小女孩向前跨了一步，畏惧地摸了一下车把。小男孩使劲地一蹬脚踏板，骑走了，在几步远的地方，转身对小女孩说："不让你动！"小女孩哭了。这时，小男孩的爸爸开始斥责他："你真不害羞！你真吝啬！给尼尼骑一会儿。"小男孩说："我不吝啬！"爸爸又说："不，你吝啬。尼尼常常把玩具给你玩，你这个吝啬鬼……"小男孩几乎要哭了："我不要玩具了！"

爸爸继续说道："反正你是吝啬鬼！"这样，小男孩没精打采地从车上下来，把车子推到尼尼跟前，扔下车子就跑了。他边跑边说："我不是吝啬鬼，我把车子给尼尼了。"但小男孩放弃自己喜爱的东西后并不甘心。他非常难过，跑到爸爸跟前哭了起来。他边哭边说："她已经骑上了。"

案例中的小男孩由于羞愧而克制了自己，尽管他不太想让步。这说明，3岁左右的孩子已有管理自己情绪的能力了。

加拿大心理学家布里兹斯的研究表明：新生儿只有一般性的激动反应，以后分化为痛苦和快乐；痛苦又进一步分化为愤怒、厌恶、恐惧和嫉妒；快乐又进一步分化为喜爱和高兴。

由于生活经验和思维水平的限制，幼儿期的孩子常常不能深刻地理解事物的意义，因此，情绪情感对孩子生活的影响就极为明显。在正确教育的熏陶下，随着语言和认知能力的发展，孩子的情绪情感也在不断发展。幼儿情绪情感的发展受其神经系统的发展，及其知识、经验和智力发展水平的影响，表现出如下特点。

（一）易冲动

幼儿常常处于激动状态。他们会由于某一事物的影响而冲动，听不进成人的话，而且短时间内不能平静。这种特点在较小孩子的身上表现得尤为突出。例如，老师宣布要带小朋友们去看木偶戏，孩子们立刻欢叫起来。老师想再提些要求，结果孩子们一句也听不进去。又如，玩具被别人拿去，孩子会大吵大闹，成人对他进行劝慰，他根本听不进去。

在成人正确的教育和要求下，加上集体生活的适当约束，孩子逐渐学会根据成人的语言指示来调节、控制自己的情绪。孩子上幼儿园大班时情绪的冲动比上小班时明显地减少了。

案例 1-2　踢了老师一脚

游戏时，天安推倒了遥遥搭好的积木，遥遥向丁老师告状。丁老师找到天安，对他说："天安，你刚才为什么要把遥遥的积木推倒？"天安低着头没有说话。丁老师接着说："老师有没有讲过不能随便推倒小朋友搭好的积木？"天安仍旧低头不说话。这时，丁老师皱了皱眉说："天安，去向遥遥道歉，并且帮她把积木搭好。"天安扭头就走，丁老师一把拉住他说："我说的话你都不听了！快道歉。"天安扭头踢了老师一脚，跑开了。

天安的"破坏性行为"和"攻击性行为"都是其情绪冲动性的表现。

（二）不稳定和易变化

幼儿期孩子情绪的稳定性比3岁前稍有提高，但总体来看仍不稳定，容易变化，表现为两种对立情绪在短时间内可互相转换。例如，两个小朋友刚刚因争执而打架，转眼间又和好了，常常是眼泪未干又笑了。这个时期孩子的情绪情感的变化常受外界的影响，容易受感染和暗示。例如，在幼儿刚入

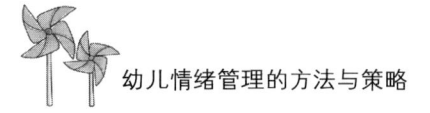

园时，看见一个小朋友哭，大家都会哭起来；看见大人笑，他们也会莫名其妙地笑起来。

（三）比较外露，自我控制情绪的能力差

幼儿期孩子的情绪大都表露于外，他们不会掩饰和控制自己的情绪。特别是小班的孩子，无论高兴还是愤怒，都会在外部行动上直接表现出来。例如：看小人书时，他往往会把书上所画的坏蛋的脸涂黑或把眼睛挖掉；某人惹他时，他会叫喊"××最坏"；打针时，嘴里说要勇敢、不哭，可还是会流眼泪。

（四）需要是孩子情绪产生的基础

孩子的情绪与其需要是否得到满足密切相关。当孩子的需要得到满足时，就会产生肯定的（或称积极的）情绪，如满意、兴奋、喜悦、热爱；而当孩子的需要得不到满足或者追求满足需要的努力遇到挫折时，就会产生否定的（或称消极的）情绪，如失望、忧虑、愤怒、憎恨等。比如，孩子的愤怒往往是其愿望得不到满足，实现愿望的行为一再受到阻挠引起的紧张积累而产生的一种情绪体验；孩子的恐惧情绪往往是由于缺乏准备，不能处理、驾驭或摆脱某种危险情境时所产生的一种情绪体验；孩子的悲哀情绪往往是因为所热爱事物的失去或愿望破灭而产生的一种情绪体验；孩子的害羞情绪是对自己的外部或心理缺点被暴露的恐惧；孩子的焦虑往往是由于不能达到目标或不能克服障碍的威胁致使自尊心受挫，或使失败感和内疚感增加，形成一种紧张不安、带有恐惧的情绪状态。

因此，我们要想有效地应对孩子的不良情绪，就要研究其背后的需要及所起的作用。

案例1-3 孩子怕黑夜

孩子十分抵触自己一个人睡一个房间。

儿子：妈妈，我怕。

妈妈：妈妈小的时候也经常有害怕的感觉。

儿子：真的？你什么时候会害怕？

妈妈：有时晚上怕黑，怕莫名其妙的东西，其实到了白天什么也没有，就自己吓自己。（告诉孩子，有时害怕的东西是不存在的）你害怕的时候最想要什么？（帮助孩子探索需求）

儿子：想要妈妈陪。

妈妈：如果妈妈没空陪，你需要什么呢？

儿子：有声音和亮光的时候，我就不害怕。

妈妈：那么我在你的房间放个夜光灯行吗？

儿子：太好了。

经过这样的对话，孩子明白了自己害怕是因为怕黑和静，只要有一点亮光就不那么害怕了。孩子每一次有情绪产生的时候，都是一个机会，我们可以借此了解孩子情绪背后的需要是什么。了解了孩子情绪背后的需要，我们才能更好地引导孩子管理自己的情绪。

案例1-4 害怕独自睡觉的小雪

中班的小雪每天吵着要老师陪她午睡，原因是："我害怕，我会做噩梦的。"一天，小雪在玩芭比娃娃，她指挥芭比娃娃不停地游泳，一会儿上，一会儿下。突然，小雪以芭比娃娃的口吻说道："妈妈，妈妈，芭比不会游泳，好害怕！"这一幕被细心的老师看见了。想到小雪不敢独自睡觉，总嚷嚷着会做噩梦的情形就是从学游泳开始的，她便拿起手机，和小雪的妈妈交流起来。最终的结果是：放弃游泳后，小雪渐渐地不再害怕独自睡觉了。

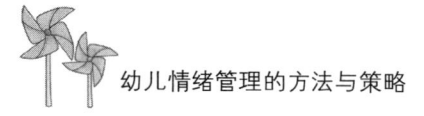

（五）认识也是孩子情绪产生的基础

研究表明，孩子的情绪与其对相关事物的认识有很大的关系。比如，孩子对幼儿园和教师有恐惧心理，原因在于，在他入园前，其家人时常用幼儿园和教师来吓唬孩子："你不听话，我就把你送去幼儿园。""你不听话，我就打电话叫老师来治你。"……孩子不喜欢跟小伙伴玩，那可能是因为他有被小伙伴欺负的痛苦经历；有的孩子受到老师批评后，就不想上幼儿园了，可能是因为他认为老师批评他就是不喜欢他；孩子见到护士就哭，因为他认为护士都是打针的，都是让他"痛"的人。

幼儿期的孩子对事物的认识还很有限，有些时候，恐惧往往是由不正确的认识引起的，或是由成人对某些事物不正确的解释使孩子产生的错误认识引起的。比如，大人说："大灰狼有尖尖的牙齿，它会吃小孩。"孩子不知道在什么情况下自己才可能遇见大灰狼，以为这个可怕的家伙随时都有可能向自己扑来，于是产生了恐惧情绪。成人可以告诉孩子，书上画的狼是假的，动物园里的大灰狼被锁在铁笼子里，只要不是一个人待在偏僻的大森林里（通常在很远很远的地方），他就不会遇见狼。这样，即使孩子知道狼是凶恶、危险的，也不至于在任何情况下一提到狼就害怕。

了解孩子情绪发展的特点，有利于我们更有针对性地、更加有效地帮助孩子进行情绪管理。比如：根据孩子情绪的易变性，我们可以利用注意力转移来达到对孩子的情绪进行调控的目的；根据孩子情绪的外露性，我们可以通过孩子的表情和行为来观察、判断孩子的情绪状态，进而对他们进行有针对性的教育；根据孩子的情绪与需要、认识的关系，我们可以改变孩子的需要和认识，以调控他们的情绪及其行为。

案例 1-5 为了爱

在游戏活动中，朵朵跑到危老师的身边说："危老师，我要喝水！"危老师抚摩了一下朵朵的头说:"去喝水吧。"朵朵高兴地跑到饮水机前,接了一杯水走了。过了一会儿,朵朵又来到危老师的面前说:"危老师,我还要喝水!"危老师又抚摩了一下她的头说:"去喝水吧。"可是,不一会儿,朵朵又跑过来说:"危老师,我又想喝水了。"接着,她主动把头往危老师的怀里送。这时,危老师才恍然大悟,朵朵真正的意图不是想喝水,而是想得到老师的爱抚。

当我们发现孩子的情绪与行为问题时,一定要想一想,他们的情绪与行为背后的真实需要是什么,把这个问题弄清楚,我们才能采取有针对性的、有效的措施。

(六)孩子的人格发展与情绪特点

在孩子入小学之前是对其进行人格教育的重要时期。如果孩子能顺利度过这一时期,今后他的人格就可能走上健康发展的轨道;反之,就可能走上不健康的发展之路。那么,家长该如何引导孩子走上人格健康发展的轨道呢?在这方面,著名心理学家埃里克森的理论为我们的教育提供了有益的启示。

埃里克森认为,孩子在上小学前会出现影响其人格发展的三个危机。

1. 危机1——基本信任对基本不信任(0—1岁)

孩子周岁前所面临的第一个危机,是源于对人信任还是不信任的问题。这时候的孩子处于无助状态,其生活的一切需求,完全依赖成人方能获得满足。在需求与满足中,孩子与成人之间开始建立了人际关系。如果孩子在饮食、安全、关爱等方面的需求都得到了满足,他自然就会对使他的需求得到满足的人产生信任;反之,如果孩子的需求不能得到满足,就会把他周围的环境视为恐怖的世界,对人自然也就不会信任。埃里克森还认为,虽然这类信任对不信任的危机主要发生在1岁前,但就影响孩子今后的人格发展而言,其信任或不信任的态度,将由对父母扩大到对其他人。因此,从孩子出生起,父母就应与孩子建立起以信任为基础的社会关系,尽可能地满足孩子在饮食、安全、关爱等方面的需求,进而为其以后与其他人建立良好的关系奠定良好的人格基础。这里需要特别强调的是，在这一时期，做父母的要多抱抱孩子，要多与孩子进行肌肤接触，不要让孩子产生"肌饿感"，要经常亲切地和孩子说说话——尽管他还不一定听得懂，但这样做会使孩子感到安全，感到自己是被人关爱的，这有利于孩子的身心健康发展，有利于孩子将来形成健康的人格。一些人认为，对这个时期的孩子不要抱得太多，孩子哭就让他去哭，不然会把孩子"抱坏"的。我认为，这种观念是错误的，也是不人道的。因为这样做，会使孩子对周围的世界产生信任危机，不利于孩子将来健康人格的形成和发展。

2. 危机2——自主行动对羞怯和怀疑（1—3岁）

在这一时期，孩子面临的挑战是能否适时掌握基本的生活能力，如吃饭、穿衣、大小便等。这一阶段的孩子，不但对周围的事物感到好奇，而且喜欢自己的事情自己做，不让大人帮助。如果父母在确保孩子安全的情况下，让孩子自主、自动地照顾自己（如吃饭、喝水、穿衣、大小便等），当他遇到困难时，适当协助，并在其完成后给予鼓励，就会培养孩子独立自主、遇事不依赖别人的能力。反之，如果父母过分限制孩子的活动，或是出于溺爱，或是出于苛刻，替孩子包办一切，不给孩子独立自主的机会，孩子稍有差错（如打翻了杯子或夜里尿床），即施以惩罚，则会使孩子见人就感到羞怯，遇事丧失信心，对自己的能力充满怀疑。无论孩子在此时期所养成的人格倾向如何，均将影响他以后人格的发展。埃里克森认为，在这个阶段如果自主性超过了羞怯和疑虑，孩子就会形成自主的品质。所以，为了孩子人格的健康发展，这个时期至关重要的不是给孩子无微不至的照顾，而是要逐渐培养与其能力相适应的自理能力，尽可能让孩子自己照顾自己。

3. 危机3——自动自发与退缩内疚（3—6岁）

这一时期的危机在于自动自发与退缩内疚两极之间冲突的化解。此时，孩子对自己、对别人以及对周围环境中的事物都很好奇，而且喜欢表现，喜欢在别人面前展示自己；他们在行为表现上常常是有目的地讨好父母，讨好老师，希望得到父母和老师的支持。这一阶段的孩子喜欢身心各方面的活动，尤其是爱好团体规范，在这些活动中，他可以学到各种角色所担负的责任。在教育上，此阶段，有的孩子进入托儿所，有的进入幼儿园，接受正规的教育训练。埃里克森认为，幼儿园教育应以游戏为主，在游戏中发展孩子的感官功能，激发孩子的心智，培养孩子适应社会的能力。这样在较自然的情境中给予孩子自动自发的活动机会，他才会养成自动自发的性格。反之，若在家庭教育或幼儿园教育上刻意设计教学活动，提前教导孩子学习知识（如读、写、算）或才艺（如绘画、弹琴、舞蹈），将孩子提前置于不成功便失败的压力之下，其后果则是"揠苗助长"，无济于事，甚至在人格发展上，会使孩子养成遇事退缩与事后内疚的个性。因此，这时候的教育者应量力而行，要多让孩子积累成功的经验，不要盲目地让孩子受过多的挫折，要重视"挫折教育"，更要重视"成功教育"，这样才更有利于孩子人格的健康发展。

埃里克森的理论提示我们，对孩子的教育要适时而行，要根据孩子所处的不同危机阶段，对孩子进行适当的教育或提供适当的帮助，以促进孩子情绪和人格的健康发展。

二、幼儿期孩子情绪管理的原则

为了更好地管理幼儿期孩子的情绪，进而促进他们的心理健康发展，教育者在幼儿情绪管理的过程中应该注意以下原则。

（一）家园结合原则

要做好孩子的情绪和行为管理工作，必须家园合作，其理由有两个方面。

一方面，孩子的许多情绪和行为问题的产生，其根源在家庭而不在幼儿园。研究表明，有些孩子害怕的对象与他亲近的人所害怕的对象有着密切的关系。有些孩子多疑、敏感、胆小，与其父母胆小怕事、多疑也密切相关，这是因为家长在与孩子的交往过程中，有意无意地通过他们的言行将这些不健康的情绪和行为传染给了孩子。因此，在纠正孩子出现的某些情绪和行为问题时，要以整个家庭系统为对象，通过改善家庭关系，建立健康的家庭系统，从而使孩子所表现出的不良情绪和行为向健康的方向发展。

另一方面，家园教育力量形成合力，才能更好地促进孩子情绪和行为的健康发展，否则，就很难取得预期的教育效果，甚至可能会产生相反的效果。有这样一个例子：童老师发现，春节过后，每个孩子手中都有 1~2 件新颖的玩具。她认为，这是培养孩子们对集体的归属感和分享意识的好机会，于是，便鼓励每个孩子拿家中最好的玩具来园与大家分享，并准备第二天办一个玩具展览。可是，第二天，全班 36 位小朋友只有 3 位带来了自己的玩具。童老师问孩子们，为什么不将自己的玩具带来与大家分享。有的孩子说："妈妈不让带来，怕玩具被别的小朋友搞坏了。"也有的孩子说："奶奶说，'你拿去，奶奶以后就不再给你买玩具了！'"这么好的一个促进孩子社会性情感和行为发展的机会，由于没有得到家长们的支持和配合，反倒成了许多家长教育孩子自私、小气的机会。这不能不引起我们教育者的反思。

幼儿园应通过各种途径向家长宣传幼儿情绪和行为管理的基本知识和重要意义，帮助家长了解幼儿情绪和行为管理的目标、内容、途径和方法，让每个家长在关注孩子身体健康的同时，也能主动关注孩子的心理健康。家长应为孩子营造宽松、和谐的家庭氛围，给孩子提供与同龄人交往和参与社会生活的机会，还应不断提高自身的情绪和行为控制能力，规范自己的情绪和行为，在情绪和行为方面做孩子的表率。要支持并配合幼儿园的情绪和行为健康教育，家园共同商讨教育策略，做到家园教育一致。要保持情绪和行为健康教育的持续性和有效性，增强家园教育的合力，共同促进孩子情绪和行为的健康发展。

幼儿园要采取多种方式，与家长加强联系，争取家长的配合，双方共同做好孩子的情绪和行为教育工作。比如，定期开家长会，或建微信群、QQ

群,经常向家长宣传幼儿情绪和行为教育的重要意义和有关知识技能,经常与家长沟通孩子的情绪和行为发展状况、健康状况,并交换对孩子进行情绪和行为教育的心得、体会,有效地促进孩子情绪和行为的健康发展。

(二)示范性原则

因为幼儿期的孩子年龄小,他们在情绪和行为的发展方面具有很大的易感染性,其情绪和行为很容易受到教育者情绪和行为的影响。一个极端沉闷、忧郁、神经质的教师很难带出一个心理主流气氛活跃的班级,而心理主流气氛活跃班级的带班教师一定是那些性格活泼开朗、积极向上的教师。因此,教育者要注意在情绪和行为方面给孩子们树立积极的榜样,以利于孩子们情绪和行为的健康发展。例如,有一位教师在打开脚踏风琴的盖子时,突然发现里面有只小老鼠,她惊恐万分,并发出一声尖叫;一会儿,小老鼠跑出来了,小朋友们见了也都惊恐万分;后来,所有的小朋友都像那位教师一样,慌里慌张地躲避那只小老鼠,甚至有好几个幼儿跌倒在一起。如果教师能镇定自若,勇敢地拿起扫帚追打那只小老鼠,那么孩子们对老鼠的反应就不是这样了。

案例1-6 惨了

某班幼儿当中流行一句口头禅:"惨了!"原来,这句口头禅来自他们班的方老师。

第一天,方老师:"小朋友们,惨了!今天天气不好,又不能出去了。"

第二天,方老师:"小朋友们,惨了!今天太阳太大,出去很容易晒伤。"

第三天,方老师:"小朋友们,惨了!今天老师差点迟到了。"

……

经常说"惨了",说明教师心态悲观。悲观的老师可能带出一群悲观主义色彩浓厚的孩子。因此,我们主张,教育者在孩子们面前要说积极的话,做积极的事，以帮助孩子们形成积极的、健康的心态。比如，下雨了，老师可对孩子们这样说："小朋友们，今天下雨了，多好呀，我们可以欣赏雨景。"出太阳了，老师可对孩子们这样说："小朋友们，今天出太阳了，我们可以在太阳底下享受温暖的阳光了。"

幼儿教师要面临许多烦琐的工作——组织教学、负责幼儿的安全和健康、参加进修、接受培训、应付各种参观和检查、完成科研任务、撰写论文，还要经常加班，这使得幼儿教师感到身心疲惫；也许某一天和家人有误会，或者与领导有矛盾，心里会有些别扭……请记住，千万不要把这些疲劳、别扭、悲伤或愤怒带到小朋友面前。因为我们没有理由让小朋友来感受原本属于我们自己的不快乐。或许这不是那么容易的事，但为了下一代的健康成长，我们需要做出意志上的努力，每次与幼儿接触之前，要调整好自己的心态和情绪，努力以一种精神饱满、热情开朗、活泼快乐的形象，出现在小朋友们面前。

教育者在情绪及其表现上应该成为孩子们学习的楷模。因此，我们强烈主张，快乐应成为幼儿教师职业生活中的主导情绪，微笑应成为幼儿教师的一种职业习惯。

在情绪和行为反应上，教育者也应该为孩子树立良好的榜样——用你的行为告诉孩子，让孩子在潜移默化中受到影响，得到发展。比如，小宇因小凡将颜料溅到了他的纸上而愤怒地打了小凡。韦老师对小宇说："当你对另一个小朋友感到愤怒时，你要告诉他你的感受。你要对他说什么呢？试试看。"如果小宇不知道如何用语言表达愤怒，韦老师可以做示范，告诉他："你可以对小凡说：'你把颜料溅到了我的纸上。这让我很生气！'"韦老师还向小宇表达了自己的感受："小宇，你没有和小凡好好说而是打了他，这让我感到很不安。你需要用语言来告诉他你的感受，而不是打他。"这是韦老师在给小宇做情绪和行为反应的示范。只要教师一遍又一遍地提出这样的建议，相信孩子会注意到的，并且最终我们会听到一个孩子对另一个孩子说："用语言告诉他，不要打他。"这就是言传身教的效果。

如果教育者能控制好自己的情绪，认为问题是可以解决的，那么，教育者就为孩子树立了积极的榜样。请看下述案例与细节。

◆ 当看到孩子摔倒时，教育者沉着地说一些诸如"这一跤摔得不轻哦，但是，我觉得你没有怎么受伤"之类的话，听到这样的提示，大多数情况下孩子都会自己爬起来，继续去玩。

◆ 要是孩子的玩具弄丢了，教育者可以对他说："我知道你很喜欢那个玩具，要不要我帮你找呀？"

◆ 看到孩子的蜡笔断了，教育者可以告诉孩子："你的蜡笔是断了，但是没关系呀，你还可以用，而且现在你有两支蜡笔了！"

◆ 在孩子急躁不安的时候，教育者要保持冷静，要跟孩子说一些对情绪有积极导向的语言；在孩子面临不愉快的事情时，教育者要鼓励孩子以积极的态度应对，而不是抱怨。

教育者不能光用语言教育孩子，还应身体力行地教育他们如何来应对生活中那些不可避免的问题和令人失望的事情，只有这样才能取得预期的教育效果。

（三）尊重性原则

对孩子表现出来的情绪和行为，特别是对孩子表现出来的不良情绪和行为，教育者都应该给予充分的尊重，不可以取笑，不可以藐视，不可以指责，更不可以因其不良情绪和行为而贬损孩子本人。因为孩子情绪的出现是一件很自然的事情，没有对与错、好与坏。孩子的情绪，特别是不良情绪应该得到特别的尊重。孩子的不良情绪得不到尊重，将会导致孩子在教育者面前只能压抑自己的不良情绪，而不是通过适宜的方式表现出来或者宣泄出来，这对孩子的身心健康会有不良的影响。

因此，教育者要无条件地接受孩子的各种情绪，尤其是要接受孩子的不良情绪。比如，当孩子愤怒时，请教育者不要对孩子说"你没有理由愤怒"。当孩子对教育者说"我好害怕"时，请教育者不要对孩子说"你不应该感到害怕""天黑有什么好怕的呀？！好孩子要勇敢点！害怕的人是胆小鬼""有什么可怕的""好宝宝不当胆小鬼"，等等，这样不仅不能消除孩子内心的恐惧，还会在无形中传递给孩子这样一些观念：害怕是错的，是可耻的，是不够"勇敢"和缺少"英雄气概"。如果这些观念植入了孩子的内心，当孩子未来面对恐惧等不良情绪和行为的时候，他就可能会努力地去否认或者压抑它，甚至怀疑自己的能力。

当孩子出现消极情绪的时候，教育者要让孩子知道，这些情绪和感觉都是很自然的，没有什么对与不对，也无关什么高尚与可耻。尊重、接纳，有时可以直接解决孩子的情绪和行为问题，因为当孩子被接纳时，他的心情会变得平和，因而他就更有能力解决问题；被接纳，还有利于培养良好的亲子关系、师幼关系，被接纳的孩子对教育者会产生浓厚的好感和信任，更容易有效沟通、相互配合。教育者尊重并接纳孩子的害怕、难过、孤单、生气等消极情绪，有利于孩子更好地接纳自己，进而接纳他人。

案例 1-7 对秋千有恐惧心理的悦悦

幼儿园里，每次自由活动时，小朋友们都争着去荡秋千。平时活泼的悦悦总是躲在一旁，无论小朋友们怎么拉她，她都不去。小朋友们嘲笑她胆小，她气得哭起来。皮老师悄悄拉她到旁边问："你怎么不玩呢？是害怕吗？"悦悦回答道："不是。"皮老师又问："那是为什么呢？老师小时候也不敢玩，荡得整个人都飞出去了！"悦悦的眼泪又流出来了，"我以前在公园荡秋千的时候摔倒过，手都流血了。"皮老师说："这个秋千和公园里的不一样。你看，低低的，摆动慢，幅度小，很安全的。过来，我和你一起去试试，老师在旁边保护你。好不好？"悦悦终于轻松地点了点头。

皮老师没有取笑悦悦胆小，而是说自己小时候也害怕荡秋千，这让悦悦感觉害怕荡秋千并不是一件丢人的事情。了解到悦悦害怕荡秋千的原因后，皮老师有针对性地为她提供保护和支持，悦悦也就不再害怕荡秋千了。

有时孩子重重地摔了一跤，很疼，哭了，妈妈跟在后面，没有扶起孩子，只是说："没事的，宝宝最勇敢了，不疼的，自己爬起来。"可是，孩子紧锁的眉头和泪眼表明，他真的摔得很疼，需要妈妈帮扶一把，安慰一下。此时，在这个妈妈心中，培养孩子勇敢的品质显然比孩子的真切感受重要。事实上，孩子的消极情绪不会因为成人对他说"不要这样想"或者"你的感觉不应该有"而消失。只有尊重、同情孩子，才能有效地帮助孩子，促进孩子的成长。

（四）适当宣泄性原则

对孩子的情绪，不管是积极情绪还是消极情绪，都应该让它们以适当的方式流露出来，这样有利于孩子宣泄内心的心理能量，有利于其心理健康。当孩子高兴地在那里欢闹时，请教育者不要跟孩子说："不要那么疯狂，内心高兴就可以了。"当孩子因为受挫而哭泣时，请教育者不要跟孩子说："不许哭！""好孩子不哭！"当孩子因为对教育者或小伙伴不满而发脾气时，请教育者不要跟孩子说："不许发脾气。""不许大喊大叫。""不许生气。"因为这种"堵"并不能解决孩子的不良情绪问题，反而会使其更加严重，甚至会伤及孩子的身心。因为人的心理结构中有一座"情绪水库"，专门收集不良情绪产生的负能量，当负能量积聚到超过警戒线时，个体就会出现烦躁不安的现象。这时如果还不做调节性的泄洪工作，任由负能量继续累积下去，个体就会产生更为严重的心理行为问题。因此，解决问题的方法就是将"情绪水库"内的水放掉，让水位保持在安全线之下，这样孩子才不会出现焦虑、过度运动、缺乏理性思维能力、反社会行为、情感爆发、攻击性行为等心理行为问题。

在教育者的严厉管束下，许多孩子变得没有一点脾气了，但是，一个一点脾气都没有的孩子可能为了迎合教育者而压抑着不满情绪，而过于压抑自己的真实情绪往往是心理不健康的一种表现。

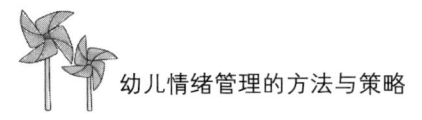

案例 1-8 老师不喜欢爱哭的男孩

老师忙于排练节目。小明觉得受了委屈，不断地抽泣，老师对小明说："我不喜欢爱哭的男孩。"小明愣了一下，又抽噎起来，老师干脆说："你要哭，自己一边哭去！我没见过爱哭的男孩！"小明只好边哭边走开。

老师的错误在于压抑孩子的情绪宣泄，不关心孩子的真实需要。在这样的教育环境下，孩子有屈不能诉，有冤不能申，很可能会逐渐形成压抑而非开朗的性格。

案例 1-9 画画也可以宣泄

有一天，安安闷闷不乐地说："我爸爸妈妈又吵架了，我很不开心，我想一个人安静一下。"老师摸摸他的头说："那你到'心情角'待一会儿吧。"十多分钟后，他手里拿着一张画出来了。画面上，他拉着爸爸妈妈的手，一家三口开心地笑着，周围还画了很多爱心。"你现在好受一点了吗？"老师问。安安如释重负地点了点头，说晚上回家要把这幅画送给爸爸妈妈，希望他们再也别吵架。

孩子心情不好时，教育者要为其提供宣泄的渠道，情绪宣泄出来，孩子的内心就会渐渐平静。

（五）发展性原则

幼儿期的情绪教育，既强调教育者对孩子进行情绪控制和矫正，又强调在情绪自我认知、表达、控制方面对孩子能力的培养，最终让孩子学会情绪及其行为的自我管理，进而达到情绪及其行为健康的目的。

幼儿期的情绪教育，重点在于提高孩子的情绪自我管理能力，让孩子逐渐学会情绪自我识别、自我表达、自我接纳、自我控制，促进孩子情绪及其行为的健康发展。有些教育者误认为，情绪教育就是对孩子的情绪及其行为问题进行矫治。其实，这种认识是狭隘的，也是错误的。

从工作效果来看，如果孩子出现了情绪及其行为问题才来做补救工作，难度就会很大，要花大量的时间和精力，效果还不一定显著。而如果把预防工作做在前面，就能防患未然，就能把孩子的情绪及其行为问题解决于萌芽状态。因此，进行情绪教育，抓预防工作是关键。

（六）循序渐进性原则

孩子任何一种（不管是良好的还是不良的）情绪及其行为习惯的形成或改变，都需要一个循序渐进的长期的过程。因此，对孩子进行情绪教育的任何一个目标的实现，都应贯穿于整个学期、整个学年甚至幼儿园教育的全过程，日积月累才能使孩子形成相应的情绪及其行为习惯。所以，不要指望只通过一次或几次教育活动，就能改变孩子的不良情绪及其行为习惯，或培养出孩子良好的情绪及其行为习惯。教育者对孩子情绪及其行为习惯的发展或改变要有足够的耐心，要有长远的教育计划。

在幼儿园见习时，我曾经见过这样的例子：一位老师为了使极度被动、内向的孩子变得主动、外向，进而提高他们的交往能力，便在许多游戏中安排他们担任"主角"，但由于能力不足，那些孩子在游戏中名义上是"主角"，实际上还是"配角"。比如，在娃娃家游戏中，常常可以看到能力强的孩子扮演"儿子"或"女儿"指挥着能力弱的孩子扮演的"爸爸"或"妈妈"做这做那。

这位老师的教育意图是好的，但是，由于没有注意循序渐进的原则，那些能力弱的孩子虽然在老师的安排下当了"主角"，可他们的能力并没有因此得到提高。相反，老师这种善意的安排还给他们增加了不少烦恼，降低了他们在游戏和交往中的乐趣，因为我看见他们在游戏中很被动、很矛盾，这些所谓的"主角"脸上极少有笑容。孩子的心理发展和变化需要一个循序渐进的过程，我们绝对不能指望只通过一两次活动就改变孩子心理上的某些特性，

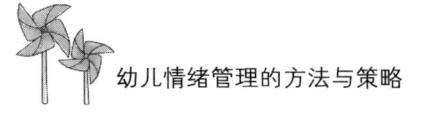

这是不现实的,也是有害的。

(七)他律与自律相结合的原则

对孩子进行情绪管理,其根本目的在于让孩子学会情绪的自我管理。因此,在情绪管理过程中,既要重视教育者对孩子情绪的管理,又要重视培养孩子自我管理情绪的能力,最终实现孩子的情绪管理由他律走向自律。

案例1-10　玛吉老师的智慧

在螺旋滑梯顶部,卡莱布站在威廉后面。卡莱布一边抓着威廉的肩膀让他转过身去,一边喊:"拜托!滑下去啊!"作为即时的回应,威廉快速地踢了一下卡莱布的小腿。卡莱布尖叫着。幸亏,玛吉老师目睹了整个过程,她说道:"男孩们,请到这儿来。"

玛吉老师:"卡莱布,告诉我发生了什么事。"

卡莱布:"威廉踢我。"

玛吉老师:"威廉,你踢了卡莱布。你能告诉他你为什么这么做吗?"

威廉:"因为你抓了我,靠近我的脸,还用特别大的声音喊叫。那让我很生气!"

玛吉老师:"那么,卡莱布抓住你,靠近你喊叫,是不是这样让你很生气,所以你踢了他?"

威廉:"是的!"

玛吉老师:"卡莱布,是什么促使你去抓威廉,还在他脸旁大喊大叫的?"

卡莱布:"他走得太慢了。我想早点轮到我去玩。"

玛吉老师:"你想让他快点走,这样就能轮到你玩了?你这样做是不是很没有耐心呢?威廉说说,下次他想让你快点的时候,你希望他做些什么不一样的事呢?"

威廉:"他可以用正常的声调说'威廉,快点',但他不能抓着我还大喊大叫。"

玛吉老师:"卡莱布,你觉得你下次能这么做吗?叫他名字的时候你能不去抓他,而是有礼貌地问他吗?"

卡莱布:"能。"

玛吉老师:"卡莱布,威廉踢你的时候,你有什么感受?"

卡莱布:"好疼啊!我很生气!"

威廉:"我也很生气!"

玛吉老师:"你希望威廉在下一次对你很生气时做出什么不同的反应呢?"

卡莱布:"他可以告诉我,他不喜欢我那样做。这样我就会停止。"

玛吉老师:"威廉,你可以那样做吗?你可以用语言告诉卡莱布而不是去伤害他吗?"

威廉:"我可以试试。"

玛吉老师:"好的,现在就用你们刚才说的你们希望的方式去表演一下这个情景吧。"

通过这个简单的对话和角色扮演,男孩们认识到,他们在应对挑战性的情境时要有备选方案。玛吉老师承认,卡莱布在耐心等待方面有问题,并鼓励威廉给卡莱布提供一个方案,能让他走得更快。反过来,卡莱布给了威廉一些宣泄愤怒情绪而不是伤害他人的建议。然后,玛吉老师在他们回到游戏中之前,给了他们一个机会去实践新技能。

卡莱布需要提高的基本技能是尊重私人空间、管住自己的手、使用适宜的声调说话,还有耐心等待。威廉需要提高的基本技能是管理自己和他人的愤怒情绪。在男孩们回到游戏中后,玛吉老师随时准备在耐心等待、管理愤怒情绪和其他技能方面认可他们做出的努力。

玛吉老师在处理孩子们的愤怒及其行为的过程中,让孩子们了解愤怒及其行为产生的原因和对别人的影响以及给别人带来的感受,了解因愤怒而发生冲突所带来的后果,进而引导孩子们在愤怒时如何采取不伤害他人的方法来达到自己的目的。在达成共识的基础上，进行情境角色表演，重在培养孩子们管理情绪及其行为的能力。在整个过程中，玛吉老师没有直接向孩子们提出任何建议，也没有批评和指责任何一个孩子，却让孩子们认识到了自己在处理情绪时出现的问题，同时，让孩子们知道今后碰到类似的事件时该如何正确处理，旨在培养孩子们独立处理情绪及其行为问题的能力。这是值得许多一线幼儿教育工作者学习的。

三、幼儿期孩子情绪管理的一般方法

按照情绪管理的主体来划分，幼儿期孩子情绪管理的方法可以分为他律法（主要由教育者对孩子的情绪进行管理的方法，如冷却法、消退法等）和自律法（主要由孩子对自己的情绪进行管理的方法，如反思法、自我暗示法、换位思考法、想象法等）。不过，在实践中我们会发现，对于某些情绪管理方法，我们很难绝对地将其划分为他律法或者自律法，如注意力转移法，可以是教育者为了管理孩子的情绪而转移孩子的注意力，也可以是孩子为了管理自己的情绪而自主地转移自己的注意力。

幼儿期孩子情绪管理的方法主要有以下几种。

（一）注意力转移法

注意力转移法就是将处于不良情绪中的孩子的注意力从引发其不良情绪的情境或事件转移到其他事物上，进而达到使其情绪回归理性的目的。比如，孩子在商店柜台前哭着要买食品，成人就可以采用注意力转移法，对孩子说："等一会儿，回家我弄好吃的东西给你吃。"这样孩子就会停止哭闹，跟着成人走了。又如，孩子哭闹时，爸爸对他说："看，这里有这么多的泪水，我们正缺水呢，快来接住吧。"这时爸爸真的拿来一个杯子，孩子可能就会破涕为笑。

案例1-11 这是谁的声音

一天，萌萌上床睡觉前非要吃糖不可。妈妈说："没有糖了。"萌萌便用高八度的嗓门哭起来。妈妈冷静地用手机录下萌萌的哭叫声，然后播放出来。萌萌听见声音，马上停止哭闹，问："谁在哭呢？"妈妈说："是个不懂事的孩子，他大哭大闹，吵得别人睡不好觉。他有出息吗？"萌萌答道："没出息。"妈妈说："你愿意和他一样吗？"萌萌答道："不愿意。"不一会儿萌萌就安静地睡着了。

在上述案例中，妈妈转移萌萌注意力的手段就是运用录音。

不过，注意力转移法只能止哭，并不能解决引发孩子哭的根本问题。

（二）冷却法

当孩子的情绪十分激动时，教育者可以采取暂时置之不理的办法，这样孩子自己会慢慢地停止哭闹。这正是所谓的"没有观众看戏，演员也就没劲儿了"。当孩子处于激动状态时，教育者切忌情绪激动并对孩子大声喊叫："你再哭，我就打你！""你哭什么？不准哭！赶快闭上嘴！！"因为这样做会使孩子更加激动，无异于火上浇油。

（三）消退法

当孩子的不当行为暗藏着寻求他人注意的愿望时，教育者可以采用有意忽视他的办法来减少其不当情绪和行为的发生。例如，一个孩子上床睡觉时要妈妈陪伴，否则就哭闹。妈妈只好每晚陪伴他，有时长达一个多小时。爸爸妈妈商量好，决定对他的哭闹不予理睬。第一天晚上孩子哭了整整50分钟，哭累了就睡着了。第二天晚上孩子只哭了25分钟。后来，孩子哭闹的时间逐渐缩短，最后，孩子不哭也能安然入睡了。

（四）反思法

当孩子出现某些不适宜的情绪和行为时，教育者可以让孩子想一想自己的情绪表现是否合适。例如，当自己的要求得不到满足时，想想自己的要求是否合理。和小朋友发生争执时，想想自己是否错怪了对方，自己是不是也有错。

案例1-12 玛拉老师的智慧

5岁的泰莎从戴尔手中抢走了一块拼图，因为她认为这块拼图很可能与她正在拼的那部分契合。戴尔尖叫着弄乱了泰莎已完成的作品。玛拉老师观察到这混乱的一幕，并意识到自己需要对孩子的自我控制做些指导。

泰莎："戴尔弄乱了我的拼图！"

戴尔："泰莎抢了我的那块拼图！"

玛拉老师："泰莎，你真的很想要戴尔刚才握着的那块拼图来完成你的作品吗？戴尔，当她从你手中拿走拼图时，你有什么感觉？"

戴尔："我简直要疯了！"

玛拉老师："戴尔，你想要泰莎怎么做？"

戴尔："她应该向我要那块拼图。"

玛拉老师："泰莎，你能做到吗？下次你能向他要而不是直接抢吗？"

泰莎："我能。"

玛拉老师："泰莎，当戴尔弄乱你的拼图时，你有什么感觉？"

泰莎："生气和难过，因为那是我辛辛苦苦做的。"

玛拉老师："当他毁掉你努力的成果时，你很生气和难过。那么，你想要他怎么做或怎么说呢？"

泰莎："他可以向我要回那块拼图，没必要弄乱我的作品！"

玛拉老师："戴尔，你感到愤怒是自然的。但是，如果你再像这次一样感到愤怒,你觉得你能做到泰莎所说的那样吗?你能开口把拼图要回来吗?"

戴尔:"我能。"

玛拉老师启发两个产生冲突的孩子对冲突过程中各自的行为进行反思,寻找有效对策,这让孩子在有情绪或冲突时更加冷静,也有利于孩子处理同类的问题。

(五)自我暗示法

自我暗示法,就是让孩子在有情绪时通过适当的语言来进行自我暗示,进而达到调整情绪和行为的目的。比如,孩子要找妈妈而伤心地哭泣时,成人可以教他大声说:"好孩子不哭。"孩子开始会边说边抽泣,随后就会慢慢地不哭了。

(六)想象法

想象法,就是让孩子在遇到困难或挫折而伤心时把自己想象成能干的"大姐姐""大哥哥""男子汉"或者某个英雄人物等,进而让自己坚强起来、理智起来、成熟起来。

(七)倾诉法

当孩子心中有情绪(包括不愉快的情绪和愉快的情绪)时,应该鼓励他尽早地把心中不愉快的事或愉快的事告诉别人。如果孩子心中积压的是不良情绪,那么倾诉可以得到别人的理解和帮助,可以减轻心理负担,使自己的不良情绪有所缓解;如果是良好的情绪,则可以让人与自己分享快乐,这种情绪输出也有利于孩子情绪的健康发展。幼儿园可以开展"心里话,悄悄说"活动,鼓励孩子们说出心里的感受,倾诉的对象可以是老师,也可以是同伴或父母。

（八）音乐感染法

心理学研究表明，不同的情绪管理法对孩子的情绪有不同的调节作用。教育者可以根据情绪管理需要，根据孩子的不同情绪状态，选择不同的音乐对孩子的情绪进行管理。比如：当孩子的情绪过于兴奋时，给他们播放舒缓悠扬的《小夜曲》之类的轻音乐。对于缺乏自信的孩子，可以让他们多听听激昂的《狮子进行曲》《卡门》等，并引导其进行自我暗示："我要成为一个像狮子一样勇猛的人，我想做的事一定能做到。"当孩子情绪低落时，可以为他们选择轻松的乐曲，并引导其进行想象："音乐那么美，像流水一样把不快乐的情绪都冲走了，现在我已经很快乐了。"孩子刚刚起床时会情绪低落，这时可以选一些令人振奋的轻快的音乐，促使他们快速地从睡意蒙眬中清醒过来。

（九）绘本故事法

绘本故事法，就是通过绘本故事这一媒介来培养孩子的情绪管理能力的方法。绘本一般都含有情绪主题，或以简化的行为过程表现人物情绪的转折起伏，或以孩子的立场描述情绪的显隐变化，或提供情绪表达与调解的示范，等等。比如，由美国康娜莉雅·史贝蔓创作，由天下杂志股份有限公司2012年出版的《我的感觉》系列图书包括：①《我好生气》（小兔兔生气了。但是除了生气，还能怎么办呢？本书列出了一些控制怒气的技巧，简易可行，让孩子学会在不伤害别人的情形下，控制自己的怒气）；②《我好害怕》（每个人都会有害怕的时候，本书帮助孩子建立自信，拥有处理恐惧问题的能力）；③《我好嫉妒》（通过这本书，大人可以和孩子一起分享"嫉妒"的心灵旅程，原来，只要常常"想自己有什么，会做什么"，慢慢建立自信，就能让嫉妒的感觉离开你）；④《我好难过》（大人可以多倾听孩子表达难过的感受，表示接纳和理解，掌握时机抚慰孩子的心，帮助他们渡过难关）；⑤《我想念你》（童年时期，孩子一定会经历和父母分离的过程，大人可以帮助他们通过亲身体验，学会面对分离和焦虑）；⑥《喜欢我自己》（孩子不需要看起来像别人，或和别人做一样的事，只要做自己，就有人爱你！大人要培养孩子的自尊心和独立的态度，教孩子学会肯定自己的价值）；⑦《我会关心别人》（当孩子学会以同理心对待别人，他们才能懂得尊重，并以和善的方式与人共处。通过故事中小熊的处境，我们得以用简单而温暖的语言，跟孩子分享"己所不欲，勿施于人"的道理）。这七本书借助于小动物的故事，向孩子描述了每种情绪的由来、感觉以及处理方法，以此帮助孩子了解并学习如何管理自己的情绪。书中列出的排解情绪的方法简易可行，孩子都能学会。

（十）合理发泄法

当孩子有情绪时，教育者应该引导他们以适当的方式将情绪宣泄出来，因为这样有利于孩子的身心健康。当孩子有情绪（不管是积极的情绪还是消极的情绪）时，教育者要告诉孩子，在遵照不伤害性原则（不伤害自己，不伤害他人，不伤害社会）的情况下，他们可按照其喜欢的方式来宣泄自己的情绪，比如，哭一会儿，找个不影响他人的地方大叫几声，在幼儿园里风一样地跑几圈，等等。

（十一）自我意念控制法

教育者应该教会孩子运用意念来控制自己的情绪，比如，让孩子在准备发怒时，心中默数1、2、3、4……或默念"我不发火，我能管住自己的小拳头"，进而达到暂时降低紧张度，不做冲动事情的目的。

（十二）榜样法

孩子情绪的好坏及其自控能力，在很大程度上取决于他们接触的人，特别是他们接触的成年人。教育者的情绪认识、情绪表达以及对待情绪的态度都会对孩子起到潜移默化的作用。因此，教育者平时要注意在情绪管理方面为孩子树立良好的榜样。情绪管理的榜样，可以是教育者，也可以是孩子的同伴，还可以是孩子熟悉的艺术作品中的人物。

（十三）同理心

同理心就是让孩子知道你明白他的情绪感受，让他知道你理解他、支持他。当孩子表现出某种情绪时，教育者采取理解、认同、支持的态度，有利于孩子情绪的宣泄，也有利于孩子情绪压力的缓解。

案例 1-13　摔跤后诚惶诚恐

小桐不小心摔了一跤，爬起来后哇哇大哭。一旁的妈妈看在眼里，疼在心里。她着急地对女儿说："让妈妈看看你摔着没有。你走路怎么那么不小心？！"妈妈着急的心理不经意间变成了对孩子走路不小心的责怪。类似的情况发生了好几次，妈妈发现，现在小桐摔跤后，爬起来的第一件事不是寻求安慰，而是用惶恐的眼神看着妈妈，生怕妈妈责怪她。

为什么小桐摔跤后在疼痛的同时还感到诚惶诚恐，其根本原因是小桐在摔跤后，没有得到妈妈对其情绪的认同和安慰，不仅如此，妈妈还责怪小桐，因此，小桐不敢再从妈妈那里寻找依靠和支持。在这样的环境下成长，小桐有点可怜。当孩子摔跤难过时，妈妈可以这样跟孩子说："妈妈知道你摔跤了很疼。妈妈也很心疼，不过，别害怕。妈妈和你在一起呢！"实践表明，孩子在得到父母的认同后会很快地从不良情绪中走出来。

案例 1-14　具有同理心技巧的妈妈

妈妈去买点心，4 岁的宝宝和爸爸留在车上等待。妈妈回来时，宝宝已经哭得稀里哗啦的。妈妈带宝宝来到相对安静的地方。

妈妈：（重视）宝宝，你哭得那么伤心，肯定很难过。能告诉妈妈怎么回事吗？（宝宝听了哭得更伤心，不回答）

妈妈：你这么伤心，到底怎么啦？

宝宝：爸爸要关车门，爸爸不要妈妈了，不爱妈妈了。

妈妈：原来爸爸关车门，不要妈妈，所以你这么伤心，是吗？我理解你现在的心情。（尊重与体恤）

宝宝：嗯（抽泣）。

妈妈：能不能告诉妈妈，爸爸为什么要关车门呢？

宝宝：爸爸怕开门，因为后面有车（原来如此，幸亏问清楚，如果劈头盖脸地骂宝宝，岂不是冤枉了宝宝）。

妈妈：怪不得你这么伤心！爸爸关车门后，你是怎么做的？

宝宝：讨厌爸爸，我很难过。

妈妈：（尊重与体恤）哦，讨厌爸爸，所以你难过地哭了？谢谢宝宝这么疼妈妈。

妈妈：宝宝放心，妈妈知道爸爸爱妈妈，妈妈也相信爸爸会等妈妈。哪怕爸爸不方便停车，妈妈在这里等，爸爸也会回来的。下次再遇到这种事情，你会怎样做？有什么方法能让你不伤心，也不讨厌爸爸？

宝宝：我要想办法让爸爸不关车门。

妈妈：嗯。可是爸爸担心后面有车，要注意安全。你还有其他更好的办法吗？

宝宝：不知道。

妈妈：你再想一想。妈妈以前跟你讲过，凡事都有三种或三种以上的解决方法。你肯定会有更好的办法。

宝宝：我会问爸爸爱不爱妈妈。如果爸爸爱妈妈，我就不会害怕妈妈回不来了。

妈妈：嗯，很好，宝宝。弄清楚后就不会误解爸爸，更不会讨厌爸爸了。你是一个负责任的好宝宝，要承担责任。你会跟爸爸说什么呢？

宝宝：爸爸，对不起！

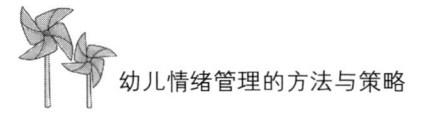

妈妈：下次遇到这种事情也会这样处理吗？

宝宝：会的。

妈妈：妈妈相信你，妈妈和爸爸永远爱你！（爱的鼓励）

宝宝：我也爱爸爸妈妈。

案例中的妈妈很有情绪教育的智慧。对孩子的哭泣，她没有指责，一直在引导孩子诉说自己的情绪，同时对其不良情绪表示理解、接纳。如果你是这样的妈妈，孩子有什么情绪问题或困扰就会主动找你诉说，而不是压抑在心里。

对孩子运用同理心时，教育者应站在孩子的立场，蹲下身子，视线与孩子平齐，用心倾听孩子的表述，观察他的肢体动作、表情，真心地去体会他的感受，并通过语言、表情、肢体动作等多种方式来表达对孩子情绪的认同。比如，抚摸孩子的脑袋，轻拍孩子的肩膀，用"哦……""啊……""这样啊……""如果我……我也会……""老师（妈妈）明白你的这种感觉……"等话语来回应，让孩子感觉到教育者是理解和认同他的。

（十四）换位思考法

换位思考法是指与对方互换位置，设身处地地为对方着想，从中发现矛盾和问题，从而改进行为方式，促使矛盾解决的方法。在争议和冲突中，孩子往往从维护自己利益的角度看问题，当自己的利益受损，需要无法满足时，情绪也就急转直下。换位思考法要求孩子学会站在对方的立场上看问题，设身处地地体会对方的处境，这样就容易克制不良情绪和行为，达成彼此之间的谅解。

案例 1-15 贾老师的做法

贾老师来到发生冲突的力宏和晓武旁边，听他们说完事情的经过后，问道："你们看，该怎么办？"力宏看看老师，说："对不起。"晓武答道："没关系。"贾老师对他们说:"用行动表示一下。"于是两名幼儿握了握手。

案例1-16 甄老师的做法

于丽说,解东晓拿走了她正在玩的积塑。

于丽开始大哭起来。

解东晓说,那是他先拿来玩的,只是把它们放下几分钟,去了一下厕所。当他回来的时候,发现于丽已经拿走了,所以他要从于丽那里拿回来。

甄老师采取了以下应对措施。

甄老师:"你们能不能告诉我到底发生了什么?"

于丽告诉甄老师:"这是解东晓的错,因为他从我这里抢走了积塑。"

解东晓反驳说:"这是于丽的错。因为积塑是我先玩的,只是我把它们放下一小会儿,去了一趟厕所,回来后我发现于丽把我的积塑拿走了。"

甄老师认真地倾听他们每个人的说法,然后对他们说:"谢谢你们告诉我发生的事情。"甄老师没有责备其中任何一个人。

甄老师接着问:"于丽,你认为解东晓对所发生的事情有什么感受呢?"

听到这个问题,于丽很吃惊。她回答说:"但这是他的错。他从我手上抢走了我的积塑。"

甄老师回应道:"我知道了,你已经告诉我了。但是现在我们谈论的是感受。你认为解东晓的感受是什么?看看他的脸。"

于丽回答:"解东晓看上去很愤怒。"

甄老师又问解东晓:"你认为于丽的感受是什么?"

解东晓也很吃惊,他仍然想指责于丽,但是贾老师坚持要他说说于丽的感受。

解东晓说:"她感觉很糟糕,因为她在哭。"

甄老师又分别问于丽和解东晓:"于丽,你说说,你应该怎样做,解东晓才会感觉好一些?""解东晓,你说说,你应该怎样做,于丽才会感觉好

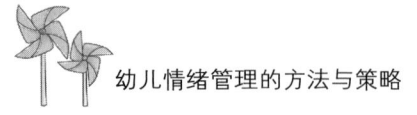

一些？"

于丽和解东晓提出："轮流玩积塑。""一起玩积塑。""一起玩猜谜语游戏。""一起玩积木。""给对方一个大大的拥抱。"……

最后，甄老师说："那就按你们的想法去做。"

于丽和解东晓之间的冲突解决了，他们又愉快地玩在了一起。

贾老师的做法比较程式化、简单化，忽视了孩子的主动性，也没有启发孩子们相互体谅，他们所做的一切都是被安排的，并不是发自内心，因而这样的处理方式未能让孩子们真正形成有意义的经验。

甄老师解决于丽和解东晓之间的冲突，触及了孩子们的内心。甄老师的处理方式至少给我们以下四点启示：

①处理孩子之间的矛盾冲突，重点不是做谁对谁错的判断，而是培养孩子解决冲突的能力。

②处理孩子之间的矛盾冲突时，要让孩子学会换位思考，学会体验和理解对方的感受。

③让孩子思考基于对方快乐的行为：学会为他人着想，学会站在别人的立场上思考问题，解决问题。

④教师始终没有直接指导，而是引导孩子思考，找到解决问题的方法，由孩子决定解决冲突的路径。

甄老师处理孩子之间冲突的方式和理念值得我们教育者学习和借鉴。

（十五）情绪行为控制法

情绪行为控制法，就是从控制情绪行为开始，进而控制情绪。

詹姆斯—兰格情绪学说的一个宗旨就是，情绪可以由一系列的生理变化引起，情绪就是对身体变化的知觉。他曾举例说："我们之所以感到悲伤，是因为我们哭泣；恼怒是因为我们攻击他人；害怕是因为我们发抖……"很多心理学家认为，这种学说把情绪与外在的表情之间的关系弄颠倒了，但它在日常生活中却得到广泛的运用和验证。我们常说"越哭越伤心",换一种说法就是"如果不哭,慢慢地就不会伤心了"。对于年幼的孩子来说更是如此,只有当孩子停止哭闹的生理行为,其不愉快的情绪才会慢慢平息。

【参考文献】

[1] 比蒂. 学前教师技能[M]. 嵇珺,译. 南京:江苏教育出版社,2011:295.

[2] 何文丽,周晓光. 建立"幼儿情绪自我管理系统"[J]. 赤子,2014(3):390.

[3] 季亚钦科,拉夫连捷耶娃. 学前儿童的心理发展[M]. 杭志高,王春明,译. 北京:生活·读书·新知三联书店,1986:184–185.

[4] 卡茨. 促进儿童社会性和情绪的发展:基于教师的反思性实践[M]. 洪秀敏,等,译. 北京:机械工业出版社,2015:61–62,104–105.

[5] 科特曼. 幼儿教师88个成功的细节[M]. 李旭晴,译. 上海:华东师范大学出版社,2010:14–15.

[6] 刘云艳,刘婷,周涛. 运用情绪主题绘本开展幼儿情绪教育的理论基础与教学模式[J]. 学前教育研究,2011(8):49–54.

[7] 王利静. 儿童防御机制的研究[J]. 乐山师范学院学报,2004(10):116–119.

第二章 幼儿的心理防御与应对

心理防御机制是指个体面临挫折或冲突的紧张情境时，在其内部心理活动中具有的自觉或不自觉地防止或减轻焦虑或愧疚的心理压力，解脱烦恼，减轻内心的不安，以恢复心理平衡与稳定的一种适应性倾向或活动。如灰姑娘，她在现实生活中饱受欺负，幻想并坚信会有一个白马王子来拯救自己，帮助自己脱离困境。

心理防御机制的积极意义在于，能够使主体在遭受困难与挫折后减轻或免除精神压力，恢复心理平衡，甚至激发主体的主观能动性，激励主体以顽强的毅力克服困难，战胜挫折。其消极的意义在于使主体可能因压力的缓解而自足，或出现退缩甚至恐惧而导致心理疾病。

心理防御往往有积极和消极之分。积极的心理防御是指人们采取积极有效的措施，从根源上消除心理紧张；而消极的心理防御则是指人们采取的行动，只能暂时减轻其内心的紧张而不能从根本上消除内心的紧张。几乎每个人在生活中都会随时应用各种心理防御机制，以保持内心的平衡。

当心理受到伤害性威胁，或者当心理处于紧张焦虑状态时，孩子往往会采取一些逃避伤害和减轻紧张焦虑的措施，这些措施就是孩子的心理防御。孩子的每一项心理防御措施都有它的适应性意义。研究孩子的这些心理防御措施，可以帮助教育者了解孩子情绪行为问题背后的原因，进而更有效地、更有针对性地帮助孩子走出情绪的困境。

当心理受到伤害性威胁，或者当心理处于紧张焦虑状态时，孩子所采用的心理防御措施主要有幻想、退化、宣泄、文饰作用、隐居性行为等五种。

一、孩子的幻想性防御行为与有效应对

当孩子无法处理现实生活中的困难，或是无法忍受一些情绪的困扰时，他们往往会让自己暂时离开现实，用幻想来自我安慰。在幻想中，孩子可以借助想象的翅膀，超越时空、个人能力、现实等一切障碍，去"摘取"现实中得不到的硕果，进而实现内心的平衡和在现实生活中无法获得的满足。因为在幻想世界中，孩子可以不必按照现实原则与逻辑思维来处理问题，可根据自己的需求，天马行空，随心所欲，自行编撰。比如，有一天，一位老师问一个5岁多的小男孩："你爸爸还打你妈妈吗？"（因为他的爸爸是附近有名的脾气暴躁的酒鬼，酒后经常打妈妈，小男孩很想帮他妈妈，却又无能为力。）小男孩说："他再也不敢了！因为警察叔叔借给我一支枪，每当他想打妈妈时我就用枪指着他说：'不许动，再动我就打死你。'"孩子说完脸上露出了一丝忧郁的笑容。

幼儿期的孩子渴望能像成人一样独立地参加各项社会实践活动，这种心理需要与他们独立从事社会实践活动的经验及能力不足之间的矛盾，是幼儿期孩子心理上的主要矛盾。孩子渴望能参加成人的活动，像成人一样生活、工作，但由于自身的知识、能力、体力的限制，他们不可能真正像成人那样生活和工作，于是主观愿望和实际能力就发生了矛盾。而许多有幻想参与的游戏为解决孩子心理上的这些矛盾提供了有效途径。在这类游戏中，孩子可以按自己的意愿去当"爸爸""妈妈""警察""医生"，可以"烧菜""煮饭"，可以"开汽车""开火车""开飞机"。在游戏中，孩子可以尽情地幻想，并在幻想中满足自己成为成人并参与其活动的愿望，这对缓解孩子内心的紧张、促进孩子的心理健康发展有着极其重要的意义。

人类学家和心理学家认为，生活在群体社会中的人，必须在团体的规则

限制和个人自由之间找到一种精神上的平衡，幼儿期的孩子也不例外。平时幼儿期的孩子常常听命于父母和老师，他们很少有自由的时间和自主的机会，生活得很被动、很压抑，也很紧张。只有在幻想游戏中，孩子才是完全自由和自主的。在这些游戏中，他们可以如愿以偿地成为胜利者、强者、主宰者。这有利于幼儿期的孩子从按成人化的方式去行动的压力下解放出来，有利于他们的心理健康。

大部分幼儿期的孩子喜欢在游戏中假扮成人，如医生、建筑工人或消防员等角色，这让他们感觉自己高大、成熟，能够掌控事物，可以做一些重要的事情。那么，接下来最棒的事情就是假扮超级英雄——孩子们都喜欢将自己幻想成无所不能的超级英雄。比如，孩子在看完儿童影视片后，都喜欢购买影片中那些超级英雄的衣帽及其标志性装备，因此，这些东西在市场上都特别好卖。孩子穿戴上这些英雄人物的衣帽，拿起这些英雄的装备，在幻想的作用下，他们很容易进入超级英雄的角色（如果他们不能拥有这些保护性的装扮，他们就会变得心烦意乱）。这些装扮和威力无限的白日梦有同样的效果——让孩子获得力量，获得自信，获得满足。孩子知道，只要自己成为一个超级英雄，就有力量去做一些令人难以置信的事情。一个3岁的孩子说："我喜欢成为超级英雄，因为他是一个大家伙，一个有力量的大家伙。他能做很多事情，他刀枪不入，而且他不会死，死了还会复生。"孩子喜欢将自己想象成奥特曼、孙悟空、铁臂阿童木、葫芦娃等。

孩子会这样描述这些超级英雄：

◆他们是高大和强壮的

◆他们是勇敢的

◆他们不会害怕

◆他们让坏蛋害怕

◆他们是好人

◆他们能跳过大楼

- ◆ 他们能在天空中飞行
- ◆ 他们不会伤害人类
- ◆ 他们不会伤害动物
- ◆ 他们拯救地球
- ◆ 他们能看穿大楼
- ◆ 他们有 X 光的视力
- ◆ 女孩可以是超级英雄
- ◆ 他们能跑得很快
- ◆ 他们会飞
- ◆ 他们会钻地、钻墙
- ◆ 他们能消失（有时）
- ◆ 他们无所不能

幼儿期的孩子都喜欢扮演超级英雄，也喜欢在家里、在户外活动场所或在幼儿园的活动室内假扮成他们。然而，大部分教师并不喜欢孩子扮演超级英雄。他们认为，这些超级英雄会让孩子出现吵闹、粗鲁、破坏性的行为——完全不受控制。那么，教师应如何正确地对待孩子的这一类幻想游戏呢？是简单禁止，还是让他们随便去玩？

面对热衷并沉浸于扮演超级英雄的孩子，教育者应该注意以下几点。

（一）谅解

面对孩子因内心不安、内心冲突而出现的幻想，特别是面对孩子热衷并沉浸于扮演超级英雄，教育者要表示谅解，不要抱怨、指责、讽刺或取笑，更不要生硬地禁止。

教育者应该谅解孩子幻想并扮演超级英雄的理由有：

①孩子的这些表现是正常的。

②幻想可以让孩子"实现"自己的愿望。由于他们弱小、无助，经常被

别人控制，因此他们都希望自己能成为比成人更强大的超级英雄。孩子可以在游戏中勾画出一个完美的自我，能够完全进入到这个角色中去，体验强大的感觉（尽管他们在现实中很弱小），因而在某种程度上可以缓解孩子的内心冲突和紧张。

③扮演超级英雄既能让孩子释放过剩的精力，又能帮助他们习得有益的经验。

案例 2-1　我是阿图尔

小珂是一个身体壮实但十分胆小的小女孩，一直不敢滑滑梯。有一天，在和其他孩子一起玩时，她大喊："阿图尔来啦，让开！"小朋友们有些惊讶地看着她，不过都自愿地给她让出位子。小珂一直爬到滑梯最高处，她转过身来，又大声喊道（可能她很害怕，因而自己鼓励自己）："阿图尔要滑下来啦，我就是阿图尔。"然后她滑了下来。

我到处打听谁是阿图尔，从一个孩子那儿得到了答案。原来阿图尔是一部电视剧里的一头强壮的大象——其他小朋友都知道的一头大象。过了一会儿，当我喊小珂的名字时，她回答："我是阿图尔。"阿图尔很强壮，小女孩知道，所有小朋友都知道，所以他们的行为遵循着这样一个规则：给强者让路。

游戏结束，小珂的母亲来接她时，小珂喜形于色，不断地重复："我是阿图尔。"

事实就是这样，在现实中不够强大者，在幻想游戏中往往会把自己塑造成"强者"——像强者一样说话，像强者一样做事。在装扮的过程中，他们的内心得到了极大的满足，同时，由于持续不断地装扮，他们的言行自然而然也就带有那些超级英雄的色彩。

案例 2-2　我被侄子装神弄鬼打垮

我哥哥家的孩子今年5岁，每天他都舞刀弄枪，装神弄鬼，我根本不知道他在干什么。

有时候,他让我假装坏蛋,他假装奥特曼、无敌超人之类的大英雄,我经常被他用一种我看不懂也叫不上名字的魔法打倒。我也从来没有体会到他所表现出的快乐!但是,我真的很佩服他可以不间断地玩这样的游戏,终于有一天我被他的"持久战"打垮了。

上述案例中的小男孩不断地扮演着他心目中的超级英雄,一般的成年人很难理解其中的快乐,而孩子却乐此不疲、乐在其中。

(二)支持

对孩子扮演超级英雄的欲望和活动,教育者要在时间、空间、环境方面给予适当的支持。比如,给孩子配足超级英雄的装备——衣帽、武器及具有万能特性的装备;如果缺少相关的装备,可引导孩子通过想象用尺、积木、积塑、木棍、磁铁、筛子等来代替;在自由活动时间,要让每个孩子都有机会扮演超级英雄。

(三)引导

平时在与孩子对话的过程中,教育者可以和孩子谈谈他们的超级英雄做了哪些好事,让孩子了解这些超级英雄善的一面,并号召孩子向超级英雄学习,多做好事。教育者要帮助孩子理清超级英雄的一系列能力及他们所扮演的角色,引导孩子将超级英雄想象成不打架、不伤害他人、不使用武器或不会出现暴力行为的人物。但在超级英雄扮演活动中,如果活动太激烈并且有可能给孩子带来伤害,教育者就要进行适当的干涉——尽量在尊重孩子的基础上执行规则,让扮演活动变为孩子积极的经验。作为幻想的一部分,孩子会由于过分的身心投入,时常忘记他们的身体不能飞过一个高的地方,他们也不具有用手来砍砖的能力。如果孩子真的忘记了真实的自我并真实地使用这些超级英雄才有的能力,教育者就需要介入,让孩子回归现实。他们不能过分当真，只能真戏假做，点到为止，否则会出现身体受到伤害的情况。

二、孩子的退化防御行为与应对

退化是指人在遇到严重的困难或挫折之后，放弃自身比较成熟的适应技巧，从而退化到遇到困难较少的儿童时期，恢复使用儿童时期的适应技巧来应付自己面临的困难，或满足自己的欲望。例如，成人在疼痛的时候会喊"妈呀"，或者哭出来，妻子对丈夫撒娇，老人喜欢与孩子一起做很幼稚的游戏，这都是退化现象。

退化心理现象在幼儿期的孩子当中也普遍地存在着。当经过多次努力，需要都未得到适当的满足时，有些孩子就会表现出与其年龄不符的幼稚行为。克服由于需要得不到满足而出现的焦虑情绪时，孩子会回复到采用更早、更不成熟的行为方式，他在努力倒退，运用以前成功的应对策略，比如，像婴儿一样说话、咬手指、弄脏自己及衣服、发脾气，这些都是反成熟的退化现象。有些孩子利用它来争取教育者的同情与照顾。孩子退化意味着他放弃努力，不去应付困难，恢复对教育者的依赖，彻底逃避长大的责任，进而避免面对现实问题与痛苦，获得某方面欲望的满足。

案例2-3 越来越不会吃饭的畅颖

畅颖是一个5岁多的小女孩。在她3岁多时，她就已经会自己吃饭了，并且吃得很好，但是到了中、大班后，反而变得"不会吃饭"了——吃得很慢，并且吃的时候弄得到处都是饭菜。最后，幼儿园老师和家长忍无可忍，只好每餐都喂她。

畅颖为什么会出现这种退化行为呢？后来老师通过家访发现，畅颖在上中班前，很得父母的宠爱，但是在她上中班后，父母辞掉了事业单位的公职，自己开始创业，虽然业务做得很不错，但是他们太忙，忙到只有在吃饭的时候才有片刻时间和畅颖待在一起,这使得畅颖很不适应——她由原来家里的"小太阳",一下子变成了"被遗忘的角落"。畅颖在不断的探索中发现,唯有"不会吃饭"才能赢得大人特别是父母对她的重新关注。我"不会吃饭",你就得餐餐花时间陪我、哄我、喂我!

畅颖"不会吃饭"就是一种心理上的退化行为。在其他获取成人的关爱,特别是获取父母关爱的措施都失灵的情况下,她发现"不会吃饭"反而能轻而易举地得到教育者的关爱,因此,她就表现出了退化行为。

面对孩子的退化防御行为,教育者应该注意以下几点。

(一)意识到孩子正面临困境

退化是回到原先幼稚行为方式的一种心理防御术。我们知道,随着年龄的增长,一个人的人格是以循序渐进的方式走向成熟的。但是,有时孩子遇到挫折,会放弃已经拥有的比较成熟的应对技巧,而恢复到采用原先比较幼稚的方式去应付困难或以此来满足自己的欲望。比如,有一个两岁的小女孩,由于小弟弟的出世,父母对她的注意和照顾减少了,于是,有一天当她跌倒在地上时,她就躺在地上大哭大叫:"我起不来了,我太小了!"这个小女孩企图用这种方式得到她在婴儿时期曾经经常得到的父母的帮助和关注。

孩子的退化防御是其适应不良的一种反应,是其不能有效适应新环境的一种行为反应。因此,当教育者发现孩子出现退化防御行为时,要意识到孩子正面临困境,他们内心焦虑,所以,此时教育者不应责备孩子:"你为什么越大越不懂事?""你怎么越来越不讲道理?""你为什么越来越像个小宝宝?"因为这种不理解将会导致孩子更加不适应、更加焦虑。

(二)让孩子感受到成长的好处

孩子之所以想回到"从前",根本原因是他没有发现成长的好处,反而发现成长有许多坏处,不成长还有许多"好处"。比如,一个孩子原本会自己穿脱衣服，但她发现，自己会独立穿脱衣服后，午睡起床时，老师总是将她冷落在一边，而去帮那些"不会穿衣服"的小朋友，这个孩子向往那种被老师帮助的状态——老师帮小朋友们穿衣服时，有说有笑，还有许多亲密的动作，因此，她选择了"不会穿衣服"，等待老师来帮她、教她、哄她、逗她，然后乐在其中。

要想让孩子从这种退化现象中走出，很重要的一点就是让孩子感受到成长的好处。比如，人家哭，他不哭，人家不会穿脱衣服，他会穿脱衣服，他得到了表扬和鼓励，得到了老师更多的温暖，这样，那些拒绝成长的孩子就会向往成长，那些已经退化的孩子也会恢复他们应有的成长状态。可是，现实中我们在幼儿园里看到的往往是相反的景象——"会哭的孩子才有奶吃"，因此，许多孩子都拒绝成长，甚至会选择退化。

教育者要通过训练，通过认知的矫正，让孩子真实地体验到成长有更多的愉快和有利条件这一事实，进而形成发自内心的不断成长的动力，从而放弃"停滞"，放弃退化。

（三）对症下药

孩子出现退化防御行为的主要原因是他们适应不良或他们的心理需要未能得到充分的关照。因此，为了防止或者消除孩子的退化防御行为，我们应该注意以下两点。

1. 训练孩子的独立意识和独立能力

退化的根本原因在于，孩子不能很满意地应对他所面临的许多适应问题。当在新环境中受到挫折时，每个孩子都易于使用曾经行之有效的习惯来应对这种挫折。因此，教育者平时要注意对孩子独立意识和能力的培养，如果孩子能有效地应对新环境，他们就不会出现退化防御行为。

2. 适当关照孩子的需要

孩子出现心理防御活动，特别是出现消极的心理防御活动，大多数是由其心理需要没有得到充分的关照所致。比如：一个孩子出现，另一个孩子受到冷落；老师只关注哭闹的孩子，无意中忽视了未哭闹的孩子；当孩子的独立能力增强（如他们会独立吃饭、会穿脱衣服、会独立上厕所）后，教育者就不如以前那样关注他们；孩子从家庭中的关注中心，到成为幼儿园里的边缘人……孩子无法从这些失落中走出来，退化可能就会成为他们重新获取优越感的一种策略和方法。

案例2-4 露露为何心理失常

6岁多的露露是独生子女，从小就一直住在外婆家。她原来是家中唯一的第三代，因而理所当然地成为全家人关注的中心，也是全家人最疼爱的一个孩子。由于终日沐浴在爱的氛围中，露露爱说爱笑，无忧无虑，活泼开朗，热情大方，是个人见人爱的孩子。但是自从远在省城工作的小姨由于工作忙而将她10个多月的女儿小婧婧（露露的表妹）送来由外婆照顾后，露露的心理和行为就逐渐出现了一些令家人难以理解的"失常"现象。

一、以弄哭表妹为乐

表妹刚被送来时，露露对表妹很好，也很大方，比如，她常把自己喜爱的玩具拿出来让表妹玩，把好吃的东西让给表妹吃，很有大姐姐的风范。她的这些良好行为得到了小姨和姨父及外公外婆的表扬。

不久露露就变了。有好吃的东西，她不再分给表妹吃，而且她的玩具也不给表妹玩，甚至有时还把表妹正在玩的玩具抢走，似乎见不得表妹玩得高兴。每当表妹玩她的东西（如文具盒等）时，她就大喊大叫；表妹喜欢玩什么，她就去与表妹争抢什么，也不管自己对这些东西有没有兴趣。露露逐渐失去了大姐姐的风度，在表妹面前一点也不会谦让。不过，表妹似乎一点也不在乎表姐跟她"抢"东西，可能是因为表妹觉得什么都好玩，所以被表姐抢走一样玩具后，她又拿起另一样玩具玩，从不与表姐争抢，玩什么都玩得很起劲。这样，露露就更生气了，后来她干脆把表妹身边的所有玩具都拿走，但表妹还是不和她抢，也不和她生气。由于找不到"出气"的地方，所以露露就更加生气了……

为了"出气"，露露有时还会采取进一步的行动。比如，她有意地把表妹弄哭。家人批评她不应该那样对待表妹，她不仅不听，反而不停地说："我就是要弄哭她！就是不让她玩！"家人对她说："你是姐姐，妹妹还小，你应该让着妹妹。"可她却说："不！我就是不让她，我愿意做妹妹！"

露露之所以会出现上述的"失常"心理和行为，主要是因为她觉得她现在受到冷落的"罪魁祸首"就是表妹，表妹到来以后，取代她成为全家人关注的中心，所以她只有拿表妹来"出气"才解"恨"。

二、为挽回失去的爱而做出的努力

为了再次成为全家人关注的中心，也为了得到更多的爱，露露在做出种种努力都"失败"后，就采取了"生病""退化""无能""懒惰"等办法，这些办法能使她轻而易举地得到家人的关注和爱，而家人的这些关注和爱又进一步强化了露露的"生病""退化""无能""懒惰"等"失常"的心理和行为。

露露还经常和表妹争着要外公外婆抱。其实，露露5岁多以后，很少有让外公外婆抱的念头，可是表妹到来后不久，她的这一念头却变得越来越强烈。每当看到表妹坐在外公或外婆的大腿上玩耍时，她心里就不舒服，也争着要外公或外婆抱。如果不抱她，她就哭闹。这时，家人总是对她说："像妹妹那么小的孩子才应该要大人抱；你已经长大了，不应该再要大人抱了。"不管家人怎么说，露露还是像一个一点也不懂事的小孩一样闹着要大人抱，嘴里还不停地说："那我也愿意做妹妹。"

露露的身体一直以来都是很健康的，很少生病。可是，表妹到来一段时间后，露露却"病"了差不多两个星期，妈妈带她到医院去检查，却查不出什么原因。不过，自从露露"病"了以后，全家人不得不再次给予她高度的关注。为了她早日"康复"，从吃饭到穿着起居，家人都给她极其细心周到的照顾。此后，露露每隔一两个星期就"病"一次。

在表妹到来前几天，露露已换了几颗牙。在露露看来，换牙齿并不疼，但是自从表妹到来后，露露常哭诉牙疼，全家人就去哄她、安慰她。在家人哄她、安慰她的时候，她哭得更加"伤心"。

照理说，6岁多的小孩独立吃饭是绝对不会有什么问题的。露露也从两岁多就开始自己独立吃饭了，很少让人喂。有时大人为了赶时间，说要喂她，她还不用呢！可是，表妹到来后不久，露露就开始"不会吃饭"了——吃得很慢，还到处撒饭菜，外公外婆只得去陪她、哄她、喂她。

在表妹到来之前，每天为了早点上学（学前班），露露都自己提前起床，然后自己穿衣洗漱，可是现在每天都得大人一而再、再而三地去催她，她才起床，并且还要大人帮她穿衣服。

对露露这样一个孩子，我们应该怎样教育呢？我认为，对露露的教育应注意以下几点。

①给露露以适当的爱和关注，别再因为小表妹的到来而过分冷落了露露。

②对露露的"失常"心理和行为，不应给予过分的"关注"，否则就会强化她的这些"失常"心理和行为，使其发生的概率进一步提高，这样不利于她心理的健康发展；对露露表现出来的"失常"心理和行为，不应仅仅采取批评或者惩罚等消极的手段来教育，否则，会使其更加坚信"失去的爱真的是不可挽回了"，这样更不利于其心理的健康发展。

③通过相应的活动，教会露露如何做个大姐姐，比如，如何关心妹妹，如何和妹妹一起玩等，让其从当姐姐中得到乐趣，还可以适当地表扬、鼓励、奖励露露表现出来的"大姐姐行为和风范"。相信，学会做大姐姐，给露露今后一生的发展都会带来积极而持久的影响。

三、孩子的宣泄防御行为与应对

宣泄就是将积蓄的情绪通过行为进行代偿性的输出，是一种尽快达到心理平衡的活动。情绪宣泄就是对自己情绪释放的适应性表达，它包括替代表达和直接表达。替代表达是指通过间接表达情绪，使情绪得到释放的一种情绪调节方式。例如，通过倾诉、哭泣等方式宣泄不愉快的情绪，从而使情绪恢复平静。直接表达是指对激发情绪的事物直接表达自己情绪的一种情绪调节方式，如，直接攻击引发不愉快情绪的人或物。现实生活中宣泄的方法很多，人与人因个体差异和所处环境、条件的不同，宣泄的方式也不同，从小小的一声感叹，到痛哭、疾呼、怒吼，以及打球、拳击、散步、聊天等都可以起到宣泄作用。

孩子年龄虽小，但一样会不开心，一样有郁闷的时候。比如：人家得小红花，他没得；游戏时，没有小伙伴愿意跟他玩；学习某种知识和技能时总学不会；刚刚搭建好的积木被淘气鬼推倒了；幼儿园里的饭菜不可口；午休时被邻床的小朋友逗弄，没休息好；在幼儿园里想妈妈，被老师训斥；等等。这些都会引起孩子的心理紧张、焦虑和烦躁不安，此时，孩子往往会以哭泣、大喊大叫、在地上打滚、发脾气、拿布娃娃出气、打人、咬人、自伤等方式来宣泄情绪。通过宣泄，孩子的心理负能量得到释放，情绪也就恢复到正常状态。

孩子的情绪宣泄，不仅包括消极情绪（如愤怒、难过、伤心等）的宣泄，还包括积极情绪（如高兴、自豪、满意等）的宣泄。无论是消极情绪的宣泄，还是积极情绪的宣泄，只要是适当的，它对孩子的身心健康就是有益的，也是必需的。教育者可能有一个认识误区，那就是认为消极情绪才需要宣泄，积极情绪是不需要宣泄的，因此，在现实中许多教育者只关注孩子消极情绪的宣泄，而忽视了孩子积极情绪的宣泄。

据《北京晚报》的报道，有一批被挑选出来的各方面都相当优秀的中国孩子，在节日里与外国孩子一起联欢。当外国孩子一片欢声笑语时，人们忽然发现，中国的孩子不会欢呼，他们只是安静地坐着，全然没有外国孩子那狂喜欢畅的表情和神态！于是，人们便带着困惑感叹：中国的孩子居然不会欢呼！

中国的孩子不会欢呼！！孩子高兴时不会表达，不敢表达！这说明，中国孩子的情绪被堵得厉害——高兴时不敢欢呼，因为教育者时常告诉他们："高兴时，心里高兴就可以了，没有必要那么激动。"他们活得太压抑了！中国的孩子太会压抑自己了！

我们主张，无论是孩子有高兴的情绪还是有难过的情绪，都应该让孩子的情绪有个出路，让其释放出来，这样有利于他们身心的健康与发展。

我们应该让孩子当笑就笑，当哭就哭，受到不公平待遇时就生气，感到高兴时就热情、快乐。如果一个孩子很善于克制自己的情绪，笑不出声，怒不形于色，受到不公平待遇时也不敢生气，只是逆来顺受，那么，我们可以肯定，这个孩子的心理是不健康的。因为少年老成，稳重而压抑，情绪单调，缺乏丰富多彩的表情，绝对不是一个心理健康的孩子所应具备的特征。

情绪宣泄，能给心理能量的释放提供出路。平时，孩子伤心的哭泣，对不合理要求的反抗行为，受压抑后的大声喊叫，行动受到不合理的阻碍时大发脾气，这些情绪与行为反应对缓解孩子内心的紧张都是有益的，因而也就有利于他们心理的健康发展。如果一个孩子没有一点"脾气"，那他很可能患上了情绪输出障碍症，可能意味着他为了迎合教育者而过度压抑自己的情绪。孩子这样做，当然不利于他们的心理健康。各种情绪能量如果长时间得不到宣泄，淤积久了，必然导致孩子出现一系列失常情绪与行为，如抑郁、孤僻、厌食、自闭、恐惧、行为怪异，严重的还可能出现对抗行为、报复行为、伤害行为、破坏行为、自残行为等，甚至诱发身心疾病，成为发展障碍，影响孩子的身心健康。

梅兰妮·克莱恩认为，人体内有一座"情绪水库"，专门收集内驱力产生的能量。当能量积聚到超过警戒线时，个体就会觉得烦躁。这时如果不做调节性的泄洪工作，任由能量继续累积下去，个体就会产生问题。因此，解决问题的方法就是将水库内的水放掉，让水位保持在安全水位之下，这样孩子的许多心理行为问题自然就解决了。

可见，帮助孩子顺利宣泄来自心理发展运动中产生的消极能量，是教育者不容忽视、必须积极应对的一个重要课题，也是促进孩子身心健康的一个难题。

为了更好地促进孩子心理的健康与发展，面对孩子的宣泄防御行为，我们应该注意以下几点。

（一）接纳孩子的自然宣泄

与成人一样，孩子也具有喜怒哀乐等情绪体验，并且他们的情绪是毫无掩饰的，他们高兴时就会满脸笑容，在不顺心的情况下，在愤懑、受压抑或心中有不满情绪时，他们敢于宣泄，或者发脾气或者大哭大闹，不会让不愉快的事情长期滞留在心中。他们敢爱敢恨敢说敢笑，这是孩子在心理卫生方面的一个优势，这样会使孩子的各种情绪得到及时的宣泄，有利于他们心理的健康发展。情绪的自然宣泄并不是什么可耻的事，只要不扰乱别人的正常学习和生活，不伤及别人，就没有什么对和错之分。孩子情绪的自然宣泄应该得到鼓励，而不是压抑，比如，当孩子伤心时，我们应该鼓励他哭出来，即使是男孩，也应该鼓励他这样做，因为这样对其身心健康都有好处。发脾气、反抗行为、哭泣、大声喊叫比默默承受更有利于孩子身心的健康发展。当然，这里所提倡的情绪宣泄，与任性行为和习惯是不一样的。宣泄行为只是突然出现，不具备连续性与经常性的特点，而任性行为和习惯往往表现出经常性与反复性的特点。

有的教育者或许不了解孩子的情绪宣泄对身心健康的意义，或许缺乏相应的耐心，他们往往不允许孩子公开地、自由地宣泄自己的情绪，特别是当孩子出现不良的情绪和行为时，他们会强行让孩子自我压抑，甚至有的教育者还用体罚或变相体罚的方式来压抑孩子的情绪宣泄行为。

其实，孩子的宣泄行为是一种自我保护，它对孩子的身心健康有一定的积极意义，可是有些教育者却把它视为不懂事、任性、脆弱，因而严加呵斥与制止，或者利用有趣的玩具和食物来吸引孩子，让其忍住哭泣。这样做，虽然孩子表面上默不作声了，但情绪被堵在那里，伤感没有自然地流淌出来，加重了孩子的焦虑和心理负担。因此，教育者要学会正确地应对孩子的情绪宣泄。

面对孩子的情绪流露，教育者可以通过如下五个步骤来表达自己对孩子情绪的接纳。

①重视和关注孩子的情绪，让孩子发现并熟悉自己的情绪世界。

②接纳孩子表现出来的情绪，不要评价，不要歪曲。准许孩子有各种各样的情绪，尤其是准许孩子哭泣，允许孩子哭闹。教育者不要对孩子的情绪做出任何好与坏的评判。不要让孩子因为自己的情绪流露（宣泄）而形成"自己不好"的认识倾向，比如，"我爱哭，所以我不好""我脾气不好，我不是好孩子"，要让孩子将情绪与自己分开。

③为孩子的情绪命名。当孩子有情绪自然流露时，教育者也可以采取情绪命名的方法，让孩子的情绪得到宣泄。情绪命名法就是指当孩子表现出某种情绪时，教育者用一个与其当前的情绪相契合的名字给其情绪命名，这样，可以让孩子的情绪得到宣泄，其心中之气也会渐渐消除。具体地说，情绪命名法就是指当孩子表现出某种情绪时，我们可以采取"情绪产生的原因＋情绪"这样的表述模式来跟孩子交流。请看下列例子：

"宝贝，摔得有点痛，所以你哭了。"

"宝贝，妈妈没有跟你说再见，所以你有点伤心。"

"宝贝，看上去你的朋友令你心烦意乱。"

"小家伙，比赛输了，你有点生气吧？"

有一点很重要，那就是要恰当地描述情绪感受的强度。你可以用一些副词，如"很""非常""有点"来形容孩子情绪的不同强度。

"宝宝，你的朋友没有邀请你，所以你有点伤心。"

"宝宝，你的朋友没叫你一起去，所以你很伤心。"

"宝贝，你的朋友不把你当朋友，所以你非常伤心。"

④让孩子与自己的情绪友好相处，充分感受此刻的情绪，与此刻的情绪相识。比如，可以对孩子说："心里难过，就哭一下吧。""你想生气就生气吧。""你可以跟你的悲伤待一会儿。"

⑤表达爱。通过抚摸、拥抱，让孩子感觉到被接纳，进而有安全感。教育者可以跟孩子说："老师（妈妈）陪着你。""老师（妈妈）爱你。""老师（妈妈）爱你，但你不可以这样做。"

（二）允许孩子申辩

申辩也是一种宣泄内心不满的途径。当孩子做了违背教育者要求的事时，应该让孩子申辩，不能简单粗暴地压制孩子。这种条件下的申辩，是孩子内心不满情绪的一种正常的宣泄，它不仅有利于教育者了解孩子的真实想法，更有利于减轻孩子的心理负担；而压制申辩，久而久之，则会使孩子孤僻、压抑、自卑、胆怯、多疑，进而影响孩子身心的健康。

我们不仅要允许孩子申辩，还要鼓励孩子申辩。即使申辩的理由不好，也要让孩子把话说完。有的孩子不爱说话，不爱申辩，主要是因为曾受到过多的压抑。教育者要创造条件，以平等的态度对待孩子，尊重孩子，爱护孩子，成为他们的朋友。这样，他们在教育者面前才会无拘无束，才会敢于说话、敢于申辩，才不至于受那么多的委屈，生那么多的闷气。

案例 2-5　就你淘气！

有一次，教师正在组织全班幼儿玩玩具，这时，芳芳来找老师告状，说军军抢了她的玩具。老师立即把军军叫过来，说了他几句就让他回去了。可没过多久，又有几名幼儿来告军军的状。老师有些生气了，把军军叫过来训斥："军军，你为什么老抢别的小朋友的玩具？那么多玩具，你不去玩，你还要抢。你是不是有病呀？"军军大喊道："我没抢！"见军军顶嘴，老师更生气了："你没抢？那么多小朋友都来告你的状，就你淘气！你别玩了！"

上述案例中的老师不给军军任何申辩的机会。我相信军军一定有"冤情"要申诉，可老师没给他机会，他就只能生闷气了——生那些告状小伙伴的气，生老师的气，也不知道他的内心到哪一天才能真正恢复平静。我在为军军担心！

（三）认真受理孩子告状

在孩子们的交往中，当遭遇不合理、不公平的事情时，许多孩子就会选择到幼儿园里的"最高法官"——老师那里告状。告状，是孩子心中有不满情绪时采取的一种情绪宣泄方式，如果老师能认真受理，就一定能让孩子消消气，甚至是出出气，这对其心理健康发展是有益的。但是在现实中，我们常常看到，孩子告状后，并没有得到老师很好的处理。有的老师或许是因为自己被别人"告过状"（准确地说是"打小报告"），或许是听了某些专家的忠告——教师过于热情地受理孩子告状，会强化孩子的告状行为，或者不利于孩子处理人与人之间关系的能力的发展——所以对孩子告状没有好印象，有的还很反感。当孩子来告状时，他们只当没有听见，或者眼睛看着别处，或者敷衍了事，有的甚至对告状的孩子说："好孩子不告状。"这对受了委屈的孩子来说，确实是一个很大的打击，使得孩子有苦无处诉，或者有苦不敢诉，长此以往，孩子心中所积压的"气"会越来越多，其心理负担也会越来越重。

案例 2-6　延后的报复

有一天，晓轩哭着说："帅老师，彭伟把我的画全撕了。"帅老师气急败坏地找彭伟问个究竟，彭伟却理直气壮地说："上次她把我的纸撕了！"帅老师这才想起上次她确实敷衍了事地解决过那件事情。

帅老师的敷衍，使得彭伟在心理上、情绪上的负能量一直未得到适当的宣泄，而且增加了彭伟内心的负能量，因此，其内心一直都不能平静，于是彭伟寻找机会来宣泄。

其实，告状也是孩子的一种情绪宣泄方式。孩子来告状，有时候不一定是要老师为他做点什么，只要老师认真倾听完他的诉说，他的气可能就消了。因此，老师遇到孩子来投诉，应该认真地了解孩子告状的内容、状态和情绪反应。听完孩子的诉说，要给予适当的评价，并对孩子进行正确的引导，这等于向孩子传递"老师理解你""老师尊重你""老师体谅你"的信息，从而营造出老师支持孩子、让孩子宣泄情绪的氛围。

（四）让孩子多参加艺术、体育活动

教育者要让孩子多参加一些艺术、体育活动，丰富他们的情绪体验和情绪表达方式，让他们的各种情绪在丰富多彩的活动中得到表现和宣泄。

音乐心理学研究表明，音乐能够缓解、调节人们的情绪，排解人们心中的紧张和不安，音乐还是人们表达和宣泄情绪的一种十分有效的手段。让孩子参与各种不同情调的音乐活动，不仅可以使他们的各种情绪得到宣泄，而且可以让他们学会用不同的音乐来表达自己的情绪。舞蹈活动也具有与音乐同样的情绪宣泄功能。

让孩子在儿童剧或表演游戏中担任具有不同情绪的角色，也有利于孩子各种情绪的宣泄，同时有利于孩子情绪表达能力的提高。

室外自由活动也是孩子舒缓身心的好办法。在幼儿园，孩子常常被教育者告知："走路轻，说话轻，做事轻。"有时候，孩子的情绪稍稍兴奋一点，便会被教师提醒"轻点"，这让孩子情绪上的兴奋戛然而止，其能量就会积聚在心中，当这种能量积聚到一定程度后，迟早有一天会以爆发的方式来宣泄。其实，体育活动可以让孩子把过多的心理能量特别是情绪能量以无害的方式进行宣泄，从而化解孩子的身心压力，促进孩子情绪的健康发展。当孩子因为无聊而脾气暴躁时，当孩子因为受委屈而沮丧时，当孩子开心和兴奋时，

可以带他们到户外，找个宽敞的地方，让他们拍皮球、跳绳、连唱带跳，还可以让他们在草地上尽情地奔跑、嬉戏、追逐、跳跃，鼓励他们在草地上游戏、翻滚等，让他们舒展身心，有机会一起高声喊叫，"疯狂"地打闹。

这种肢体上的放松与语言上的宣泄会让孩子备感轻松、愉快。活动过后，回到教室内再提醒孩子轻轻做事时，孩子也更乐于接受，一张一弛，效果显著。

适宜有不同情绪发展问题的孩子的体育活动是有所不同的，下面我们分别介绍。

急躁易怒的孩子适宜的体育活动：打太极拳、下棋、慢跑、游泳、长距离的步行等持久缓慢的活动。这些活动可增强孩子的自我控制能力，有利于稳定其情绪。

遇事紧张、失常的孩子适宜的体育活动：踢足球、打排球、打篮球。因为场上形势多变，比赛紧张激烈，只有冷静沉着地应付才能获取优势。常在这样紧张的场合接受考验，久而久之，孩子遇事就不会过分紧张，更不会惊慌失措。

孤独、怪僻的孩子适宜的体育活动：踢足球、打排球、打篮球、接力跑、拔河等。这些活动会帮助孩子逐步适应与同伴的交往，并热爱集体。

腼腆、胆怯的孩子适宜的体育活动：溜冰、单杠、跳马、摔跤、走平衡木、游泳等。这些活动要求孩子不断克服害怕摔倒、跌痛等各种胆怯心理，以勇敢无畏的精神去战胜困难，越过障碍。

自负、逞强的孩子适宜的体育活动：难度较大、动作较复杂的体育活动，如跳水、体操、艺术体操等。也可为孩子找一些水平较高的对手。

对于活泼好动、较灵敏但稳定性和控制能力较差或者缺乏意志力的孩子，可以让他们参与和平衡能力有关或者需要意志参与的体育活动。

对于意志力较强，但不够活跃、灵敏性较差的孩子，可多让他们进行跳跃、躲闪跑等体育活动。

（五）让孩子多做些具有宣泄意义的游戏

许多游戏活动也具有情绪宣泄的功能。

- 平时，我们发现，男孩特别爱玩黏土，他们玩黏土时那一系列用劲挤、捏、压、扭的动作，和最后一下将黏土使劲地摔在地上的动作，都具有宣泄的功能。

- 有的孩子有时喜欢反复地搭积木，然后又用力地把它推倒，这也有宣泄意义。

- 做结构游戏时，孩子把别人垒高的积木一下子推倒，可能是他在宣泄因同伴拒绝与他分享玩具而产生的不愉快情绪。

- 孩子常常借角色游戏做一些平时被大人禁止的活动。比如，一个爱打架的孩子在角色游戏中模仿打仗，拿着玩具手枪或竖起手指，四处射击他的敌人，以此来宣泄他内心受压抑的情绪。

- 在玩娃娃家游戏时，扮演"爸爸"或"妈妈"角色的孩子会毫不留情地惩罚不听话的布娃娃，嘴里还念念有词。这些都是孩子通过游戏活动（借助于动作和语言）宣泄其情绪的表现。

- 在玩娃娃家游戏时，有的孩子喜欢把布娃娃的裤子拉下来，然后狠狠地打它的屁股，并且口中念念有词。

- 在玩医院游戏时，许多孩子喜欢玩"打针游戏"，这是孩子将自己在打针时受到的痛苦宣泄到"打针"的活动中去。

- 在玩娃娃家游戏时，小女孩一边拍打着玩具娃娃，一边说："你把牛奶倒洒了，妈妈不喜欢你了！"这可能是她把自己在类似情境中承受的心理压力宣泄到玩具娃娃身上了。

- "扔石头游戏""扔沙袋游戏"里的"扔"以及在宣泄室里用力"捶打"沙袋，这些动作同样具有宣泄的功能——孩子把现实中对某些人或事的不满情绪宣泄到沙袋上去。

◆给孩子提供一个可以挖土的地方。

◆拿一些东西，如装牛奶的纸盒、纸箱子和皮球等，让孩子踢着玩。

如果我们注意观察，就可以发现，孩子通过游戏把精力和情绪进行宣泄之后，他们的脸上总会露出一种满足而痛快的表情。这说明，孩子在游戏活动中宣泄情绪能量后心理恢复了平衡。

对于游戏的功能，许多教育者一般只想到如何通过游戏来对孩子进行教育或促进孩子的发展，却很少想到创造条件，让孩子利用游戏来进行情绪宣泄。即使孩子自发地出现一些宣泄行为，如用力摔黏土，用力推倒搭好的积木，也往往会被老师看作"破坏性行为"或"问题行为"而加以禁止。由于这些方面的差异，我们在网上看东西方教育活动录像资料时，总能发现东方国家特别是中国的孩子比西方国家的孩子沉稳、呆板。沉稳、呆板不应是幼儿期孩子的特点，这不能不引起我们幼教工作者的注意。

除了要为孩子创造一定的条件，让他们在游戏中进行适当的情绪宣泄外，我们还要对孩子自发地表现出来的一些具有宣泄意义的行为，多一份接纳和谅解，即使它们有一定的破坏性。当孩子表现出这类自发的宣泄行为时，成人应该意识到，孩子正处于紧张状态，他们需要帮助，而不是惩罚。有些教师没有意识到这一点，每当孩子在游戏中出现具有宣泄意义并带有一定"破坏性"的行为时，不但不给孩子相应的帮助，反而以严厉的手段强行使孩子改正，这不但没有减轻孩子的内心紧张，反而提高了孩子的心理紧张度，从而有可能导致孩子产生更为严重的"破坏性"行为或其他心理问题。所以，对孩子在游戏中出现的宣泄行为，我们要注意多些谅解，意识到孩子正处在心理紧张状态，努力寻找引起孩子这种紧张心理状态的原因是什么，最后对症下药。

另外，幼儿园可以选择适当的空间，建立一个"宣泄角"，供孩子宣泄。可以放置一些运动器械，如沙包、棉垫等，允许幼儿任意踩、踢、打等；可以放置一些画具、大的纸张，允许幼儿任意画、撕、剪、扔等；可以放置一些泥巴、废纸等，允许幼儿任意摔、捏、揉等；还可以允许幼儿将自己关在一间小屋子里，一个人在里边随便地哭喊、大声叫嚷，等等。

案例 2-7　情绪治疗箱

我看了美国学者格温·斯奈德·科特曼在其著作《幼儿教师88个成功的细节》中提出的"情绪治疗箱"及其配备，觉得很好，下面跟大家分享一下。

我们可以制作一个"情绪治疗箱"，当小朋友生气或感到烦躁，但还没有失控时，就能用上它。这个箱子里应该包含以下物品：

◇橡皮泥

◇可以任意揉捏的东西，如一些较软的布偶

◇可以乱扔的东西，如豆子袋

◇可以重重敲击的东西，如铁锤和钉子

◇可以随意撕的纸张

◇可以乱敲的鼓

（六）对孩子的宣泄进行适当的引导

孩子积聚了情绪能量总是要宣泄的，因为不宣泄出来对其身心健康不利。但让孩子随时任意地宣泄任何情绪也是不好的。毫无节制的宣泄，会在无意中伤害他人的自尊，即使是在毫无利害冲突的场合，只顾宣泄自己的快乐或痛苦，也可能会伤人伤己。

总体而言，孩子宣泄情绪的水平不高，因而他们还不能根据场合合理地宣泄情绪。比如，有一些孩子受挫后会用一些不太合适的方式来宣泄自己的情绪：有的孩子喜欢不停地磨自己的橡皮擦，不到一个星期，橡皮擦就被磨没了；有的孩子在受挫时爱摔玩具、砸东西，以发泄怒气；有的孩子喜欢拿同伴出气，甚至挑起事端，找碴儿打架。因此，教育者应该学会正确地引导孩子合理地运用适当的方式来宣泄自己的情绪。

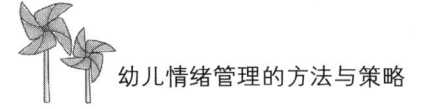

1. 宣泄应以不伤害为原则

不管什么样的人，其情绪宣泄一定要遵循"不伤害性原则"，即情绪的宣泄要以不伤害自己，不伤害别人，不损害他人和社会的利益为前提。教育者要引导孩子理性地宣泄情绪，以利于他们身心的健康发展。

案例2-8 有气就跟老师说说

大海是幼儿园大班的孩子，在一次传球活动中，篮球刚传到大海的手里就被身边的小朋友一跃身把球抢走了。当时，大海怒气冲冲地离开篮球场，径直走到一面墙那里。谁也没有想到，大海伸出双手，拼命地朝墙上挖去。一时间，小朋友们都静了下来。大约一刻钟过后，大海慢慢地平静了下来，可十个手指头都带着血。老师走上前，把大海抱在怀里，握着他的两只受伤的小手，轻轻地对他说："好孩子，没事了！不过，以后可不要让自己受伤了。不然的话，你这个小帅哥就不帅了！"大海听了老师的话，懂事地点了点头，很不好意思地说："对不起，老师，我不该发脾气！"老师朝大海笑着说："你对不起的可不是老师，是你的十个手指头，知道吗？你的手指头好无辜啊！不过呢，坏脾气不发出来也是很难受的。以后你再发脾气，可以选择别的方式，比如，跑步、跳绳、向天空大声吼叫，也可以跟老师说说为什么生气。记住了啊！"

从此，大海生气时，不再伤害自己，而是向老师诉说，或者风一样地在幼儿园里跑上几圈。

大海是因为不知道如何为自己的消极情绪找出口而伤害自己。老师让他明白，消极情绪可以有许多非伤害性的出口。

案例2-9 攻击他人是为了宣泄情绪

晓东是个个性很强的小朋友，他喜欢玩皮球，可总是拍不好。每次失败后，他就会表现出一副沮丧的样子，顺势推一下、打一下身边的小伙伴，然后转身就走。小伙伴被他激怒了,难免要引起纠纷。

老师用换位思考法,让他多想想:"如果你被哪个小伙伴突然欺负,你的感受是什么?你会怎么想?你会怎么做?"老师让他设身处地地明白自己的错误,并组织小朋友们一起讨论:"玩皮球老是拍不好,怎么办?"小朋友们为晓东想了很多办法。老师一边表扬他们,一边说:"对,以后碰到不高兴的事,可以自己想想办法,也可以请小朋友们帮忙想办法。不能打扰别人,不能推搡别人,更不能打别人。"

攻击他人也是情绪宣泄的一种方式,只不过它是一种不良的情绪宣泄方式。由于经验和能力有限,孩子心中有气,往往不知道如何正确地宣泄,在这方面确实需要教育者的正确引导。

2. 宣泄应以正确的认识为导向

需要和认识是孩子情绪产生的基础。孩子的不良情绪与其需要未得到满足有关,也与其相应的认识有关。因此,要转变孩子的情绪,改变其情绪的不合理宣泄方式,必须转变他的相关认知。只有认识到位了,行为才会到位。

案例2-10　从自身找原因

有一次,我班的星星和佳佳为了争夺一个玩具而发生争吵。他们虽然同样受到了我的责备,但反应迥然不同。佳佳只是不愉快地低下了头,而星星顿时面红耳赤地指着佳佳的脸大声说:"都是你,害我被老师说,这本来就是你的错,呜……"说完星星就号啕大哭起来。我想,星星会发生这种情况,主要是由于他对自身的错误缺乏认识,对老师的责备不能忍受。于是,我帮助他认识到,老师的责备是善意的,碰到不满意的事或者哭闹时,只要老师一提醒就应该停下来,老师喜欢知错就改的孩子。通过多次交流,他渐渐有了正确的认识。当他再有不良情绪时,我就提醒他,他宣泄情绪的强度不断减弱,时间也不断缩短,同时,他学会了多从自身找原因,而不是总去抱怨别人。

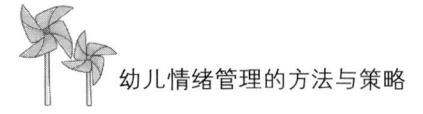
幼儿情绪管理的方法与策略

星星的改变在于他的认识的改变。不同的认识对情绪的发生、强度以及宣泄方式有着不同的影响。

案例2-11 父亲更换电视频道

如果父母未经孩子同意就更换电视频道，孩子们会有何反应呢？教师对此展开了调查。

教师："小朋友们，如果你正在看电视，爸爸想看新闻节目，把你正在看的动画频道给转换了，这时你心里有什么感受？"

孩子1："爸爸不讲道理，我不理他了！"

孩子2："我心里很生气。但我没有办法，因为他是爸爸。"

孩子3："我会很难过。我会跟爸爸大吵大闹，直到他让我看动画片为止。"

孩子4："我很气愤。我要叫爷爷来帮我。"

……

教师引导孩子们充分地表达了在矛盾冲突情境中自己的失望、气愤和不满感受以后，孩子们在讨论中否定了与爸爸大吵大闹或生闷气的做法，提出了一些正确的做法：平心静气地与爸爸商量；或者说服不了爸爸就去做自己感兴趣的事，如玩玩具、上网玩游戏；或者等爸爸看完新闻后自己再回放看动画片，等等。这种经过讨论而被孩子们认可的方法既合乎情理，又与社会行为规范相一致，不仅让孩子的情绪有了出路，而且可以避免孩子产生强烈的情绪。

3. 宣泄要注意适切性

要让孩子明白，宣泄是将内心的情绪能量宣泄出来，而不是为了达到其他目的。比如，当孩子通过哭闹想获得某样东西时，教育者可先向其说明，"心里难过可以哭，但哭闹不可能帮你满足不合理的要求"，并且对其哭闹不要妥协，要进行冷静的处理。这样，孩子就会逐渐明白，哭闹只是宣泄了心中的不满情绪，但不可能满足自己不合理的要求。因此孩子就会逐渐减少哭闹的频次。此外，在面对孩子开心的宣泄时，教育者可以在可控范围内鼓励和分享他的宣泄，这样孩子会获得积极的体验，尽情释放自己的情绪能量，有利于其身心健康。

4. 教会孩子宣泄的方法

适合幼儿期孩子宣泄情绪能量的方法主要有如下几种。

（1）涂鸦法

涂鸦是一种重要的宣泄手段。教育者为孩子提供涂鸦墙，孩子可以根据自己的情绪在涂鸦墙上随意涂画。涂鸦墙要达到宣泄的效果应具备三个条件：一是可擦除的底板，一面涂鸦墙可以反复使用。二是可叠加的颜料，颜料摆放在涂鸦墙边上，可以随意选用，还应是无污染且价格便宜的，要定期增补颜料。三是可言表的主题，尽管孩子可以随意创作，但仍然要有底线要求，涂鸦不能出格、出位，这不仅可以让孩子的情绪能量得到宣泄，还可以让孩子学会自控。

当孩子尽情挥洒时，他们常常不自觉地把自己的情绪投射到作品中。例如，在涂鸦区里，有一个小女孩拿着画好的画纸给老师看："老师，看我画的画。"老师看后，表扬道："呀，很好，你可以去选择别的游戏了。"女孩说："不，我还要画，我喜欢画。"她的语气非常坚定。"那你继续画吧，"老师回过头看着她说，"你能告诉我，你画了些什么吗？"女孩说："这是我和妈妈、弟弟一起出去玩，我穿着裙子很高兴，妈妈抱着弟弟。只是……"她有些不满，"妈妈好像只喜欢弟弟。"这个女孩的妈妈有了第二个孩子，所以照顾她的时间就相对少了，她认为妈妈只喜欢弟弟，不喜欢她了。老师蹲下身子告诉她："其实，妈妈和以前一样喜欢你，只是弟弟很小，妈妈也要关心他。"她听完了很高兴。之后，老师还向其家长反映了这一情况，家长也能及时配合，更多地关注这个女孩，因此她的内心逐渐恢复了平衡。由此可见，画画是孩子进行情绪宣泄的一种方式，也是教育者了解孩子内心世界的一种途径。

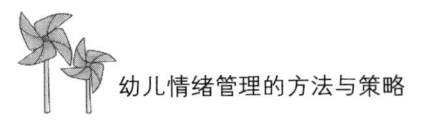

案例 2-12　画画也可以宣泄情绪

女儿3岁,刚上幼儿园不久。一天,她从幼儿园回家后有点不高兴。我问她为什么不开心,她说:"杭杭老是打我。"我安慰了她几句便去做事了,然后我看见她开始画画。

刚开始,女儿一边画一边嘴里嘟囔着什么;过了一会儿,她开始笑了。我很好奇,便过去问她笑什么。她指着画上的两个小娃娃告诉我:"地上的这个是我,天上的这个是杭杭。下次他再打我,我就一脚把他踢到月亮上去。这样他就下不来了,再也不会欺负我们班的小朋友了。"

孩子对杭杭的不满情绪,通过画画得到了宣泄,其内心取得了平衡,所以她开心地笑了。

（2）话语法

话语法是重要的心理宣泄方式之一,它是通过自我表露和找人倾诉两种方式来进行。

①自我表露。在幼儿园里选一处僻静的、不被人干扰的地方创设一个悄悄话活动角,在活动角的墙上画一个微笑着的娃娃（开心娃娃）。告诉孩子们,他们可以到这里来说说自己的悄悄话,把内心的所有情绪、愿望,特别是不满意情绪、委屈都讲出来,以谋求内心的平衡。孩子有消极情绪时,往往会不开心、孤独,如果能用语言宣泄自己的情感,他们就向情感控制迈出了第一步。在幼儿园里,一些孩子在悄悄话活动角对着开心娃娃说:"爸爸今天会早点来接我吗?""我今天很高兴,因为老师表扬了我。""我今天有一点不开心,我有点想妈妈了。""我很伤心,小丽不和我玩了。"这样的诉说不但让孩子把自己的情绪宣泄出来了,而且提高了他们的情绪认知和表达能力。另外,教师还可以在班级墙上设一个班级心情晴雨栏目,栏目中间有一颗大的心形,心形内有每个孩子的姓名。每天早上来园时,孩子们根据自己的心情从各种表情脸谱中选择能代表自己心情的脸谱贴到自己的姓名下面,这不

仅是孩子心情的自我认知和表达，也是孩子向教师和小伙伴表现自己心情的一种方式。老师和小伙伴了解了不同小朋友的心情状态后，在当天的一日生活中会采取不同的应对方式，比如，对心情不好的小朋友多些关心、安抚，对有气的小朋友多些谅解，等等。

②找人倾诉。告诉孩子，心情不好或者有快乐的事情时，可找幼儿园里跟自己要好的小伙伴交流，也可以告诉老师。特别是心情不好时，要主动跟老师聊聊，回到家里可找爸爸妈妈聊聊。在交谈过程中，教育者一要表示理解和支持，二要努力帮助孩子走出情绪的困境。

（3）歌曲法

唱歌也可以宣泄情绪。一是选用表达思乡、思亲等情绪的歌曲，能够把孩子的思念情绪寄托在歌声里，一些想说又说不出来的情绪通过歌词和旋律得以表达和释放。有才艺的孩子演奏自己爱好的乐器也属于这种方法。二是通过吼唱的方式来宣泄情绪。这类歌曲（如摇滚歌曲）音调高、难度大，适用于内心痛苦、压抑，需要宣泄的孩子，不追求唱得好，只追求吼出声，唱到声嘶力竭时获得一份畅快感，在此过程中可以伴随大哭大笑、出汗发热，借此打通每一个毛孔来释放压力。

（4）呐喊法

呐喊也是一种宣泄方式。感到悲伤、恐惧或抑郁时，呐喊的效果既明显又快捷。教育者要鼓励孩子在遇到困惑和不愉快的事情时喊出来。可以站着喊，也可以一边疯狂地跑一边喊。教育者要让孩子通过呐喊认识到自己的力量，同时发出内心的声音，感受心理调适的作用。在方式选择上，最好是集体组织，不管每个人的声音是大还是小，都会融入整体环境，要懂得自己必须喊出来，喊出来就有益身心。在时机选择上，早操时适合呐喊，能够呼出体内的废气，吸入更多的新鲜空气，有利于身心健康。在进行体能训练之后，或者完成了大项任务之后组织孩子呐喊，往往能够及时地释放压力，效果更好。

（5）运动法

①锻炼型。通过跑步、游泳、爬坡等运动，利用各种高强度体能锻炼燃烧脂肪，出一身汗，也就把憋在体内的多余能量排出体外了。

②击打型。要为孩子配备拳击手套和沙袋，就像格斗训练那样自由击打，通过击打宣泄心中的怒气和不愉快情绪。对于特种训练，在具备安全条件和专业设施的情况下可以组织一些对抗赛，如拳击比赛等，让孩子在对抗中宣泄负面情绪，调节心态。

③竞技型。竞技比赛是有效的群体宣泄方法，如组织踢足球、打篮球等运动。孩子通过猛打猛拼，可以把生活中的不愉快情绪宣泄出来，既能锻炼身体、提高技能，又能在团队合作中感受凝聚力，赢得尊重，建立友情。

（6）活动法

比如，教育者可以利用才艺展示活动，让一些平时不太自信的孩子认真准备节目，充分展现个人才艺，获得他人的尊重，同时，又能释放自己的情绪能量。

（7）电子游戏法

①单机游戏。让孩子通过模拟游戏中的打怪杀敌，完成在现实世界中难以完成的任务，很好地宣泄负面情绪。

②网络游戏。在网络游戏比赛中，孩子既可排解平时的情绪压力，又能与小伙伴充分合作，增进友谊，积累正能量。

（8）哭泣法

哭泣有三种方式。

①自发式：孩子自主地进行情绪宣泄，心情不好时独自哭泣，对他人并不提出什么要求，就是难过了哭而已。

②诱导式：孩子找到教育者，使其与之对话，引发强烈的救赎感，或是撒娇，或是悔过，把内心的所有痛苦都通过哭诉表达出来。

③感伤式：教育者平时注意收集一些令人心生同情的图片、文字和视频，

让孩子独自一人观看，通过对比现实使其知道这个世界上还有很多不幸的人，从而产生同情他人的情感，建立起内心的平衡感和责任感。

客观地说，用上述方法来应对孩子的消极情绪仅仅是治标的方法，而不是治本的方法，因为它们只能减轻心理压力，让心中的消极情绪能量得到宣泄而不能将心理压力源去掉，所以无法从根本上解决孩子的情绪问题。另外，有些方法甚至还有负面作用，这一点是需要我们特别注意的，比如，让孩子通过击打"目标物"来宣泄消极情绪可能会有极大的破坏作用，很容易诱发孩子的暴力心理和行为。

（七）认真倾听孩子诉说

诉说也是一种有效的宣泄方式。允许孩子向你诉说他的感受。你不要对他妄加评论，也不要急于帮他解决问题。通常，他需要知道的只有一点，那就是：你关心他，你愿意花时间来听他诉说，让他告诉你发生了什么事。必要时，你可以提一些问题引导他诉说："孩子，发生了什么事情？""你当时说了些什么？做了什么？""小朋友们不了解你，那使你有什么感受？"值得注意的是，教育者在向孩子提问时一定要注意，不能使自己的提问变成质问。

在倾听的过程中，教育者应该注意以下几点。

1. 要专注

你要用眼神向孩子表达你的专注，比如，在听的过程中要有眼神的交流，但又不是紧盯不放地注视；你还可以通过语言来表达你的专注，比如，在听的过程中，你要时不时地用"是的""嗯""我了解"或偶尔点点头等非言语来表示你对他所说内容的注意，鼓励他继续说下去。在倾听的过程中，你千万不可以到处走动、边做事边听或背对着孩子，因为这些行为可能会让孩子认为你不关心他，对他所说的一切没有兴趣。

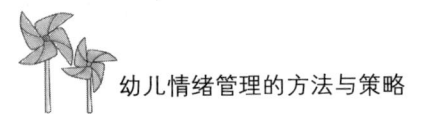
幼儿情绪管理的方法与策略

案例2-13 A爸爸和B爸爸

似听非听

孩子:"小华推我,所以我……爸爸,你听我说了吗?"

A爸爸(头也不回地看电视):"我听见了。你讲吧。"

孩子:"所以我就还手了。后来他又打我……你听见了吗?"

A爸爸(仍然头也不回地看电视):"我每个词都听见了。"

孩子:"不,你没有听!"

A爸爸(还在注视着电视):"我能一边看电视一边听,你讲吧!"

孩子(生气地走了):"不讲了,算了!"

全神贯注地听

孩子:"小华推我,所以我……爸爸,你听我说了吗?"

B爸爸转过身,面对着孩子,认真地听他讲。

孩子:"所以我就还手了。后来他又打了我一下,打得很疼,他坏死了!"

B爸爸关切地看着孩子,点点头。

孩子:"你知道吗?以后我要去和小峡玩,他不乱推人。"

孩子说完就心满意足地去玩了。

当孩子想和你说话时,他希望你能全神贯注地听,安静地听。当你专注地听时,你甚至不需要讲任何话,只要全心全意地关注他,他说完了,就宣泄完了,也就轻松了。如果你敷衍他,他心中之气无法宣泄,就会更加郁闷,更加生气。

2. 要有足够的耐心

孩子向教育者倾诉,一方面是想得到成人的帮助,另一方面也是一个宣泄心中不愉快情绪的过程,所以教育者要表现出足够的耐心。有时候,我们忙起来时,碰上孩子向我们诉说,我们往往不等他说完就打断他的话,然后凭自己的猜测和经验急于去教育孩子、开导孩子,这样做,效果当然是很差的。几次三番后，孩子就不再想和我们沟通了。常常有教育者这样抱怨孩子："孩子的心里话不愿与我们说，也不知道他心里在想些什么。"孩子不想在我们面前诉说，主要原因在于教育者面对孩子诉说时，没有养成耐心倾听的习惯。

3. 要有爱的表达

在倾听的过程中，教育者要尽量蹲下身子和孩子的视线平齐，时不时地眨眨眼，点点头，轻轻捏一下孩子的肩膀，轻轻拍一下他的头……这样能让孩子实实在在地感受到教育者的爱。在爱的氛围中，孩子就更愿意将自己的心里话说出来。

案例 2-14 就这样陪你坐着

母亲看到她 5 岁多的女儿莉莉走进房间，一屁股坐到沙发上，眼泪汪汪的。于是，她走过去坐在女儿的身边，搂着她轻声地说："看来发生了一些事。"女儿一声不吭，她也不再讲话，就这样和女儿一起坐了 5 分钟。最后，女儿叹了一口气说："谢谢妈妈。我现在觉得好多了。"

这位母亲没有弄清到底发生了什么事。但她知道她帮助女儿从伤心中走出来了，因为没过多久女儿就哼起了歌。后来，她并没有去追问，女儿自己主动把发生的事情告诉了母亲。

有的孩子在不高兴的时候根本不想讲任何话，此时，对他来说，只要爸爸妈妈能和他在一起，能抱抱他，他就满足了。

在教育的过程中，教育者要结合孩子的宣泄行为，培养其情绪宣泄的自我认知能力和自我调控能力，让孩子认识、认可自己的情绪宣泄行为，学会选择适当的宣泄方式，并且根据社会规范学会调控自己的情绪宣泄行为，进而学会相关的情绪输出技能（宣泄）。

4. 同理心

同理心就是教育者在倾听孩子倾诉时，能体会孩子的情绪和想法，理解孩子的立场和感受，并从孩子的角度思考问题和处理问题。教育者具有同理

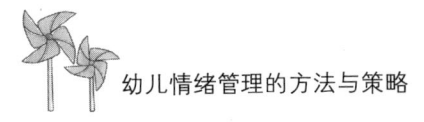

心,才能让孩子感受到倾诉后的轻松,反之还会加重孩子的心理负担,使孩子更生气!

案例 2-15 妈妈话太多

6岁的李冲对妈妈说:"妈妈,张老师偏心。今天幼儿园午睡的时候,东东把我的鞋子踢到了墙角,我叫他捡回来,他不肯捡,我就把他的衣服扔到了床底下。张老师知道后光批评我,还把我叫到办公室,要我承认错误。他为什么不批评东东?"妈妈说:"冲冲,你又淘气了!我和你说了多少遍了?老师批评你,你首先要看到自己的错误。如果你老老实实、规规矩矩的,没有一点错误,老师怎么会批评你呢?你看隔壁的莹莹,她多么听话!老师什么时候批评她了?我再说一遍……""妈妈!你总是帮人家说话,我不要听!"李冲不耐烦了。"你不要听,我也要说……"妈妈像往常一样说个没完。"我只是问了你一个小小的问题,你为什么要说那么一大堆的话?!"因为与妈妈谈话总是那么扫兴地收场,所以李冲越来越不喜欢与妈妈谈话了。有一天,他对小朋友说:"我什么也不告诉妈妈了。因为我一开始跟她说,她就会没完没了地说,我连玩的时间也没有了。"

如果李冲向妈妈诉说时,妈妈不是指责他、数落他,而是有同理心地回应——"老师是有点偏心。看得出来,老师偏心,你很气愤"——那么,李冲就不会产生对立情绪,不会气上加气,他心中之气就会渐渐消去。

案例 2-16 D父亲和E父亲

儿子:我真想揍扁小刚的鼻子!

D父亲:为什么?怎么了?

儿子:他把我的书扔到泥地上了。

D父亲:噢?你是不是先招惹他了?

儿子:没有!

第二章 幼儿的心理防御与应对

D父亲：真的没有？

儿子：我发誓我根本就没有碰他。

D父亲：那好吧。小刚是你的朋友，这事过去了，就别提了。你就是喜欢惹事，然后又来怪别人。

儿子：不是的，每次都是他挑起来的……算了，我以后再也不和你说了。

（谈话到此只能是不欢而散）

面对同类事件，当E父亲采用了接受孩子情感的方式后，情景就完全不一样了。

儿子：我真想揍扁小刚的鼻子！

E父亲：孩子，你生气了！

儿子：我想把他的胖脸揍扁。

E父亲：你这么恨他！

儿子：你知道他做了什么吗？他抢走我的书，扔到泥地上。根本没有任何理由！

（E父亲静静地听）

儿子：他以为是我把他的那个可恨的瓷鸟玩具摔坏了。

E父亲：你觉得是这样？

儿子：是的。他哭的时候一直看着我。

E父亲：噢……

儿子：但是，不是我把它摔坏的，根本不是我。

E父亲：我明白了，不是你摔的。

儿子：我不是故意的。是因为大鹏推了我一下，我才碰到小刚的桌子。

E父亲：大鹏推了你一下。

儿子：是的。好多东西都掉到了地上，可就是那个瓷鸟玩具摔坏了。我根本就没有想把它摔坏，那只鸟很好看。

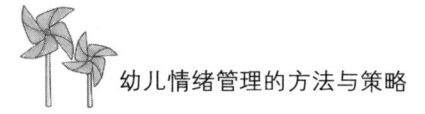

E 父亲：你不是故意的。

儿子：我不是故意的。但是小刚就是不相信。

E 父亲：你觉得即使你告诉他，他也不会相信你。

儿子：我不知道……不管他相信不相信，我都得告诉他。我想他也应该向我道歉，不该把我的书扔到泥地上。

这位父亲感到很惊讶，他没有问什么，孩子却把全部经过都告诉了他。他没有提一句建议，孩子自己就想出了解决的办法。他没有想到，倾听和接受孩子的情感能发挥这么大的作用。

事实上，无论年龄大小，当人感到烦恼时，都希望有人能理解他此时此刻的心情。对于孩子来说更是如此。

四、孩子的文饰作用防御行为与应对

文饰作用防御行为是指当某一个追求目标不能实现或行为不符合社会规范时，个体尽量搜集一些合乎自己内心需要的理由，给自己的行为及结果找一个合理的理由，为自己开脱、辩解，以掩饰自己的过失，减轻焦虑和痛苦，维护自尊，免受伤害，进而使自己在心理上得到安慰和安宁的一种心理防御术。换句话说，文饰作用防御行为就是制造"合理"的理由来解释并遮掩自我的伤害。虽然这些理由往往不是主要的或真正的原因，或者是不正确、不客观、不合逻辑的，但当事人以这些理由来安慰、说服自己，从而避免精神上的苦恼，减少失望情绪。当然，不直面问题，总是自我安慰，于事无补，也不能从根本上解决情绪上的问题。因此，对孩子的文饰作用防御行为，教育者要给予正确的引导。

（一）了解文饰作用防御行为的种类

了解孩子文饰作用防御行为的表现，有利于我们更有针对性地应对他的文饰作用。研究表明，文饰作用可分为三种机制。

1. 酸葡萄机制

当自己所追求的东西因自己能力不够而无法取得时，个体就加以贬抑和打击，这种机制被称为酸葡萄机制。该机制引申自《伊索寓言》里的一段故事：

从前，一只狐狸走进葡萄园中，看到葡萄架上长满了成熟的葡萄。它想吃，但因葡萄架太高，它跳了数次都摘不到，因而无法吃到葡萄，就说那些葡萄是酸的，它不想吃了。其实葡萄是甜的，它因吃不到，就说葡萄是酸的。

在日常生活中，像这样的例子很多，例如，我们经常会有那只狐狸的境遇与心态，当受到挫折时，就找理由丑化、贬低得不到的东西。比如，某教师在竞选园长一职时落选了，心里有失落感，闷闷不乐，后来她想：职务越高，职责越大，当个普通老师可以逍遥自在，还可以有更多的时间钻研业务。这样一来，她的情绪很快就恢复常态，不再烦恼。

2. 甜柠檬机制

与酸葡萄机制相反的另一种防御机制是甜柠檬机制，它是指企图说服自己和别人，自己做成或拥有的已是最佳选择。上述《伊索寓言》里所说的那只狐狸，后来走到柠檬树旁，因肚子饿了，就摘柠檬充饥，边吃边说柠檬是甜的："这柠檬正合我的口味，我就喜欢吃甜的。"其实柠檬的味道是酸涩的。在生活中，有时我们也会像这只狐狸一样，努力去强调事情美好的一面，以减少内心的失望和痛苦。比如，我们平时所说的"塞翁失马，焉知非福""知足常乐""傻人有傻福""吃亏是福"均反映了甜柠檬机制。

酸葡萄机制和甜柠檬机制都是个体在遭受挫折，无法达到目标，不能满足愿望时，为减轻痛苦和紧张，保护自尊而采取的心理防御机制，为自己找理由辩护，自圆其说。

3. 推诿机制

推诿这种防御机制是指将个人的缺点或失败，归结于其他理由，找人担待其过错，进而获得内心的平静。比如，一个孩子不小心被一个小凳子绊倒

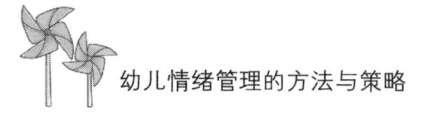

了，他怨恨地踢小凳子两脚，以掩饰自己走路不小心，进而实现心理的平衡。一个孩子跑步跑不过人家，他说，都怪他爸爸给他买的鞋不好，要不然他就赢了。

一个男孩在室外活动场上打了另一个男孩，老师刚好发现了，于是便对此事进行追究。这个先动手打人的男孩抢先说："是他先打了我。"被打的男孩则说了实话："我没有先打他，是他先打我的。"先打人的男孩就是想通过文饰作用来逃避惩罚。

案例2-17　随地小便后

四个小朋友在幼儿园的树下小便，被老师发现了。面对老师严厉的眼神，他们做出了如下反应：

正在提裤子的A：我没有尿。

B：我看见D尿了才尿。

C：我实在憋不住了。

D：……

A在说谎，B在推诿，C说了实话，D在郁闷。

（二）看透不说透

当教育者发现孩子在使用文饰作用防御机制，无论是使用酸葡萄机制，还是甜柠檬机制，甚至是使用推诿防御机制进行心理防御时，都要意识到，孩子因动机受挫而正处在紧张状态，他正在承受挫败所带来的心理压力。这时候孩子非常需要谅解、支持和帮助，教育者不要指责，更不要揭穿，要尊重孩子，给孩子尊严。

（三）引导孩子积极适当地进行文饰

客观来说，无论哪种形式的文饰作用防御方法都可以在一定程度上减轻孩子因动机受挫而产生的心理压力，进而使其心理恢复到一定程度的平衡。因此，我们应该通过训练让孩子掌握文饰作用防御的各种技能。当孩子渴望得到而未得到时，就启发孩子发现该事物的"不好"，以恢复心理平衡；当孩子渴望得到而得到的却不是理想中的事物时，要教孩子发现所获得或所拥有的事物的"好处"，学会享受所拥有的，学会知足。

当孩子面对挫折而采用推诿的办法来获得内心的平衡时，一定要注意积极地引导孩子，让他学会分析失败的原因，进而明确自己的责任，不要无缘无故地将责任推诿给客观事物，更不要将责任推诿给别人，要让孩子学会承担自己应该承担的责任，做个负责任的人。因为对自己的行为负责比用推诿的办法换来一时的轻松更重要。自己将责任推诿给别人，不仅会给自己的人际关系带来负面影响，而且自己会被别人反击，内心反倒更加难以平静。

（四）积极地应对问题

文饰作用，有时候是有意的，有时候是无意的，更多的是无意的。适当地运用，能帮助我们接受现实，特别是接受那些无法改变的现实。这对缓解孩子因挫折而产生的消极情绪带来的心理压力确实有一定的帮助，但这种方法如过分地使用，会妨碍我们对现实问题的解决。因为文饰作用是解决心理问题的方法，而不是解决现实问题的方法，它对解决现实问题并没有多大的帮助，真正应对挫折不能只停留在自圆其说或无穷无尽的抱怨上，而需要面对真实的问题。另外，过分使用文饰作用的人，很可能会在人际交往中遇到困难，因为明明他没有理却还要强词夺理，使别人难于跟他亲近或和睦相处。因此，情绪稳定后，应该冷静地、客观地分析达不到目标的原因，重新选择目标，重新确定行动路径和行为方式。

因此，除了要教会孩子适当使用文饰作用外，我们还要引导孩子善于发现问题的根源，并努力寻找解决问题的路径。由于客观原因，或者自身能力不足而无法达到自己的目标时，适当使用文饰作用，让自己的心理恢复平静是值得提倡的。

我们反对过度地沉迷于文饰作用，而不敢面对现实，在问题面前，不是做出行动上的努力，而是自我安慰、自我解脱。

案例 2-18 小懒惰的自述

不知道是从什么时候开始，别人总喜欢叫我"小懒惰"。我也不知道别人在叫我这个外号时心里是怎么想的，但是我并不是很在乎别人这么叫我。因为在多年的生活经历中，我领悟到，懒惰确实有不少好处。

（1）懒惰能使我成为人们关注的中心。由于我懒惰，父母就得不断地为我操劳——为我吃的、穿的等各方面操劳；也正因为我懒惰，所以他们不敢太过专心致志于他们的工作而把我冷落在一旁不管，我可不愿过那种被人冷落的日子。刚去幼儿园的时候，由于我的独立生活能力较强，我经常得到老师的表扬，但是后来不知道是什么原因，老师很少表扬我了，大概是因为我的独立生活能力较强，所以老师平时很少给我关爱，总是去帮那些不会独立穿衣服的小朋友穿衣服，去哄那些不会吃饭的小朋友吃饭……看到他们有说有笑，我好羡慕他们呀！也正是看到了这一点，后来我也逐渐变得不会自己吃饭，不会自己穿衣服，不会自己上厕所，不会自己……这样，老师就不得不时时关照我，而其他小朋友就算做得再好、再努力也不如我这样能得到老师更多的关爱。得到老师的关爱，这可是许多小朋友做梦都想得到的好事，可惜的是，他们不如我更懂得这方面的技巧。

（2）懒惰使我更容易得到老师的表扬。由于人们都知道我这个人懒惰，所以当我做了一点点工作时，别人就会夸奖我，别人看到我好像有洗心革面的意思，所以便急着刺激我痛改前非。相反，同一件工作，如果是勤快的小伙伴做了，便不会受到这么多人的重视，得到鼓励的可能性更是微乎其微。

（3）懒惰是一道屏障，它能使我的自尊心避免受到更大的伤害。懒惰能为自信心不足的我藏拙，因为当我失败或毫无建树时，别人很少指责我能力不够；相反，别人通常会给我这样的评价："如果不是因为懒惰，他有什么事情不能干呢？！"也不知道为什么，我十分认可人们对我的这一评价，这样的评价让我心满意足，甚至有一点点沾沾自喜。人们的这一评价真可谓是抚慰我的失败感和自尊心的灵丹妙药。我只是懒，而不是无能！由于我懒惰，人们事事为我操心，他们对我懒惰的喋喋不休的责备转移了他们的视线，使他们不再关注我的能力问题——这正是我所希望的。最严厉的惩罚手段也不能使我这个存心懒惰的人变得勤快，因为我深深地知道，当我不再懒惰时，人家就不会以为我怀才不露了，我将被批评为无能——这是一件十分可怕的事情，所以我下定决心坚持懒惰下去。

正因为懒惰有上述好处，原本不懒惰的我才逐渐变得懒惰——这可不能怪我，有好处的事情谁不想要呢？！

不知道大家看了《小懒惰的自述》这篇文章有何感想。小懒惰的心理历程主要包括退化和文饰作用。所以，了解孩子的心理防御机制有利于我们更加深入地了解孩子各种心理行为问题背后的原因，进而更好地促进其心理的健康发展。

（五）教育者要做孩子的榜样

教育者在平时与孩子的互动中，在与孩子共同应对困难时，要适当地运用文饰作用，更要勇于承担责任，勇于面对现实，树立坚定的信念，积极寻找解决问题的方法，不推诿责任，不抱怨别人，遇到问题要善于分析，善于从自身找原因，为孩子树立良好的榜样。在失败面前，教育者应该勇敢地说："都是我的错，我将努力……"相信受到教育者言传身教的影响，孩子也会成为积极向上的孩子，并勇于承担责任。

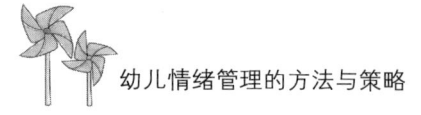

五、孩子的隐居性行为与应对

隐居性行为就是指当孩子受到挫折时，他们为了避免伤害或减轻心理压力，从他们适应困难的情境中退避出来。隐居性行为具有一定的适应意义，因为通过放弃困难环境的企图，便可以把失败的可能性消除。孩子在与老师或其他小朋友的交往中，如果经常受到伤害（如：因语音不标准而遭到老师或小朋友们的嘲笑；上课回答老师的提问说错了，被老师批评或被小朋友们取笑；在与同伴交往中，由于身体弱小，常受到其他小朋友的欺负、蔑视），那么，他很可能就会出现极度内向的隐居性行为——不说话，不与其他任何小朋友交往，不回答老师的任何提问，把自己"关闭"起来，以免遭受更多的伤害。孤僻症的一个很重要的原因就在于此。因为孤僻、自闭可以避免失败，避免受到心理伤害。总之，自闭也是出于他们的心理需要，不与人交往反而会使他们更有安全感。

具有隐居性行为倾向的孩子都努力避免与其他孩子在一起，当大部分孩子在休息和玩耍时间出去积极活动时，他却一个人留在教室里不去参加这种集体活动，而是阅读绘本或玩一些能够单独玩的游戏等。他还有与较小、较弱的孩子在一起活动的倾向，很少主动发言。当不得不在众人面前抛头露面时，他会满脸通红或面色苍白，这表明他十分紧张。隐居性倾向更为严重的孩子则表现为丧失兴趣和抱负，对很多事物甚至对游戏也表现出一副漠不关心的样子。

隐居性行为可以让孩子避免一些伤害，可以减轻他的心理压力，但是，如果一个孩子面对人际困境总是采取隐居性行为策略，那么，偶尔的隐居性行为就会演变成社会退缩症，孤独就可能会变成孤僻甚至怪异。因此，当发现孩子采取隐居性行为策略来应对人际交往困境时，教育者应该积极应对。面对孩子的隐居性行为，教育者应该注意以下几点。

（一）意识到孩子正处于人际困境之中

当孩子出现隐居性行为时，教师要意识到孩子正处于人际交往困境之中，对孩子的选择要谅解、尊重。比如，在集体教学活动中，我们向幼儿提问，有些内向的孩子由于对回答问题没有信心，便选择了沉默（头低低的，不敢正视老师），这时教师应该尊重孩子的沉默权，千万不可以"为了锻炼孩子，为了孩子更好地发展"为由，强行"点名"让这些孩子站出来回答问题，因为这不仅达不到锻炼孩子和促进其发展的目的，相反，还会打击孩子的自信心和自尊心。

（二）在班级中营造一种相互尊重的氛围

孩子之所以采取隐居性行为，在很大程度上就是为了保护自己的面子和尊严。因此，教师要努力在班级中营造一种相互尊重的氛围——孩子的任何生理和心理特点，优点和缺点，任何观点和做法，都应该受到充分的尊重，尊重是无条件的。

案例2-19 坐在角落里的小红

小红特别讨厌上体育课，因为很多项目她都不会，她不如其他小朋友跑得快，没有其他小朋友跳得高，甚至连简单的动作都做不好。所以，体育活动时，常有小朋友说她笨，不愿和她一起玩。小红看着小朋友们在操场上开心地玩耍，只好伤心地坐在角落里看着小朋友们。

幼儿园里的每一项教育活动，都应该充分关照每一个孩子的需要，让每个孩子都觉得参加这样的活动有尊严、有面子——就算我的能力很弱，我也一样很有面子和尊严。一个好的教育活动绝对不应该让孩子因为不能很好地完成任务而否定自己。孩子各方面的特点都应该得到尊重。

班级中形成了相互尊重的氛围，孩子就不会担心失败、失误，就不会担心显"丑"。"丑"也是孩子的一个特点,也应得到尊重。这样,孩子就不用刻意去采取隐居性行为来遮"丑"了。

(三)训练孩子的强项

孩子经常采取隐居性行为,往往与其对自己缺乏信心有密切的关系。因此,教育者要加强对孩子强项的训练,让其形成一定的特长,时常有机会在小伙伴们面前显露一下。如果孩子有了自己的强项,并且这些强项得到了小伙伴们的认可,那么他的自信心就会慢慢培养起来,自信心有了,内心强大了,他就不会太在乎自己某些所谓的缺点或劣势了,他的隐居动机就会逐渐消失,隐居性行为就会减少,最后甚至会消失。

案例2-20 美国幼儿园的圈圈时间

在美国的一所幼儿园,每逢周一会有一个"圈圈时间",孩子们在地毯上围坐成一圈,将自己心爱的东西向小朋友们展示,并进行几分钟的即兴表演。

游戏刚开始,5岁的可尼抢着把手中的玩具亮了出来:"瞧,这是火箭!"他按了一下开关,火箭便发出声音,红光一闪一闪的。孩子们大叫:"哇,真酷!"可尼得意地说:"昨天爸爸带我去公园,我乖,爸爸就给我买了它。"

接着出场的是刚从夏威夷度假回来的罗拉,她腰间系着一片片绿色的"树叶",款步走到大家面前,骄傲地说:"看看,这是夏威夷裙子!"接着罗拉边跳"草裙舞"边说:"夏威夷的人跳的就是这种舞。"

3岁的卡仑犹犹豫豫地站起来,慢慢走到老师面前,有点不知所措。看到他手上什么也没拿,老师轻轻地搂住他,同时"搜索"着可以"展示"的东西。"哦,新运动鞋!"老师对大家说:"看看,卡仑今天穿的新鞋子真漂亮!"同时老师启发卡仑:"告诉小朋友们,鞋子是什么颜色?"卡仑小声地说:"白色。"老师鼓励道:"跳一跳,看看鞋有没有响声?"卡仑不再紧张,跳了一下,又跳了一下……他越来越兴奋。老师带头鼓掌:"谢谢卡仑,让我们分享了你的新鞋子。"

没错,"圆圈时间"就是这么一个"出风头"的舞台。美国人就是要孩子建立这样的观念:谁有一点小小的"成就",谁就会引人注目,成为"中心",获得大家的欣赏。荣誉感、自信心就是这样形成的。而且,在"圆圈时间",孩子们机会均等,谁都有可能在那几分钟里成为大家注意的焦点。让每一个孩子面对大家自由地展示本领,表现自己,不仅有助于增强孩子的自信心,同时还能让孩子学会欣赏他人。

我强烈建议:在幼儿园里,教师要努力创造机会,每月、每周甚至每天让每个孩子在班里都有"出风头"的机会,让孩子发现自己的优点和优势。这样,渐渐地,每个孩子都会觉得自己是有价值的,进而形成强大的自信心,其隐居动机和行为就会逐渐消失。

(四)对孩子进行有针对性的教育

对孩子偶尔出现的隐居性行为是没有必要过分在意的,因为每个人都有不同程度的隐居倾向,偶尔适度的隐居并不是什么严重的问题。教育者应该特别关注的是某个孩子表现出经常性的隐居性倾向和行为,因为经常性的隐居性倾向和行为已经是一种心理疾病。这时,教育者就要了解到底是什么原因导致孩子产生了经常性的隐居性倾向和行为,是孩子缺乏相应的能力,还是孩子所处的环境缺乏尊重的氛围。如果是孩子缺乏相应的能力,那么教育者就应该对孩子进行相应的训练。对于不擅长语言表达的孩子,通过训练提高他们的语言表达能力。对于缺乏交往能力的孩子,通过训练提高他们与人分享、交换、商量、互动、共赢、互惠的能力。如果孩子缺乏参与小伙伴们热衷做活动的技能,就要训练他们相应的能力,使孩子与小伙伴有共同的活动、共同的话题,让孩子更易于融入到群体中。如,在某段时间孩子们都热衷于玩轮滑,那么,你也应该让孩子掌握这一技能,并且形成一定的技巧甚至特长,这样,孩子就能更好地融入群体中,而不至于害怕群体活动。

另外，教育者还可以通过为孩子提供适当的玩具来让孩子更好地融入到群体中。比如，对于性格孤僻、不爱动、沉默寡言、不喜欢群体活动的孩子，我们可以为他们提供动态的玩具，如惯性玩具、声控玩具等，让他们在轻松、自由、不受压制的游戏氛围中追逐汽车、飞机、坦克，骑着童车四处转，并和小伙伴一起操作，使用同一个玩具。另外，教育者还可提供一些需要几个人才能玩得来的玩具，让孩子拿着玩具寻找玩伴，进而感受到与人合作、与人玩耍的快乐。游戏的乐趣有效地调动着这些孩子参与群体活动的积极性、主动性，使他们产生愉快和自信的体验，逐渐形成活泼开朗、乐群的性格。

隐居性行为这一类适应不良的情况往往不为人们所注意。教育者更关注的是孩子的纪律性问题、学习不专心问题及品德行为问题，因为这类问题往往具有破坏性和外显性，而隐居性行为则极少具有破坏性，并且不外显。从心理学视角来看，隐居性防御行为比起有攻击性的防御行为更不容忽视。因为前者可能会逃避人们的注意，还常常会导致严重的心理异常等症状的产生。具有隐居性行为倾向的人一遇到困难和问题便容易产生行为异常的情况，随时都可能出现许多非社会性的症状。因此，教育者对这类孩子应该特别注意，否则，他们一遇到较大的困难，便会患神经症或精神病。

【参考文献】

［1］科特曼. 幼儿教师88个成功的细节［M］. 李旭晴，译. 上海：华东师范大学出版社，2010：72–74.

［2］李海浪. 养个百分百聪明的宝宝：婴幼儿心理行为与智力开发［M］. 南京：江苏科学技术出版社，2003：299–307.

［3］齐默尔. 幼儿精神运动学手册［M］. 蒋丽，唐玉屏，王琳琳，译. 南京：南京师范大学出版社，2008：57.

［4］秦美涛. 积极心理学视域下学前儿童宣泄的研究［D］. 广西师范大学，2014.

［5］任慧娟. 蒙台梭利纪律教育思想对幼儿园常规教育的启示［J］. 教育导刊：幼儿教育，2006（2）：15–17.

［6］辛治华. 心理卫生：日常生活和工作中的适应心理学［M］. 太原：山西教育出版社，1991：58–60.

［7］许炯. 儿童对父母惩罚的反应模式及影响［J］. 华南师范大学学报：社会科学版，1996（4）：107–110.

［8］薛梅. 自我的诞生［OL］. http://chuxin.ebseek.com/pay/weixin/jsapi/ZBYClassReceivePlaySeries.aspx?ClassID=86&SalesID=19&fsuserid=0&exshow=0.

［9］王利静. 儿童防御机制的研究［J］. 乐山师范学院学报，2004（10）：116–119.

［10］王丽新. 浅谈幼儿的宣泄与疏导［J］. 大连教育学院学报，2004（1）：63–64.

［11］王倩，陈莹. 帮助孩子宣泄不良的情绪［J］. 法制与经济，2012（1）：118–119.

第三章 幼儿的积极情绪及其行为的培养

安全感是孩子心理健康的基础,也是孩子心理健康的重要标志。富有同情心,让孩子成为一个具有仁慈之心,乐于助人、懂得关怀的人;坚强的自信心,是孩子不断向上发展的内在动力;具有责任感,会让孩子对自己、对他人、对社会负责;善于自控,能让孩子为了远大目标而克制近期的愿望和其他杂念,从而为社会做出更大的贡献……孩子具备了积极的情绪,会让他终生受益,这将为其终生发展,甚至为其今后的生活幸福奠定坚实的基础。

一、培养孩子的安全感

当孩子的心理安全需要(即要求稳定、安全、受到保护、有秩序,能免除恐惧和焦虑等需要)得到满足时,其内心就会有安全感。具有安全感的孩子在心理方面就不会感到危险与伤害,也不会感到孤独和无助;具有安全感的孩子,往往比较自信、宽容、友好、热情、开朗,易与人合作,对人充满善意,富有同情心。当孩子的心理安全需要没有得到满足时,其内心就会有不安感,具有不安感的孩子,往往比较孤僻、自卑、爱嫉妒、傲慢、多疑、自私、对人充满敌意或畏惧、羞怯,有强迫症倾向,有的还有恋物癖(离开了某样陪伴惯了的东西便忐忑不安)。

孩子在幼年期获得了安全感,就会变成坚强的人,在以后的生活中,无论遇到何种困难和威胁,他通常都能保持安全感和坚强的性格;反之,如果孩子在幼年期没有获得安全感，那么，他在与别人交往的过程中，往往就会感到被拒绝、不被接受，感到受冷落，感到孤独、被遗忘、被遗弃，很难与他人建立亲密的关系，甚至长大后也很难与异性建立亲密的关系。

美国著名心理学家马斯洛认为，安全感是决定心理健康的最重要的因素，可以把它看作"心理健康"的同义词。当孩子有了安全感时才能有自信，才能与他人建立信任的人际关系，才敢接近别人，与人交往，并从中体验到交往的快乐；反之，孩子没有安全感时，就没有自我接纳，没有人际信任，更不可能有良好的人际关系，而良好的人际关系是健康心理和健康人格最基本的、最重要的表现。如果孩子从小缺乏安全感，长大以后就会有很强的占有欲，总想控制别人，而且惧怕各种变化，这些不良心理过度强烈往往会导致人通过一些极端的办法来解决问题。按照马斯洛的需要层次理论，孩子只有在安全需要得到满足后，才会产生归属的需要、爱的需要、尊重的需要等高层次的需要；如果孩子在群体中体验不到安全感，那么，他们宁愿封闭自己，不与别人接触，以换取低安全需要的满足。

因此，教育者要努力研究孩子心理安全感形成的规律，并掌握为幼儿健康成长创造安全的心理环境的策略。

（一）了解引起孩子心理不安的因素

研究表明，引起孩子心理不安的因素主要包括家庭和幼儿园。

1. 家庭中引起孩子心理不安的因素

引起孩子心理不安的家庭因素主要有以下几个方面。

（1）家庭迁移

当今社会人口流动快，许多孩子随着父母辗转南北，不断变换生活和学习环境，无法与周围的人建立稳固的依恋关系，进而缺乏心理安全感。

（2）父母婚姻感情关系的变化

父母离婚，或者父母感情不和，经常争吵甚至打架，孩子在父母对立、充满敌意的夹缝中生活，就会失去安全感，无形中会产生恐惧、惶惑的压力，影响孩子的身心健康。

（3）家庭成员的不幸

家庭成员的不幸，如重病、伤亡或者遭遇其他不幸，都会给孩子造成内心的不安。

（4）弟弟妹妹出生

弟弟妹妹出生，分享了来自父母或其他家人的关爱，会让孩子感觉自己受到了冷落，进而陷入一种长期的不安之中。

（5）宠物伤亡

心爱的宠物伤亡也会让孩子内心不安，因为他担心自己、家人或者其他宠物也会遭遇同样的境况。

（6）父母过高的期望

在第 28 届国际心理学大会上，美国著名心理学家琳达·卡姆拉斯公布的《中美儿童发展》这一研究报告指出，中国儿童发生焦虑不安的比率比美国儿童高出 1.3%。卡姆拉斯认为，中国父母往往对独生子女抱有太大的期望，这是中国孩子更容易焦虑的主要原因。

（7）父母过于严厉

有的父母对孩子要求特别严厉，说一不二，经常用命令的口气、训斥的口气和孩子说话，容不得孩子犯任何错误。这样的结果是，孩子长期处于不安之中，进而变得胆小，做一点小事也要眼巴巴地等着父母发命令，有时也会出现相关的现象——稍稍感到可以逃脱父母的管教时，就很闹，特别好动。

（8）吓唬式家庭教育

在制止孩子做某些事情时，父母常常连骗带吓，比如："不听话，魔鬼就来了！""不听话，爸爸妈妈就不要你了。""你……大灰狼就会来把你吃掉。""你……我就叫警察来把你抓走。""你……我就叫医生来给你打针。"由于孩子的抗压能力很低，大人不经意说的一句话往往会使他们睡不好、吃不下。例如，有一个网友为了不让孩子吃口香糖，就说口香糖吃下肚会死。哪知孩子记住了这句话，有一天吃下口香糖之后情绪一直十分低落，弄得这位网友进退两难，实在不知道如何排解孩子的不安情绪。后来她只得安慰孩子说吃一片口香糖，问题还不至于十分严重，但仍然不能消除孩子的不安情绪。

2. 幼儿园里引起孩子心理不安的因素

幼儿园里引起孩子心理不安的因素主要有以下几个方面。

（1）超负荷课程

现在许多幼儿园里出现了课程严重超负荷的现象，特别是在一些"好幼儿园"里，孩子从早上7点30分入园到傍晚19点才能离园。孩子在幼儿园里除了要应付上午、下午的正规教育活动外，还得应付幼儿园和家长为他们选择的所谓的兴趣班活动，如讲故事、认字、英语、珠心算、电脑、钢琴、舞蹈、水墨画、简笔画、书法、游泳、艺术体操、足球、围棋、读经等。"望子成龙、望女成凤"心切的家长，让他们的孩子每天忙碌于上各种兴趣班，就连双休日也不例外。幼儿园所开设的兴趣班，最大的问题在于家长感兴趣，园长感兴趣，而作为活动主体的孩子却不感兴趣。由于过于忙碌，孩子们没有自由自主的活动时间，因此他们时常处于一种被动的、不安的状态之中。比如，一个大班的孩子大声地叹了一口气说："唉，明天又到了倒霉的双休日，我又没得玩了！星期六是画画、讲故事，星期天是珠心算、写毛笔字。我还不如天天上幼儿园……"

（2）过于严厉的教师

过于严厉的教师往往会给孩子造成内心的不安。比如，有一位自我感觉很好的教师说，不管多么"乱"的班级，只要让她去"治理"，她不久便能把小朋友们"镇住"，只要她站在教室门口，小朋友们就会变得乖乖的——一动不动地坐好。严厉的教师，不仅会影响到幼儿在园的活动，而且会影响到幼儿在园外的活动。比如，有一个小女孩想打开草地上的喷头玩水，但很犹豫。外婆说："你可以开。"但是小女孩说："不，我不能开。因为老师告诉我们不可以玩水。"外婆说:"老师不在呀,外婆让你开。"她说:"不,那也不行。"这说明,严厉的教师对孩子的影响无处不在,让孩子长时间地生活在不安之中。

(3) 教师的偏爱

在幼儿园见习时,我曾见到过几个平时受到教师冷落的孩子围攻一个得到教师过分宠爱的孩子。我问那几个孩子,为什么要围攻人家。他们的回答很干脆:"谁叫老师喜欢他!"由于教师偏爱而造成的类似的事件还有很多,比如,在幼儿园里,我们时常见到被教师冷落的孩子通过偷或毁坏教师偏爱的孩子的物品来宣泄内心的不安情绪。

(4) 教师的迁怒行为

教师有时会和同事、园领导、家长产生一些冲突,不理性的教师往往会将这种冲突中的不满情绪向无辜的孩子发泄,这使孩子觉得教师很可怕,进而见到相关的教师就会觉得不安。比如,6岁的朋朋是一所幼儿园里大班的孩子,在幼儿园里一直很乖,老师都夸他是好孩子。可自从上周五爷爷在接朋朋时与老师发生口角后,情况就发生了很大的变化,老师把怨气发泄在无辜的朋朋身上,对他实行了一系列"教育"措施:老师说朋朋上课捣乱,把他的座位从第一排调到了最后一排的角落里;上课时老师在讲台上用粉笔画了一个圆圈,让朋朋站在圈里不许动,一站就是一节课;放学后,朋朋跟老师说再见,老师却对他吼道:"给我滚回去,明天不要来了!"从此以后,朋朋再也不愿上幼儿园了,一提起幼儿园就吓得瑟瑟发抖。

(5) 教师的粗暴言行

教师的粗暴言行会让孩子长久地处于不安状态之中。比如,小班有个幼儿上厕所时不小心弄脏了裤子,当他鼓起勇气去跟老师说时,老师特别生气,尽管是冬天还把该幼儿拽到阳台上,一边给他换裤子一边不停地对孩子咆哮:"你笨不笨啊,都上幼儿园了,还弄脏裤子,真是恶心死了!""都长这么大了,连上厕所都不会!你羞不羞呀?!"……从此以后,这个原本很活泼的孩子变得内向沉默，在很长一段时间里，他见到这位老师眼中都会闪过一丝胆怯，并且不愿意和该老师单独相处，更别说主动和该老师交流了。在幼儿园里，教师的粗暴言行往往会造成师幼关系紧张，让幼儿处于深深的不安之中。

案例 3-1 学样

小强和小东向老师"申请"当一回老师，而老师也想看看这两个小朋友是如何当老师的，便答应了他们的"申请"。只见小强找来笔和点名册，清了清嗓子说："大家请安静！首先老师点一下名。娟娟？惠惠？"点到的小朋友都一一喊"到"。点到明明时，由于明明是一个内向胆小的孩子，他的声音很小，所以小强禁不住提高了嗓门又喊了一遍，可明明却不敢吱声了。小强和小东相互对视了一下。

接着，两个人走到明明面前，小强大声吼道："老师点你的名，你为什么不作声？如果再不说话，就把你关到小房子里和老鼠做伴！"小强边指着隔壁的小房子，边和小东去拉明明。明明缩着身体往后退，两行眼泪扑簌簌地流下，却又不敢哭出声。

表面上看，小强和小东是在"玩游戏"，但这"游戏"是其生活经历真实的反映。平时，他们的老师就是如此粗暴地对待小朋友的，内向胆小的孩子在这样的班级里一定是诚惶诚恐的。

（6）教师威胁性的教育

由于幼儿经验和能力的限制，教师的威胁对幼儿很容易产生"教育效果"，但其后果也很严重——幼儿可能会因此过着担惊受怕的日子，因为他们很在意成人的"威胁"，可又不知如何应对，极易陷入长久的不安状态之中。

案例 3-2 可怕的椅子

上课刚刚开始，教师就对孩子们说："等一下，如果哪位小朋友上课不认真听讲，就坐到门口这张椅子上去。你们听清楚了没有？"顿时，孩子们的说话声、笑声全都停下来了。是什么原因使孩子们能在这么短的时间内全部安静下来呢？经过几天的观察我才知道，孩子们都非常害怕坐到那一张椅子上，因为教师说过，谁坐那张椅子，谁就是坏孩子。

有如此"特殊功能"的椅子，会给孩子们的心理造成巨大的压力，会令孩子们在整个教育活动中感到忧虑和不安。

（7）超越幼儿能力的要求

教师向幼儿提出超过幼儿当前能力水平的要求，会让幼儿长期感到不安。朋友的孩子4岁5个月，正读中班，可是学写字有困难，总会把字写反，方向感不好。现在他不肯上幼儿园，并没有大哭大闹，而是默默地流泪和哀求，问他原因，他说自己在幼儿园里不会写字，其他小朋友都会写。确实是这样，超越幼儿能力的学习与要求会给幼儿带来无穷的压力。请看下面的案例。

案例 3-3　班长的负重与不安

我的孩子今年5岁10个月了，半个月前他高高兴兴地告诉我自己当班长了，我也分外高兴！我觉得这样可以锻炼他的组织能力和管理能力。

这两天他每天回来都闷闷不乐，问起原因，他只说自己不想当班长了，这让我着实吓了一跳。我感受到了他的痛苦与不安。他觉得人家可以坐着，他却要站着，拿着小棍管理别人，平时可以淘气，现在不能，要以身作则。他哭着说："妈妈，我太累了，不想当班长了！"孩子晚上睡觉时甚至会说胡话："我不当班长，我不当班长……"

（摘自一网友的博客）

（8）教师的"超自然能力"

教师为了教育小朋友，时不时地会告诉小朋友们，自己有这样那样的"超自然能力"。由于幼儿能力有限，加上想象力丰富，所以教师所说的"超自然能力"增加了教师在小朋友们心目中的神秘感，也增加了幼儿对教师的恐惧感。比如，有一位教师，时常拿着一个袋子或水壶对着不听话的小朋友说:"发功,发功,把你装进来!"许多小朋友都被老师吓哭了。

(9)同伴过于优秀

同伴过于优秀也会给能力相对弱的幼儿带来不安。比如,思思是个能歌善舞、聪明美丽的小姑娘,深得教师和小朋友们的喜爱,是孩子们心目中的"偶像",小朋友们都以能和思思坐在一起为荣。一天上完语言课后,只听蒙蒙叹了口气说:"我要是思思该多好呀!"其实,小朋友们崇拜思思,希望能像思思那样,说明思思的优秀给他们带来了内心的不安。

案例 3-4 失势的不安

从进幼儿园的第一天起就有许多老师喜欢欣欣,每天在幼儿园里她都能得到老师的表扬,幼儿园里的小朋友们也特别喜欢她。欣欣在幼儿园里过得很开心,在家里更少不了父母的赞赏和奖励。可是在欣欣上大班时,班里转来了一个比她更优秀的孩子(可可)。从此,欣欣在老师这里得到的表扬变少了,小朋友们也慢慢地向可可围拢。欣欣父母爱面子,就以可可为例子来批评欣欣,说她哪方面不如可可,要向可可学习。此后,欣欣就处处与可可作对,久而久之,老师对欣欣的喜爱就变成了讨厌,说欣欣一天到晚只会惹是生非,搞得班里鸡犬不宁,此时的欣欣已哭得泪流满面。

其实,欣欣后来"惹是生非"是她失去优势后内心不安的一种表现,父母的批评、老师态度的转变都会进一步加重欣欣内心的不安。

(10)失去心爱的朋友

最要好的小伙伴忽然不跟自己玩耍了,孩子就会感到十分不安。比如,一天,王小根(4岁)从幼儿园回到家里,显得很忧郁。妈妈问他:"怎么啦?"小根说:"纪文道不喜欢我了。"(注:纪文道是其同园同班的一个女孩)妈妈问:"为什么呢?"小根说:"她喜欢更好的小朋友了。"妈妈问:"你喜欢她,是吗?"小根说:"是的。"妈妈说:"那你应该告诉她呀!"小根说:"她本来就知道的,为什么还要喜欢别人呢?"小根无力挽回失去的朋友,因而陷入长时间的不安之中。

（二）在保教活动中要树立心理安全意识

幼儿教师要树立心理安全意识，在设计和组织各种保教活动时要经常思考如下六个问题。

①本次教育活动会影响到孩子的心理安全吗？为什么？

②本次教育活动有可能会威胁到哪些孩子的心理安全？为什么？

③孩子缺乏心理安全感有哪些行为表现？

④当发现孩子的心理处于不安全境地时，我们应该怎样恢复或确保孩子的心理安全？

⑤本次教育活动的手段、方法、组织方式如何有效地关照每个孩子的心理安全需要？

⑥活动后反思：在本次教育活动中，哪个环节引起了哪些孩子心理的不安？今后该如何进行相应的弥补？

各种保教活动要确保孩子心理的安全，要充分考虑保教手段、内容、方法、活动形式的心理安全性，对保教活动过程中所引起的孩子的心理不安要勇于弥补。

（三）要有宽容之心

由于孩子的能力和经验有限，他们经常会犯一些"低级错误"，甚至屡屡犯同样的低级错误，这就需要教育者有一颗宽容仁慈之心，要心平气和地接受孩子的错误，并将其当作孩子不断进步必需的阶梯。不要总是十分严厉、苛刻地对待屡次犯错误的孩子，不能原谅孩子所犯的任何错误，否则，孩子平时会经常担心失败，害怕教育者批评，因而做事总是缩手缩脚，这不敢尝试，那也不敢动，逐渐养成谨小慎微的性格，严重的还会产生心理学上的"无差错症"：他们经常如履薄冰，惧怕犯错误，不能容忍自己哪怕是很小的过错，偶有小的差错就会惴惴不安，惶惶不可终日。

孩子犯错误后，教师对孩子应该确立如下几点认识和态度。

◆ 孩子所犯的所有错误，都是可以原谅的。教师不应该因孩子犯错误而记恨孩子，而要以积极的心态去看待孩子的错误：犯错误，说明孩子在不断尝试新的事物，说明孩子会因此不断地进步；犯错误是孩子成长所必需的，教师不仅要允许孩子犯错误，还应该鼓励孩子犯在他们这个年龄应该犯的错误。

◆ 敢犯错误，不怕犯错误，是孩子心理生活环境安全的一种表现。

◆ 教师不应该因孩子屡犯低级错误而对他说："我恨死你了！"当然，也不能为此而对他怀恨在心。

◆ 教师不应该因为孩子犯错误而对孩子发火，应该让孩子从犯错误中得到发展。

小朋友犯错误后，教师应该对小朋友说如下一些温暖的话。

◆ 老师相信你一定能行。

◆ 做了错事没关系，改正了就是好孩子。

◆ 你又改正了一个小缺点，大家真为你感到高兴。

◆ 摔倒了，没关系，勇敢地爬起来。

◆ 做了错事没关系，以后我们怎样才能不犯这样的错误呢？

◆ 你心里是怎么想的，跟我说说行吗？

◆ 你能不能说说自己为什么这样做呢？你觉得今后应该怎样做？

◆ 你做错了……心里一定很难过，愿意和老师谈谈吗？

（四）温和地对待孩子

人们说到幼儿教师的形象可能第一个想到的是温柔可爱，可是我经常见到一些幼儿教师对那些活泼可爱的小朋友皱着眉头，满怀厌恶地大声训斥，本来活泼可爱的小朋友，被训斥得像见了猫的老鼠。我甚至还见过一家知名幼儿园的"招牌"老师，看到孩子往地上扔垃圾，不是和蔼地、理性地教育孩子讲卫生，而是双手叉着腰，指着孩子恶狠狠地命令他把垃圾捡起来。可怜的孩子吓得扭头就跑，可没跑多远，那个老师就把他逮住，然后拎过来，强逼着他把地上的垃圾捡起来。3岁多的孩子在老师的手里吓得发抖，想哭却又不敢哭出来，要憋又憋不住。

有一次，我去幼儿园，小朋友们一见到我，"哗——"地都跑过来（因为我是男老师，男老师在幼儿园里是很少见到的，我还曾在他们班上代过好长一段时间的课）。就在这时，当天带班的唐老师双手往腰上一叉，然后吼道："回去！！"小朋友们风一样地又掉头回去了。

面对这么粗暴的教师，小朋友们心里肯定只有畏惧和不安。

在幼儿园见习时，我看到过如下一个场景：

晨间活动时，一个小朋友带来了许多可爱的小蝌蚪，小朋友们都好奇地围上去。"不要动，老师要骂的！"人群中突然传来这样一句警告，那只正在抚摸小蝌蚪的小手立即缩了回去。

"老师要骂的！"这句话让我感到心情沉重，小朋友们在任何一项活动中都有一种顾虑——"老师要骂的！"这说明教师平时骂得太多了，小朋友们做任何事情，都担心被教师骂，所以平时做事总是缩手缩脚。

因此，教师对孩子说话，声音要轻柔一些，对孩子的态度要温和一些，动作要柔和一些，绝对不能粗暴地对待孩子，否则，教师在孩子心目中永远是可怕的、令孩子内心强烈不安的形象。

（五）教师在孩子面前要控制好自己的不良情绪

有些教师会在幼儿"不听话"时，或者自己心情不好时，对幼儿发火。这样，会使教师发火的形象深深地印在幼儿的脑海里，使他们觉得"××老师真可怕"，进而会让他们长时间地处于心理不安的状态中，甚至在教师发火过后，他们一见到该教师就觉得害怕。

不过，教师总会有生气的时候。为了更好地促进幼儿的身心健康发展，教师"有气"时，要注意发泄的策略，比如，在你实在忍耐不住时，可先暂时停下"教育活动"，等到心平气和时再重新开始组织教育活动，尽量避免给幼儿留下一个"可怕的形象"。

当你愤怒时，我们的建议是：

◆ 当你生气时，请数到 10。

◆ 当你很生气时，请数到 100。

在数数的过程中，你的"气"会随着时间的推移而逐渐减弱甚至消失。

（六）明白且持之以恒地向孩子表示我们对他的爱与关注

心理学研究表明，婴儿初生，如果受到父母或其他看护人的良好照顾，尤其是母亲，如能够对婴儿采取慈爱的态度，并且这种慈爱是经常的、一贯的和可靠的，那么婴儿就会觉得舒适与满足，从而产生最初的安全感。

儿童发展心理学认为，年幼的孩子需要特殊的持之以恒的照顾。一个只有 6 个月大的婴儿，如果一直照顾他的父母不见了，他就会变得很忧郁，没有笑容，不爱吃东西。如果一个定时帮助父母照顾他的人离开了，他也会表现得心情忧郁，只不过不像父母离开时那么严重罢了。如果一个孩子被养育他的家庭送到另一个家庭，然后又被送到别的家庭。几次之后，他就不会再深爱和深信别人，一次又一次的失望会令他感到不安和痛苦。所以，我们主张不要过于频繁地给孩子更换照顾者，以满足孩子的心理安全需要。

孩子安全感的产生，有赖于成人持续的、稳定的、持之以恒的、前后一致的、合理的、表里如一的、不求回报的、完全接纳的爱。教育者应该努力通过各种形式明白地向孩子表示自己对他的爱与关注，并且尽可能地做到每天都有所表示，哪怕只是微笑着看他一眼或关切地对他说上一句话，或者轻轻地抚摸或亲一下他的小脸蛋，或者每天抱一抱他，或者拉拉他的小手和他说上几句话。这些爱与关注的表示，可以增强孩子内心的安全感，让他安心地在幼儿园里生活和学习。

（七）向无助的孩子伸出援助之手

教育者应该是孩子心理安全的坚强后盾，教育者特别是教师不能放弃自己的责任，要努力保证每个孩子心理的安全，让孩子感觉到在幼儿园里，他是受到老师保护的。因此，当孩子因受同伴或其他人的欺负出现心理不安的状况而又无法摆脱时，教育者要及时伸出援助之手，帮助他们走出心理不安的困境。

（八）少让孩子接触有恐怖内容的影视剧或图书

幼儿的理解能力和经验有限，加上他们无法分清楚想象与现实，如果经常阅读带有恐怖内容的图书，或观看过多的恐怖影视剧，或听过多的鬼妖故事，就可能会产生恐惧不安的心理。调查发现，"大灰狼"就是比较容易让孩子感到不安的"怪物"之一，这种不安与孩子在幼儿园里经常听与"大灰狼"相关的故事有关。

（九）家庭要为孩子创造一个安全的环境

家庭要为孩子的健康成长提供一个安全的空间。为此我们给家长提出如下建议。

1. 别把自己神经质式的不安感传染给孩子

生活中，有些父母胆小怕事，敏感多疑，生活得特别谨慎，处理问题小心翼翼。他们在孩子还很小的时候，就开始反复地在孩子面前叮咛这个有危险、那个不安全，警告他们这个不能玩、那个不能碰，这儿不能去、那儿也不能去。如："别动，万一热水瓶倒下来怎么办？""洗干净，万一洗不干净，吃了就会得病。""再去看一下门锁好了没有。万一没锁好，小偷夜里钻进来可就麻烦了！""再检查一下煤气关好了没有，万一……""小心，别碰着……"结果，孩子也受到影响，会因此夸大地认为周围的环境都是充满危险，都不安全，即使在没有任何危险和威胁的情况下，孩子也体验到了不安全感，表现为退缩和回避，严重者则出现社会适应困难。

2. 和孩子同睡一床

一些所谓的专家说："看人家国外的孩子，刚出生三四个月就独自在房间里睡觉了。"听到这种言论后，许多年轻的父母就认为，孩子从小就应该自己睡，以培养其独立能力。但相关的研究表明，婴儿期的孩子跟父母睡最有安全感。现在，国外普遍提倡"家庭床"的睡眠方式，即孩子和父母睡在一起，这样能够让孩子的安全感得到充分的满足。等到了四五岁时再让孩子自己睡，而且要有一个循序渐进的过程，让其逐渐适应——父母在孩子独睡前陪伴孩子，唱催眠曲或读一两个美妙的童话故事，开亮一盏小灯，等孩子睡着了再离开，这样就比较容易使孩子对褴褓、包被之类的物体"脱瘾"。父母绝不应该采取强迫手段让孩子独睡，否则会让孩子变得忧虑不安。

3. 适当地让孩子黏一黏

很多父母把孩子"黏人"视为缺点。而心理学研究表明，适度的"黏人"，不仅可以促使孩子找到满足感，而且可以帮助孩子享受愉悦感。适度的"黏人"，有助于个体建立信赖感和自我信任感，从而使个体将来能够成功地与伴侣、后代和睦相处。因此，如果在婴儿期，孩子尚未产生适度的"黏人性"，将来他就可能很难和别人沟通，甚至还会影响他今后的社会生活和家庭生活。

孩子"黏人"是一种正常的心理，是其心理安全需要的一种体现。有的孩子被父母揍了一顿，还会紧紧抱着父母的腿不放，这就是孩子心理安全需要的一种典型表现。因此，为了满足孩子的安全需要，父母应该多抽点时间，让孩子"黏一黏"，甚至有时我们还应该主动"黏一黏"孩子，这样会让孩子在心理上感到更加安全。

4. 多抱一抱孩子

许多"过来人"经常警告年轻的父母：对待孩子，不能一哭就抱，否则，孩子就容易黏住你——时时刻刻都要你抱，你想放下他去做什么事都不行；而且事实也证明，只要你不抱他，他哭一会儿就不哭了。

心理学家提醒这些"沾沾自喜"的家长：相比母亲子宫内温暖舒适的环境，新生儿所面对的所有外部环境对他都可能是一种"创伤"。婴儿对温度、气候、饥饿等都很敏感，家长的所谓"锻炼"会让孩子的不安变得更强烈。正确的做法应该是，在婴儿哭的时候，家长及时将他抱起来，用触摸和自己的体温让孩子感觉到外界的环境也是安全的。

搂抱应该是经常的、无条件的，就算孩子做错了事感到不安，家长也可以搂抱他。这样做更多的是在两代人之间寻求一种无声的沟通方式。经常得到搂抱，心理安全需要得到满足的孩子，就不会产生恋物行为，将衣服、被子、枕巾或玩具当作精神安抚物。

5. 不要在孩子面前争吵

不要让孩子经常看到你和爱人之间的争吵。父母是孩子最初的安全基地，如果父母之间有失和睦，孩子就会因失去了安全基地而变得惊恐、退缩，并且学会暗自伤心。因此，就算夫妻间真的有矛盾冲突，也应该避开孩子后再发作。

心理安全感受对孩子的健康成长有着重要的意义，请父母能像关心孩子的身体安全一样关心孩子的心理安全。

二、培养孩子的同情心

同情心是一种对他人的不幸产生共鸣，及对其行动表现出关心、赞成、支持的情感以及由此诱发的"助人为乐""伸张正义"等动机和行为。它包括同情体验，同情理解，同情行为。同情心是幼儿期孩子社会品质的重要组成部分，是孩子亲社会行为产生的重要前提。同情心培养对孩子的合作、分享、安慰、助人四种典型亲社会行为的发展均有显著的促进作用。缺乏同情心的孩子只关心自己，只顾自己的快乐，而无视他人的感受，甚至会把自己的快乐建立在他人的痛苦上，这种孩子是很可怕的。请看以下事例：

◆ 一位母亲生病了，想让儿子倒杯水，儿子却说："你自己不会倒吗？我要看电视。"

◆ 几个孩子叫喊着追打一只腿部受伤的小猫。

◆ 调皮的孩子争着朝路边可怜的老乞丐的破碗里扔泥块，朝满头污垢的流浪汉身上喷水。

◆ 几个小朋友幸灾乐祸地欺负一个弱小的残疾女孩。

◆ 一位老师站在窗台上擦玻璃，假装没站稳，从窗台上摔了下来，想观察孩子们的反应。结果呢？孩子们全都哈哈大笑，没有一个人去扶老师。

◆ 室外活动时，孙永平喜欢一个人钻到花丛中、草地里、小树林中捉蚂蚁、逮蚂蚱。一次，老师静静地跟了过去，观察他在干什么。只见他捉到一只蚂蚱，就用力扯去它的大腿。过了一会儿他捉到一只蜻蜓，就扯掉蜻蜓的翅膀，看到蜻蜓在地上挣扎，他头也不回地跑开。最后他看到一个蚂蚁窝，就用土堵上，边堵边说："我不让你回家，不让你回家！"

有位哲人说过：对于一切有生命之物的同情是品行端正的最牢固和最可靠的保证。谁满怀这种同情，谁就肯定不会伤害他人、损害他人，使他人痛苦，而且他还会尽一切可能去宽容地对待他人、帮助他人，并且他的行动将会带有公正和博爱的印记。如果我们撇开人的同情心不去培养，那么一切道德都将失去基础，人类社会将无法维持，而人也会丧失其所以为人的天性。作为人，只有具备了善良、同情心，才能在心中产生爱祖国、爱家乡、爱父母、爱人类、爱生灵等一系列崇高的感情。现在的孩子多是独生子女，由于成长环境特殊，他们多是以自我为中心，缺乏关心和同情别人的意识和能力。因此，我们应该注意对孩子进行同情心的培养。

（一）同情心教育的原则

1. 目标性原则

同情心教育的目标是同情心教育的核心要素，其相关活动都是围绕同情心教育目标来建构或展开的。因此，教育者一定要明确同情心教育的目标，这样，才能更加有效地促进孩子同情心品质的发展。

对幼儿期孩子进行同情心教育的目标主要有：

◆反对那种对人无情甚至残忍的态度。

◆具有救死扶伤、救人危难、见义勇为、助人为乐的人道主义精神。

◆对有生理缺陷或智力障碍的人不讥笑、不捉弄、不欺侮。

◆爱护小动物，帮助有困难的人，对自己的小伙伴关心爱护、宽厚相待。

◆爱惜物品。

明确了同情心教育目标，会让我们的同情心教育方向更加明确，教育更加有效。

2. 家园合作原则

幼儿期孩子的任何教育都需要家园合作方能取得预期的教育效果。如果家园不能很好地配合，也许只能取得"1 + 1 < 2"的教育效果。家园应共同创造有利于孩子同情心形成、发展的环境和条件。

案例 3-5　是我妈妈教我的

有一个小女孩非常活泼可爱，从没打过班里的小朋友，而且特别懂礼貌。可是，有一天，这个小女孩跟小朋友发生争执时，却用牙咬了对方的手。老师觉得很奇怪，问她为什么咬人。她回答："是我妈妈教我的，我妈妈说打不过小朋友就用牙咬！"老师听后非常吃惊！

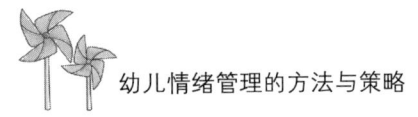

幼儿园教育孩子要有同情心,要温和地对待同伴,可是家长如此一教,整体教育效果就清零,甚至变成负数了。

3. 示范性原则

由于幼儿期孩子的知识经验和能力有限,因此,他们喜欢模仿别人,特别是喜欢模仿教师和家长的言行和态度。为了更好地培养孩子的同情心,教育者要让自己富有同情心,在同情意识、同情体验、同情行为方面给孩子树立良好的榜样。比如:父母在家要做个孝子,在社会上要做个有爱心的人士;教师要对孩子充满爱心,给孩子力所能及的照顾和帮助,处处体现出对人、对物的温情,时常抱一抱、亲一亲孩子,看到某个孩子心情不好就关心地问一下,看到某个孩子生病了,就细心地照顾和帮助他,并引导小朋友们去关注、照顾这个孩子。

案例 3-6 静静发高烧了

静静发高烧了,费老师抱着她,用湿毛巾给她降温。其他小朋友在旁边很仔细地看着。费老师借机说:"静静发烧了,很不舒服,老师真的很担心。你们在家发烧了,妈妈是怎样照顾你们的?"孩子们听了,立刻议论起来。有的说:"该送她上医院。"有的说:"让她多喝水。"有的说:"静静,我给你敷毛巾。"费老师非常动情地表扬了孩子们的做法,并说:"别人不舒服或生病了,我们就该这样去关心、帮助他。"

费老师对静静的同情态度和行为给孩子们做了很好的示范,这将促使孩子们在面对小伙伴或其他人生病时正确地表达其同情和关怀。

案例 3-7 把你们送到养老院

一对夫妇因为工作繁忙无暇照顾老人,曾经讨论过将老人送到养老院。一日,妈妈问自己6岁的女儿:"等将来爸爸妈妈都老了以后,你打算如何孝敬我们啊?"女儿一边做作业,一边漫不经心地说:"把你们送到养老院呗!"

妈妈听到这句话非常吃惊，也非常伤心。

父母的今天，就是你的明天。你想你的孩子将来怎么对待你，你今天就应该怎么对待你的父母。你就是孩子学习的榜样。因此，父母要以身作则，多给周围需要帮助的人同情与关心。比如：要好好地对待自己的家人，特别是好好地对待家中的老人，当家人生病或心情不好时要给予相应的关心、安慰和帮助；亲朋好友或者邻居生病了，要带孩子去看望；亲朋好友或者邻居遇到了困难，要尽自己的能力主动地帮助解决；看见老人或者小孩走路跌倒了，要主动上前去扶起；看见盲人过马路，要主动去引路；见到遭遇困难的人乞讨，要提供适当的帮助……教育者经常领着孩子这样做，耳濡目染，孩子就会同情弱者，帮助弱者的意识就会得到培养，能力就会得到提高。

案例3-8　天下第一等学问

一个6岁的女孩问妈妈："为什么在屋里走动时，您总像怕踩到地雷似的。"妈妈笑了，说："楼下不是也住着一户人家嘛。"

女孩虽然明白妈妈的意思，但她还是觉得在自己的家里应该轻松地生活。妈妈挺认真，她接着说："我们家的地板下面是楼下张爷爷家的天花板，如果我们走路声音大了，爷爷奶奶肯定受不了。"

女孩噘着小嘴："那为什么咱们家楼上那家人不这样想，他们总是把声音弄得很响？"

妈妈说："楼上有一个3岁的小弟弟，他要长大，需要蹦跳这样的运动。"

女孩的小嘴噘得更高了："那委屈的就该是我们家了？！"

妈妈更认真了，她说："能为别人着想，是天下第一等学问。"

妈妈如此具有同情意识，相信她的女儿今后也会处处为他人着想，富有同情心。

4. 以同情意识培养为先导的原则

具有同情意识是产生同情情感和行为的前提和基础。教师在日常教育活动中，可以通过故事、图片、儿歌、动画片、生活中的典型事件等，让孩子了解别人及自己遇到困难时的需求和感受，从而增强孩子对别人的同情意识。比如，教师可以通过《三毛流浪记》《卖火柴的小女孩》《丑小鸭》《孤独的小燕子》《助人为乐的小花猫》《关心别人的小乌龟》等故事激发孩子的同情意识。教师在给孩子讲故事的过程中，还应有的放矢地向孩子提出一些"为什么"或"你认为应该怎样做"的问题，让孩子联系生活实际进行思考并回答，这样，既可使孩子进一步理解故事的含义，又可培养孩子的同情心。又如，某个小朋友不小心摔了一跤，哭了，教育者可引导其他小朋友围在他身边安慰他、关心他。教师要让孩子意识到班级里身体或心理有残疾的小伙伴，需要同情和帮助，而不是取笑，比如，最笨的孩子在班里不应该成为大家的笑料，而应该成为大家关心和帮助的对象。教师还要引导孩子关注社会上那些需要同情和帮助的人，让孩子们从小就有一颗怜悯之心。

（二）同情心教育的任务

对幼儿期孩子进行同情心教育的任务主要有以下三个方面。

1. 培养孩子对家庭成员的同情心

同情的对象有父母、祖父母、外祖父母、兄弟姐妹等。其前提是家庭成员之间必须友善相处，使孩子在温馨、和睦、到处充满爱心的家庭氛围中受到熏陶。

2. 培养孩子对周围人的同情心

同情的对象有老师、小伙伴、社会上的弱势群体等。要培养孩子同情别人的意识，让孩子知道，无论做什么事情，都不要给别人带来麻烦和不愉快，这是做人的起点。教育孩子不要将废纸扔到地上，不要在公共场所大声喧哗，不要在洁净的桌面和墙壁上乱写乱画……告诉孩子，要尊重别人的劳动成果，这也是培养孩子关心他人、同情他人的起点。要引导孩子换位思考，关注周围的弱势群体或者遭受不幸的人，积极地为他们提供帮助。比如，有时，周围邻居的孩子不小心磕了一下，别的孩子见状却哈哈大笑。家长不要责怪孩子"幸灾乐祸"，孩子是被邻居的孩子突如其来的表情和动作惹笑的。遇到这种情况，家长应该赶紧说："哎哟，××小朋友碰痛了，真可怜啊！上回你不小心撞在桌角上不是也很痛吗？"孩子联想到自己的痛苦经验，会止住笑的。家长可以建议孩子去关心那个碰痛了的小朋友，问问他还痛不痛。如果邻居的孩子跌倒了，可以和孩子一起去把他扶起来。经过几次类似的行动之后，孩子对小朋友的痛苦一般就会比较同情、关心了。

3. 培养孩子对大自然以及动植物的同情

可让孩子种些植物、养些动物，引导孩子关心大自然的命运，关心我们的地球，关心我们的生存环境。当孩子提出想种植物或养宠物时，家长不要以各种理由拒绝和阻挠，而应该充分尊重孩子的意愿，因为这是培养孩子同情心最好的途径。在此过程中，孩子能够充分感受到生命的珍贵。孩子只有善待动植物，了解到生命的真谛，才能真正拥有一颗悲悯之心。

案例 3-9 蚂蚁的生命也值得尊重

有一次，在组织幼儿户外活动时，孩子们发现了一个蚂蚁窝，大家都很好奇。于是王老师就开始引导幼儿观察蚂蚁的特征及活动。这时，有几个男孩不停地用脚踩蚂蚁，还恶狠狠地说："踩死你！踩死你！"王老师急忙去阻止他们："你们为什么要踩死蚂蚁？"孩子们不屑一顾地回答："好玩。"这句话深深地刺痛了王老师的心。在孩子们面前，蚂蚁是弱小者，孩子们对弱小者没有丝毫的同情心，仅仅为了好玩就残害生命，那么，将来等他们长大了，为了自己的利益，他们会做出什么事情呢？于是，王老师便组织孩子们回教室进行讨论。王老师问孩子们："蚂蚁也有爸爸、妈妈、哥哥、姐姐。你们踩死了那么多蚂蚁，他们的爸爸、妈妈会怎样？如果你们失去了爸爸、妈妈、哥哥、姐姐会怎样？"此后，孩子们懂得了要爱护小动物，同情小动物，再未出现过类似的伤害弱小动物的行为了。

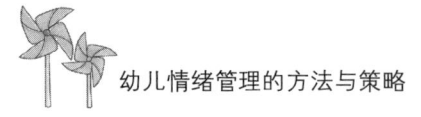

（三）同情心教育的路径

对幼儿期孩子进行同情心教育的路径主要有幼儿园教育和家庭教育。

1.幼儿园里的同情心教育

在幼儿园里，我们可以通过日常生活、专门性的同情心教育活动、其他非专门性的同情心教育活动等途径来培养孩子的同情心。比如，在关爱残疾人主题活动中，教育者可准备盲杖、盲道、眼罩，让孩子们尝试走盲道，进而了解、感受、体验残疾人生活的不便与困难，从内心激发起他们帮助残疾人的欲望，激发孩子的同情心和爱心，让他们能够更好地关爱他人。

案例 3—10　欣欣摔了个朝天跟斗

一天午餐以后，先吃完的孩子陆续地搬着自己的小椅子去阅读区看书。欣欣吃完，也搬着小椅子准备到阅读区去看书，光顾眼前的她没有注意到旁边没吃完饭的成成。成成的一条腿正挡在她的前面。"吧唧"，欣欣摔了个朝天跟斗。顿时引发了一阵哄笑声。摔倒的欣欣眼中泪光盈盈。这一跤摔得不轻，旁边的孩子却没有人出手拉一把！陆老师赶忙走过去扶起欣欣，亲切地询问道："欣欣，摔疼了吗？"欣欣委屈地点了点头。

陆老师向全班孩子提出了一个问题："如果你是欣欣，看到别人笑你摔跤了，你的心情会怎样？"孩子们都说："我会伤心地哭！"陆老师继续问："那你还会笑她吗？"孩子们说："我不会笑她！"

……

欣欣偶然摔了一跤，这一教育机会就被陆老师及时准确地抓住了。只要我们做教育的有心人，孩子的生活中处处都有教育的机会。

案例 3—11　抱一抱再回家

毛老师设计了一个活动：抱一抱再回家。也就是说，每天孩子入园时和离园前，老师要拥抱每一个孩子。每个孩子的情感都得到了满足，但如何让孩子去关爱他人呢？毛老师向孩子们提出了几个问题："老师抱着你们，你们高兴么？可是有的小朋友因为生病没来幼儿园，没得到老师的拥抱，我们应该怎么办？"有的孩子说："让没来的小朋友来幼儿园。"有的孩子说："他们生病了，来不了幼儿园的。"有的孩子说："他们生病来不了幼儿园，我们可以打电话去问候他们。"有的孩子说："我们可以画一幅画用微信发给他。"还有的孩子说："我给他讲一个好听的故事，用手机录下来发给他，让他听了以后开心一点。"孩子们在对他人的关爱中，懂得了帮助、同情别人能给自己带来快乐。

只要我们做教育的有心人，某个小朋友生病也是一个培养孩子们同情心的好机会。

幼儿园可利用相关节日，如在"三八"节、父亲节、母亲节，让孩子关心父母，教师可引导孩子设计一些表达自己良好祝愿的卡片送给父母；平时让孩子主动帮父母做一些事情，比如，有些幼儿园开展"每周一次为父母'洗脚'活动"；父母某一方生病了，请孩子适当参与照顾工作。在这些活动中，孩子会从父母欣慰和感激的目光中获得快乐。

教育者可以利用社区资源来培养孩子的同情心。例如，教师让小朋友们带着礼物和文艺节目去儿童福利院慰问残疾的孩子，或者带着礼物和文艺节目到敬老院去慰问那里的孤寡老人，小朋友们会从这些受助者的感激中获得快乐。

社区里的乞丐、流浪儿，也是培养孩子同情心的资源。或许你对街头形形色色的乞丐有各种不同的看法，但你不应该让自己过于复杂的思想影响孩子的善良。对孩子的成长而言，爱心比冷漠无情和金钱显得更为重要、珍贵。

2. 家庭中的同情心教育

许多人都说，如今的孩子太幸福了，他们得到的爱太多了，有来自父母的爱，有来自其他亲人的爱，还有来自社会的爱。可惜这种爱都是单向的——都是长辈给孩子的爱，而没有孩子给长辈的爱，这就使得许多孩子形成了以自我为中心，只知索取、不懂给予，"众人为我"的心理倾向，他们不体谅长辈的辛苦，缺乏应有的爱心——不会关爱自己，更不会关爱别人。

因此，让孩子从小就懂得爱、富有同情心具有十分重要的现实意义。

父母可以从以下几个方面去培养孩子的爱心。

（1）爱要让孩子感受到

平时，父母或其他长辈要通过口头语言和肢体语言明确地表达对孩子的爱，并且让孩子知道父母对他的爱是无条件的、永恒的，这样孩子就不会因担心失去爱而不安，更不会为了得到父母或其他长辈的爱而过度地讨好父母或其他长辈，进而有利于心理的健康成长。

父母或其他长辈还要经常跟孩子说说自己是如何如何爱他，让他更清晰地感受到父母或其他长辈的爱，千万不可对孩子说："在家里，只有我喜欢你，只有我爱你。"或者说："在家里，我最疼爱你……"当然，还要教导孩子积极地回馈父母或其他长辈的爱。

（2）在家里营造一种相互关爱的氛围

平时，亲人之间要相互关爱，并且让孩子看见这种爱。在孩子面前，夫妻之间、父母和祖辈之间的相互关爱要通过孩子看得见的言行表现出来，特别是父母对长辈的无条件的关爱，会对孩子产生潜移默化的影响。

如果孩子不是和爷爷奶奶生活在一起，父母要带着孩子一起去表达对爷爷奶奶的关爱，比如，经常让孩子打电话向爷爷奶奶问好，每月定期（不是抽空，因为关爱爷爷奶奶也是分内的事）带孩子去看望爷爷奶奶。这样，爱的种子就会从此扎根于孩子的内心深处。

如果孩子和爷爷奶奶生活在一起，爱的教育要随时随地进行。比如，孩子有好吃的东西一定要跟大家分享，有时孩子的爷爷奶奶舍不得吃孩子的东西，父母要跟老人讲明道理。又如，电视遥控器不要总掌控在孩子的手上，大家打开电视时，要让孩子问爷爷奶奶想看什么节目。

（3）带孩子经常参加社会关爱活动

定期带孩子去福利院、敬老院献爱心，当老师、小伙伴生病或者遭遇不幸时要打电话问候并且提供力所能及的帮助。

对弱势群体能帮就帮。不要因为社会上骗子多，就阻止孩子帮助乞丐的善举。因为爱心比金钱更重要。

（四）同情心教育的具体方法

为了更加有效地培养孩子的同情心，教育者可以采取如下几种方法。

1. 移情训练法

移情是一种设身处地地理解他人的情感、观念、愿望和行动的能力，是同情心得以产生的重要基础。移情训练的方法包括认知提示、情绪追忆、情感换位、巩固深化、情境表演等方法。比如，当孩子观看动画片、电视剧时，要抓住时机，让孩子学会辨别，分析别人的情绪，进入他人的角色并对其做出相应的情感反应。通过移情教育，让孩子对弱小或受伤动植物的关心、爱护、同情之感迁移到对父母、对朋友的关爱上，让孩子亲身体验需要别人同情的感受，启发孩子以自己相关的体验去了解当事人的需要。幼儿教师可用角色扮演对孩子进行移情训练，比如，让孩子扮演残疾人和老人，扮演盲人倒水、老人提物上楼、一只胳膊的人穿衣服等，体会他们的不方便和艰辛，使孩子产生同情心，培养孩子关心、帮助残疾人和老人的意识。又如，午睡后，教师可请每个幼儿抱一个枕头，就像妈妈抱着孩子一样。刚开始时，孩子们会很高兴，都乐呵呵的。过一会儿，他们就会开始叹气："怎么这么沉呀？我抱不动了。"这时，教师要引导孩子们想一想：小时候妈妈天天抱着我，妈妈累不累？这样他们就能体谅父母的辛苦。

案例3-12　卡尔·威特教育孩子不要拽狗的尾巴

美国早期教育的先驱卡尔·威特在自己孩子的感情教育中有过这样的一

个事例。

小威特3岁时，有一次他养的一条狗跑进屋里，小威特一把拽住狗的尾巴，把它拉到自己身边。他父亲看到了就伸手揪住小威特的头发，脸色吓人，拽住不放。小威特吃了一惊，把拽着狗的手放开了。这时，他父亲也把手放开了，然后对他说："小威特，你喜欢被人拽着头发吗？"小威特红着脸说："不喜欢。""如果是这样，那么，你对狗也不应该那样！"

老威特的教育方法其实是一种移情体验，就是让孩子切身地去感受自己残忍行为的结果，知道哪些行为会给人或其他生命带来痛苦和不安，进而避免类似的事情再次发生。

案例3-13　送小青蛙回家

有一次，小朋友们在操场上玩，突然发现一只小青蛙在水泥地上跳来跳去。几个调皮的孩子跑过去想用脚踩它，韦老师见状赶紧说："哎呀，这只小青蛙肯定迷了路，回不了家，找不到妈妈了。你们看它多着急，多伤心呀。"听了韦老师的话，有的孩子说："送它回家吧。"还有的孩子说："让它去找妈妈吧。"最后他们一起把小青蛙送到草坪上，小青蛙回到了"家"。

案例中，韦老师就是使用了移情的方法，让孩子们顿生恻隐之心，然后将小青蛙送回了"家"。

当遇到孩子对小伙伴动粗时，教师可以问孩子："如果你是××，你会感觉到……""如果别人这样对你，你会……"这样可让孩子逐步学会从别人的角度去思考问题，学会理解他人、尊重他人。

2. 批评与表扬法

当孩子表现出同情意识、体验、行为时，教育者要给予表扬甚至奖励，进而促进其同情心的发展。当孩子表现出残忍意识和行为时，教育者要给予批评甚至惩罚，进而阻止其残忍意识和行为的发展。比如，一位母亲经常鼓励孩子去帮助他人。一次，孩子在过马路时看见一位老爷爷行动不便，她看了看妈妈，妈妈及时捕捉到了女儿的眼神，心领神会，就用鼓励的目光看着女儿。于是女儿主动地走上前去，扶着老爷爷过了马路。老人感激地对小女孩说"谢谢"。这位母亲不仅发现了孩子的美好情感，还及时鼓励了孩子的善良行为。她对孩子说："你注意到没有？刚才你那么做的时候，旁边的叔叔、后边的阿姨都向你投来赞许的目光呢。"这位母亲用自己的肯定、他人的赞许来强化孩子的善良行动。

案例 3-14　小刺猬被烧死了

小兰从幼儿园回家后对妈妈说："我们今天在幼儿园旁边的桃源森林公园玩时，发现了一只死的小刺猬，特别可怜。张老师说，肯定是烧树叶时被烧死的！小刺猬该有多疼呀！我们班的小朋友都哭了。张老师和我们一起把它埋了。""那你哭了吗？"妈妈故意问小兰。"我没哭出来。"小兰看着妈妈，有些不好意思地说。"没关系，你难受就说明你有同情心，有同情心不一定都要哭的。"妈妈帮助小兰修正着她的想法。"你说它特别可怜，就说明你同情它。会同情别人是件好事。上次姥爷生病的时候，你不是把你好吃的东西给姥爷吃了吗？这说明你是一个有同情心的孩子。"小兰听了妈妈的话，若有所思地去玩了。

小兰的妈妈不仅让小兰了解到自己对小刺猬的同情心，还肯定和表扬了小兰的同情行为，这将激励孩子今后对其他人或物表现出更多的同情心，产生更多的同情行为。

3. 暗示法

苏联著名教育家苏霍姆林斯基说："任何一种教育现象，孩子在其中越少感觉到教育者的意图，教育效果就越大。"暗示法是一种含蓄、间接的教育方法。暗示法在没有冷战、没有对峙、没有对抗的条件下，通过教育者的眼神、表情、动作、环境、语言的暗示来培育孩子的同情心。暗示法比直接劝说更容易被孩子们认可和接受，其效果也更加持久。比如，家里来了客人，有了小伙伴，小亮高兴得忘乎所以。他一会儿狂笑，一会儿尖叫，严重影响了父母与客人的交流。于是，爸爸猛地皱起了眉头，并用手指压住嘴唇，暗示小亮不要吵闹。小亮看到了爸爸的表情和动作，声音就降低了不少。

（1）语言暗示法

对一个屡次违反常规打扰别人正常工作的孩子，假如教师采取说教方式，甚至采取人身攻击的方式，可能会取得暂时的效果，但效果不会持久，甚至会引起不必要的对抗。如果教师采用语言暗示的方法，可以这样对孩子说："这事是你干的吗？我感觉不是，因为你在我心目中是一个能够尊重别人，不给别人添麻烦的孩子。"这种暗示会引起孩子思想和情感上的共鸣，达到良好的教育效果。

（2）环境暗示法

俗话说："近朱者赤，近墨者黑。"环境对孩子同情心发展的影响是很大的。因此，在班级中、在家庭里形成一种富有爱心的心理氛围，在幼儿园粘贴一些具有爱心的图画，或者树立一些具有爱的含义的雕像，让孩子耳濡目染，肯定有利于孩子同情心品质的形成。

4. 榜样示范法

模仿学习是幼儿期孩子学习成长的一个重要途径，并且他们喜欢模仿。好的，他们会模仿，不好的，他们也会模仿。因此，要培养孩子的同情心，就要为其树立良好的学习榜样，以引导他们同情意识、同情体验和同情行为的发展。孩子同情心学习的榜样有教育者、小伙伴、自己、文学艺术作品中具有同情心的角色等。教育者应以身示范，在孩子面前表现出良好的同情意识、同情体验和同情行为，让孩子在无意识中受到潜移默化的影响。比如，父母与左邻右舍的和睦相处、互相帮助，父母在家中的尊老爱幼、友好相处，父母对弱者的同情、对蛮横无礼者的愤慨等，每时每刻都在影响着孩子，使他们从小产生一种与人友好相处、对人具有同情心的情怀。在日常生活和教育活动中，当小伙伴表现出良好的同情心品质时，教育者要及时引导孩子向他学习；当小伙伴表现出残忍行为时，要让孩子引以为戒。比如，看到小朋友帮助老人过马路，照顾年幼的孩子时，要表扬那位小朋友，鼓励孩子向那位小朋友学习，让孩子知道什么言行是他应该学习的。这样，孩子以后看到男生欺负女生，大孩子欺压小孩子时，他自然而然就会产生同情不幸者、帮助弱者的意识和行为。当孩子出现良好的同情意识、同情体验、同情行为时，教育者要给予及时的表扬和肯定，反之，则批评引导。当流行的文学艺术作品特别是影视作品中出现具有良好同情心品质的人物时，教育者要引导孩子向这些人物学习。影视作品中的这些人物具有鲜明生动的形象，孩子更容易模仿学习。

5. 行为训练法

同情心教育的最终目的是让孩子形成同情的行为习惯。孩子不仅要有同情意识，还要有恰到好处地表达同情心的行为方式。因为行为方式是表达情感与态度的桥梁，只有恰到好处的行为方式才能使良好的动机如愿以偿，否则将导致事与愿违的后果。因此，教育者要注意对孩子进行同情心表达程序与技巧的训练，努力促使他们好心有好报。

案例 3-15 帮助别人也需要别人同意

玩积木活动要结束了，莫老师传出指令说："离玩积木活动结束的时间还有3分钟，请小朋友们开始将积木收拾进积木篮子里。"小朋友们听后立即行动起来，收拾自己所玩的积木，只有黄晨叉开双手在那里欣赏着自己的作品（他对自己的作品感觉很满意，想多欣赏一会儿，他叉开双手是为了不让其他小朋友碰到他的作品）。这时李小翠走过来想帮黄晨收拾积木，当她伸手准备去拿黄晨作品中的积木时，黄晨用手去阻止，并发出了尖叫："这是我的，你不许动！"李小翠也不甘示弱地说："老师让我们互相帮助的！！"黄晨又尖叫着哭起来了！这时，莫老师过来了，问："发生什么事情了呀？"李小翠理直气壮地回答说："莫老师，是你说让我们互相帮助的。黄晨不让我帮他！"黄晨又大声尖叫道:"这是我的积木,我不让你帮!!"莫老师对黄晨说:"你不愿意她帮你,你应该和她说'笑话'(他们班的暗语,'笑话'就是微笑着说话)。你应该微笑着跟她说:'我想自己来!我不需要你帮忙。谢谢!'你不应该尖叫。"然后,莫老师又跟李小翠说:"小翠,你想帮助别人,这是很好的。但在帮助别人之前,你一定要问一问人家:'你需要我帮忙吗?'如果人家同意让你帮忙了,你才能帮忙;如果人家不同意你帮忙呢,你就不要强行去帮忙了。记住了吗?"李小翠说:"记住了。谢谢老师。"

莫老师向所有的小朋友介绍了刚才黄晨和李小翠冲突的经过,并让黄晨和李小翠表演了相关的情节。最后,莫老师强调:"今后不管是谁想帮别人的忙,一定要问一问人家:'你需要我帮忙吗?'人家同意了,你才能帮忙;人家不同意你帮忙,你就不要帮忙了。"

案例中,莫老师的理念和做法都是正确的。绝大多数孩子都有一颗好心,但他们缺乏将好心变成好事的能力。这方面确实需要教育者不断地训练和帮助他们。教育者要在肯定孩子好心的基础上,培养孩子做好事的能力——结合平时的典型事例,让孩子讨论在各种情境中帮助别人的程序和方法,让他们讨论"这样做好不好""那样做又会怎么样"等,让他们考虑每种方法可能引起的不同后果,然后加以比较。

要训练孩子在各种不同的情境中正确地表达同情心。比如:当别人哭泣时,该如何安慰;当别人不小心摔了一跤时,该如何帮助;当小伙伴生病时,该如何表达关心和问候;等等。经过系列训练,孩子不仅会形成同情意识,还会具有适当的表达同情的行为方式。

6. 角色扮演法

教育者可以让孩子扮演需要展示同情心的角色,让其在游戏的过程中,获得同情意识、同情体验,同情行为。比如,在角色游戏中,让幼儿通过扮演病人、医生、妈妈等角色,体验病人生病时的痛苦,体会医生给病人治好病的快乐,感受妈妈做家务的辛苦,从而懂得要关爱自己的父母,同情、帮助有困难的人。

7. 同情心认同法

当孩子自然而然地表现出同情意识和行为时，教育者对孩子的认可就可以促进其同情心的发展。比如，孩子喂养的小鸟或其他宠物死后，孩子会很难过，甚至流泪或痛哭，此时教育者千万不可骂孩子："不就是一只小鸟死了吗？！哭什么？没出息！"听了这样的话，孩子就会认为同情是一种没出息的行为，久而久之，就会变得对别人或其他生命缺乏同情心，变得冷漠和麻木。当孩子对宠物的逝去感到悲伤时，父母要安慰孩子，甚至要和孩子一样悲伤，一起为孩子心爱的宠物举行葬礼，这肯定有助于孩子同情心的发展。

案例 3-16　老虎、兔子谁重要

在一次大班的集体教学中，严老师出示了一张画着一只老虎在追几只兔子的图画，请小朋友们想办法帮助兔子。一个小朋友说："赶快给猎人打电话，让猎人来打老虎。"这时，另一个男孩马上站起来反对："不行，老虎是一级保护动物，不能打！兔子不是一级保护动物，连二级都不是！""对，应该让老虎吃一只兔子，不然，老虎会饿死的。"另一个男孩大声附和。

这下班里就像炸开了锅，孩子们的情绪一下子高涨起来了，并围绕"该不该让老虎吃兔子"展开了争论。这时严老师大声喊道："好了，好了，都别争了，还是想想咱们刚才的任务——用什么办法来帮助兔子！我要看看谁的办法好。"教室里的声音变小了，但争论并没有停止。有的孩子一直在嘟囔："老虎是吃肉的，必须吃小动物。什么都不让吃，老虎不就饿死了，还怎么保护……"

如果你是严老师，你会支持哪一派？你的主张是什么？

出于培养孩子同情心的考虑，我个人主张，要让孩子知道任何一种生命都是同等重要的，都应该受到尊重。

英国哲学家休谟在《人性论》中首次提到："同情本身就是美德。"孩子

在同情他人的过程中,形成了积极的社会情感,建立起了自己的友谊;在同情他人的过程中,学会了与人交往,实现着其正常的社会化过程。让每一个孩子多一点同情心,多一点相互理解,孩子们的世界就会多一份关怀,多一份友谊,多一份爱,多一份幸福。

三、培养孩子的自信心

自信,就是相信自己的价值,相信自己的能力。自信的孩子充分相信自己的能力与才干,敢于尝试新鲜事物,敢于坚持自己的观点,勇于向困难挑战。而自卑的孩子往往消极被动,害怕失败,害怕表现自己,失去了很多锻炼自己、发展自己的机会。

案例 3-17　我不会

在绘画活动中,每次老师讲解完作画要求后,孩子们都兴致勃勃地开始画画了,只有恒恒坐在那里东看看西瞧瞧,就是不画画。当老师上前询问时,他总是说:"老师,我不会,你帮帮我吧。"一开始老师手把手地教他画,边画边用形象的语言帮助他理解所画的内容。老师和他一起画好一部分后就对他说:"你看,你的小手多灵巧啊,接下来你自己也可以画得很好。"可老师的手刚停下来,他立刻就说:"老师,我还是不会。"

在体育活动中,孩子们刚开始接触跳绳时,非常感兴趣。大家都不会跳绳,但都积极地尝试练习,只有恒恒一个人拿着跳绳站在操场上不动。老师上前问道:"恒恒,你为什么不跳啊?"恒恒说:"老师,我不会。"老师对他说:"别的小朋友也不会,可是大家都在认真地学习呢,你也来试一试吧。"恒恒却说:"反正我也学不会。"

恒恒就是一个典型的缺乏自信心的孩子,他不敢表现自我,不敢尝试新事物,因此,他错失了许多自我表现和自我发展的机会。

自信的人往往能把握住更多成功的机会，通过努力走向成功，所以自信是一个人成功的基石，我们要从小就开始培养孩子的自信心。

（一）正确评价孩子

幼儿期的孩子对自我的认识在很大程度上依赖成人对他的评价，教育者的评价直接影响到孩子对自我的评价与认识。成人不能忽视评价在幼儿成长中的作用，更不能随意地、不负责任地评价幼儿的言行。

1. 营造一种接纳的氛围

在孩子的生活周围营造一种接纳他人、接纳自己的心理氛围。不管孩子的出身如何、性别如何、性格如何、长相如何、聪明与否、可爱与否、听话与否、缺点多少、优点多少、成绩优劣，他们都应该得到周围人无条件的接纳。

孩子 A 被接纳，意味着教育者、A 及其小伙伴都要接纳 A；同时，还意味着 A 的优点和缺点都能被大家接纳。这种接纳的态度，会使我们不去苛求任何一个孩子，进而心平气和地、公正地对待每一个孩子。只有被完全地接纳，孩子才会对自己有信心、有感觉。

在接纳的氛围里，我们看到的是每个孩子的特点，而不是具有贬低意义的缺点。比如，有些孩子比较笨，笨不是他的缺点而是他的特点，他的这一特点也应该受到大家的尊重，而不是嫌弃和取笑。以此类推，行动迟缓、好动、患有癫痫、口吃、两只眼睛不对称、左撇子、急性子、慢性子、内向、外向，等等，孩子的这些特点都应该受到大家的尊重，得到大家心平气和的接纳。

教育者不仅要无条件地接纳每个孩子，还要帮助每个孩子学会接纳自己，同时要教会他们互相接纳。教育者可以根据以下一些观察标准来判断每个孩子的自我接纳水平和自信心水平，然后进行有针对性的教育。

孩子自我接纳和自信心的水平观测视点

◇ 和他说话时,他可以看着你而不将视线移开;

◇ 可以找其他的孩子一起玩,或者接受邀请和伙伴们一起玩;

◇ 很少惧怕新异的事物;

◇ 几乎没有毁坏玩教具的行为,捣乱行为也很少;

◇ 经常微笑,大多数时候看上去都很快乐;

◇ 对他的成功表现出自豪;

◇ 维护他自己的权利;

◇ 极少刻意通过某些手段来吸引别人的注意;

◇ 他们的表现十分活跃,有独立自主的想法;

◇ 在活动中往往不怕困难,好与别人竞争,爱使用"我来""我知道""我能行"这样一类字眼,做起事来有干劲。

在日常观测中,如果我们发现某个孩子经常有上述表现,就说明这个孩子是能够自我接纳的,也是对自己有信心的。在观测视点中,"经常微笑,大多数时候看上去都很快乐"这个项目是关于孩子是否自我接纳和有自信心的最关键的标志,而"不微笑"或"经常表现出不快乐"则是孩子不能接纳自己、缺乏自信的明显证据。教育者要根据每个孩子的自我接纳水平和自信心水平,制定相应的教育策略和措施来提高他们的自我接纳水平和自信心水平。

教育者除了要接纳孩子之外,还有更重要的工作——帮助孩子接纳他们自己并接纳他人。

一个孩子是否被接纳,教育者的态度是关键。只有教育者完全地、无条件地接纳了这个孩子,孩子才能完全地接纳自己,也只有这样,其他小伙伴才能真正地接纳他。当一个孩子不能很好地接纳自己时,教育者要注意引导孩子发现自己的优点,同时接纳自己的缺点,接受自己的一切;当其他孩子对某个孩子表现出不接纳时，教师应该引导他们无条件地接纳别人。

教师可以通过口头语言来直接表达对某个孩子的接纳态度，也可以通过肢体语言的暗示向孩子表达接纳的态度，比如，经常对孩子表现出满意的笑容，经常向孩子竖起大拇指，经常抚摸、拥抱、亲一亲孩子等，都可以让孩子感受到教师的接纳态度。我强烈建议教师：如果你们班还有未被你完全接纳的孩子，那么，请你强迫自己列出孩子的10个优点并且熟记于心。每天真诚地对孩子说出他的一个优点，同时让这些优点与孩子的具体行为相联系，相信，如此坚持3个月，你就会发现，你对孩子的态度完全改变了，孩子也会在你的肯定和接纳中变好，变得自信。

此外，教师可以通过引导孩子阅读一些故事，让他们逐渐学会接纳自己、接纳他人。

2. 对孩子多做出肯定性评价

孩子的自信心与其得到他人，特别是重要他人（如老师、家长）的赞扬和肯定有着十分重要的关系。自信的孩子往往是经常得到教育者肯定和表扬的孩子。因此，教育者应该注意以下几点。

（1）让每个孩子都有受到表扬和奖励的机会

因为表扬和奖励代表着教育者对孩子的关注和肯定，同时也代表着教育者对孩子的期望。如果一个孩子经常得到教育者的表扬和奖励，他就会自我感觉良好，对自己充满信心；相反，如果一个孩子很少得到教育者的表扬和奖励，他就可能产生自卑或自己微不足道等负面的感觉，他对自己就没有信心。因此，我们应该让每个孩子都经常有受到表扬和奖励的机会，就算那些能力稍欠缺或者在品行方面存在某些问题的孩子，我们也要学会用欣赏的眼光去看待他们身上每一点微小的、值得赞赏的地方。这样，孩子将会从我们肯定的眼神中得到支持和鼓舞，使本来很细小的优点变得越来越突出，进而不断地进步，不断地对自己充满信心。遗憾的是，在我们对7所幼儿园进行的相关调查中却发现，半年来小班约有15.7%，中班约有23.5%，大班约有

28.6%的孩子很少或者基本上没有得到过老师的表扬和奖励。对孩子没有表扬和奖励，就意味着教育者对他们存在和发展的漠视甚至是放弃，这当然不利于孩子自信心的发展。

（2）发现孩子的闪光点

每个孩子都有他的优点和长处，都有他引以为豪的特点或项目。如果教育者觉得某个孩子一无是处，并不是这个孩子真的一无是处，而是教育者缺少一双发现的眼睛。

案例3-18　善于发现孩子的闪光点

一位朋友刚出国时，因为语言问题，其宝贝女儿不愿与班里的小朋友交流，总是怯生生的。她告诉妈妈："我不想上学了。"可她的老师很快就使情况起了变化。仅过了几周，小家伙不仅变得活泼欢快起来，而且非常喜欢到学校去上课。原来，朋友的女儿喜欢画画，老师就把她的画贴到墙上，让小朋友们欣赏，还夸奖她是一个非常聪明的小姑娘。她的英文字母写得乱七八糟的，可老师挑出屈指可数的几个"漂亮"的字母，鼓励她说："瞧，这几个字母写得多好看啊！如果所有字母都能写成这样，那就更好啦！我相信你一定能做到，因为你是一个非常聪明的孩子。"老师的表扬和鼓励，使朋友的女儿树立了自信心，在学习上也更加努力了。朋友的女儿还告诉妈妈："老师说我很聪明！我会比别的小朋友做得更好。"

许多教育者平时只看到孩子的"不足"，然后不断地告诉孩子："你这不行。""你那不行。"这样做最终导致孩子觉得自己真的什么都不行，然后害怕老师，甚至害怕上学。朋友女儿的老师则能看到孩子好的一面，并告诉孩子："你这方面不错。""你那方面也不错。"这样孩子的自信心就培养起来了，就会喜欢老师，喜欢上学。因此，教育者要善于发现孩子的闪光点，善于激励孩子，这样孩子才会看到希望，才会有成长的勇气。

（3）多点纵向评价

只要教育者留心观察就会发现：每个孩子每天都有新的进步。因此，教育者应该重视对每个孩子进行纵向评价，多肯定他每天的进步，这样有利于激励他不断地进取；相反，如果教育者仅仅重视横向评价，经常拿"落后"的孩子与"先进"的孩子进行比较，那么，"落后"的孩子就不会有受到表扬和肯定的机会，其自信心就无从建立起来，甚至其原有的那一点点可怜的自信心也会被渐渐地消磨殆尽。

所以，教育者在各项保教活动中要及时发现每个孩子，特别是能力较弱的孩子的点滴进步并及时给予肯定与鼓励，使孩子不断积累起积极的自我认识和自我期望，不断追求新的目标，不断增强对自我的信心。

为了更好地对孩子进行纵向评价而少用横向评价，教育者不要把 A 孩子与 B 孩子进行比较，而应该针对不同孩子的具体情况，有的放矢地为其制定明确的目标。例如，教育者可以这样说："过不了多久，你也能自己穿好衣服的。"而不应该这样说："范伟小朋友已经学会自己脱衣服了，你为什么就不行呢？"更不应该这样说："我们班的其他小朋友都已经学会自己脱衣服了，你为什么就不行呢？"

横向比较容易让孩子越来越不自信，如果孩子真的比别的孩子差，总是拿比他强的孩子和他比较，最终就会摧毁孩子的自信心。

教育者应该学会并习惯于运用这样的表达方式"宝宝在……方面又进步了，如果能……就更好了。"前半句说的是孩子的进步，后半句说的是针对孩子存在的问题而提出的期望。使用这种表达方式评价孩子的前提条件是，每天都要发现孩子的进步。相信孩子会在教育者的不断肯定和激励中不断地前行。

3. 对孩子的肯定性评价要具体明确

具体明确的肯定性评价，有利于孩子明确自己的优秀何在、进步何在，进而明确自己的方向，更加明确自己的优势，从而树立起强大的自信心。为此，教育者应该注意三点：①具体描述你的发现，让孩子自己下结论。②真诚自然地描述你的感受，并让孩子了解你的感受。③如果是孩子自己难以概括的评价，请用一个词或一句话帮助他做总结。比如："你看到积木散落在地上，就主动过去收拾起来，这叫'有责任感'。"经过这样长期的肯定性描述评价，孩子就会形成积极客观的自我概念——勇敢、有责任感、有耐心、乐于助人、爱分享、爱学习、爱动脑筋，等等。渐渐地，一个优秀的、受人欢迎的、阳光可爱的自我形象就会在教师积极有效的评价和帮助下，在孩子的内心清晰地建构起来，孩子将会越来越自信，越来越自豪。

4. 坚持"三明治原则"

所谓"三明治原则"，就是指教育者在教育孩子的过程中尊重孩子，不直接指出过错，就像三明治一样分为几层，首先是肯定、问候、询问对方，然后具体指出不足和缺点，最后提出建议，给予鼓励、安慰和期望。

下面我们来看一个例子。

一层表达：

"唉，小东，你最近怎么回事？自由活动时你总是推人打人，真是太没有规矩了！"

二层表达：

"小东，（一层）你上课回答问题很积极，吃饭吃得又快又干净，自尊心很强。（二层）但是，最近在自由活动中，你有时会有推搡小伙伴的行为。"

"三明治原则"表达：

"（一层）小东，你上课回答问题很积极，吃饭吃得又快又干净，自尊心很强。（二层）只是，最近在自由活动中你有时会有推搡小伙伴的行为。（三层）你很聪明，如果能够控制自己的行为，你一定很优秀。"

很多教育者与孩子相处时往往采取"一层表达"方式谈其缺点，这种方式过于直率，轻则引起孩子的反感，重则引发双方的矛盾，即便是教育者真心付出、呕心沥血，也得不到孩子的理解和配合，同时还会损害孩子的自尊心和自信心。而另一些教育者则喜欢采取"二层表达"方式与孩子谈其缺点,这种方式的前半部分孩子听了很高兴,不过,孩子一听到"但是",很快就会变得垂头丧气,双眉紧锁。而"三明治原则"表达方式,则能让孩子既看到自己的优点和缺点,也看到自己的希望,这样有利于培养孩子的自尊心和自信心。

(二)不断地鼓励孩子

孩子的成长不仅需要表扬和肯定,更需要不断的鼓励。

案例3-19　卡罗尔·德韦克的实验

斯坦福大学著名发展心理学家卡罗尔·德韦克和她的团队研究表扬对孩子的影响。他们对纽约20所学校的400名五年级学生进行了长期的实验研究。

在实验中,他们让学生独立地完成一系列智力拼图任务。

第一,研究人员每次只从教室里叫出一个孩子,进行第一轮智商测试。测试题目是非常简单的智力拼图,几乎所有孩子都能相当出色地完成任务。每个孩子完成测试后,研究人员会把分数告诉他,并说一句鼓励或表扬的话。研究人员随机把孩子们分成两组。一组孩子得到的是一句关于智商的夸奖,即表扬,比如,"你在拼图方面很有天分,你很聪明";另外一组孩子得到的是一句关于努力的夸奖,即鼓励,比如,"你刚才一定非常努力,所以表现得很出色"。

为什么只给一句夸奖的话呢?对此,德韦克解释说:"我们想看看孩子对表扬或鼓励有多敏感。我当时有一种直觉:一句夸奖的话足以看到效果。"

第二,孩子们参加第二轮拼图测试,有两种不同难度的测试可选,他们可以自由选择参加哪一种测试。一种较难,但孩子们会在测试过程中学到新知识;另一种是和上一轮类似的简单测试。结果发现,那些在第一轮中被夸奖努力的孩子，有90%选择了难度较大的任务。而那些被表扬聪明的孩子，则大部分选择了简单的任务。由此可见，自以为聪明的孩子，不喜欢面对挑战。

为什么会这样呢？德韦克在研究报告中写道："当我们夸孩子聪明时，等于是在告诉他们，为了保持聪明，不要冒可能犯错的险。"这也就是实验中"聪明"孩子的所作所为：为了保持看起来聪明，而躲避出丑的风险。

第三，接下来又进行了第三轮测试。这一次，所有孩子参加同一种测试，没有选择。这次测试很难，是初一水平的考题。可想而知，孩子们都失败了。先前得到不同夸奖的孩子，对失败产生了差异巨大的反应。那些先前被夸奖努力的孩子，认为失败是因为他们不够努力。

德韦克回忆说："这些孩子在测试中非常投入，并努力用各种方法来解决难题。好几个孩子告诉我：'这是我最喜欢的测验。'"而那些被表扬聪明的孩子认为，失败是因为他们不够聪明。他们在测试中一直很紧张，抓耳挠腮，做不出题就觉得沮丧。

在第三轮测试中，德韦克团队故意让孩子们遭受挫折。接下来，他们给孩子们做了第四轮测试，这次的题目和第一轮一样简单。那些被夸奖努力的孩子，在这次测试中的分数比第一次提高了30%左右。而那些被夸奖聪明的孩子，这次的得分和第一次相比，却降低了大约20%。

德韦克一直怀疑，表扬对孩子不一定有好作用，不过这个实验的结果，还是大大出乎她的意料。她解释说："鼓励，即夸奖孩子努力用功，会给孩子一种可以自己掌控的感觉。孩子会认为，成功与否掌握在他们自己手中。反之，表扬，即夸奖孩子聪明，就等于告诉他们成功不在自己的掌握之中。这样，当他们面对失败时，往往就会束手无策。"

在后面对孩子们的追踪访谈中，德韦克发现，那些认为天赋是成功的关键的孩子，会不自觉地看轻努力的重要性。这些孩子会这样推理：因为我很聪明，所以我不用那么用功。他们甚至认为，努力很愚蠢，等于向大家承认自己不够聪明。

德韦克的实验重复了很多次。她发现，无论孩子有怎样的家庭背景，都受不了被夸奖聪明后遭受挫折的失败感。男孩、女孩都一样，尤其是成绩好的女孩，遭受的打击最大。即便是学龄前儿童也一样，这样的表扬会害了他们。

卡罗尔·德韦克的实验所揭示的教育原理告诉我们：孩子的健康成长更需要教育者的不断鼓励，而不是一般的表扬。教育者要多表扬和肯定孩子做事的过程及态度，比如，对孩子说："老师看到你做这件事情很努力，你真是个棒棒的孩子！"教育者要少表扬孩子做事的结果和成效，要尽可能少地对孩子这样说："这件事情你做得不错，你真是个聪明的孩子！"

（三）多给孩子积极的暗示

幼儿期孩子的思维和自我评价极易受到别人暗示的影响，特别容易受到重要他人，尤其是老师和父母有意无意的暗示的影响。因此，教育者要多给孩子一些积极的暗示，比如，通过动作（如竖起大拇指、抚摩、拥抱、身体上的接近等）、目光（如充满鼓励的目光）、表情（如微笑、点头）等传达给孩子"你能行""你很棒"等积极的信息，引导孩子在不知不觉中树立相应的目标，并努力取得成功，进而内化为积极的自我概念，不断树立对自己做人做事的信心。对于能力差、胆子小、不善于表现自己的孩子，切不可使用"你真笨""你怎么连这个都不会""你怎么这么笨"之类的负面暗示性语言，否则，孩子会慢慢地对自己失去信心。

案例 3-20　谁最聪明

在"谁最聪明"的活动中，教师拿出一个纸盒，对孩子们说："谁是最聪明的孩子，老师就把他的照片放到纸盒里。"然后，教师请孩子们依次过来看，但不要说出来。结果，每个孩子都看到了自己的脸，他们兴奋极了。原来，教师在纸盒里放了一面镜子。有几个认为自己不聪明的孩子从纸盒旁边

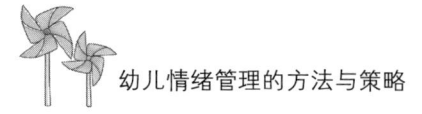

走过，也偷偷地笑起来。

这虽然只是个小游戏，但它达到了预期的目的：使每个孩子都意识到自己不笨，进而对自己产生积极的概念，对自己充满信心。

案例 3-21　你已经是一个大姑娘了

年仅3岁的特丽每次到幼儿园时总是站在一边，一直要等到有人走到她身边帮她解开外套的扣子，再帮她脱下外套。可是，一旦到户外，她又为该怎么穿外套而犯愁。她从来都不尝试着自己穿衣服，总是要等大人来帮忙。虽然穿衣服并不是什么了不起的大问题，却反映了一种"我什么都不会做"的态度，这样的依赖心理竟然还出现在卫生间里。特丽每次都会坐在马桶上大声叫嚷："谁来给我擦擦呀？"一次，科特曼老师听到她这样喊，便要求她自己做，而她却回答道："我不会。外婆说了，我还太小。""我觉得你已经是一个大姑娘了，可以自己做的。"科特曼老师的反驳让特丽的脸上露出一种很惊讶的神情。她其实很高兴听到科特曼老师说她已经是大姑娘了。于是，她试着自己把该做的事情做了。之后，科特曼老师还鼓励她回去告诉外婆，她已经长大了，可以做自己的事情了。

凡是自我评价很差，并且觉得自己一无是处的孩子都会产生失败主义的心态。教育者必须鼓励孩子尝试着完成新的任务。有时，甚至要让他们面临失败的痛苦，只有这样，他们才能健康地成长。如果一个孩子总是说"我不会，我不会"，而不敢去尝试面对新的事物，那么，他就会慢慢地形成"我是个失败者，我是个无能者，我什么都不会"的观点。教育者一定得小心，绝不能培养"自我放弃者"。教育者必须学会通过积极的语言给孩子积极的暗示，进而激励孩子不断向上。

（四）给每个孩子成功的机会

让每个孩子都有不断获得成功体验的机会。不断积累的成功经验对孩子自信心的建立有着十分重要的意义。对孩子而言，失败不是成功之母，连续的失败只会使其对自己失去信心，只有不断地成功，才能让孩子形成强大的内心，对自己充满信心。因此，在各项保教活动中教师要根据孩子的个别差异，采用不同的教育方法和手段，对不同的孩子提出不同的要求，为不同的孩子制订不同的学习和发展计划，让他们每一步都能学会，然后在成功的基础上再学习新的知识，这样，让每个孩子都看到自己在原有基础上不断地取得进步，进而增强其自信心，促进其心理的健康发展。

案例 3-22 习得性无助

美国心理学家塞利，在 1967 年研究动物时发现了一个特点。他起初把狗关在笼子里，只要蜂音器一响，就给狗施加难以忍受的电击。狗关在笼子里逃避不了电击，于是，在笼子里狂奔，屎滚尿流，惊恐地哀叫。多次实验后，只要蜂音器一响，狗就趴在地上，惊恐地哀叫，不再狂奔。后来实验者在电击前，把笼门打开，此时狗不但不逃，而且未等电击出现，就倒地呻吟、颤抖。

狗本来可以主动逃避，却绝望地等待痛苦的来临，这就是习得性无助。为什么狗会这样，连狂奔、屎滚尿流、惊恐地哀叫等本能都没有了呢？因为狗已经知道，这些尝试或努力都是无用的。

习得性无助给教育者带来的启示是：对孩子的要求或者给孩子的任务，如果总是超越他们的能力，在连续失败后，孩子就会对某方面的学习形成习得性无助，多方面的习得性无助，就会导致孩子的自信心彻底被摧毁。

因此，教育者在为孩子们提出任务和要求时，一定要注意量力性原则，教育的要求不能超越孩子的最近发展区，否则，屡战屡败，孩子就会形成习得性无助，进而对学习、对生活、对自己失去应有的信心。

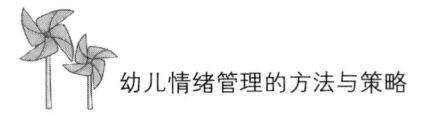

（五）让孩子有其自信的资本

自信是需要资本的。孩子最扎实的自信基础来自其各方面良好的自我效能感。一个什么都不会的孩子不可能建立起真正的自信心，因此，教育者要注意给每个孩子的自信心积累相关的资本。

1. 让孩子掌握各种基本技能

教育者要加强对孩子进行学习技能、生活技能、交往技能、身体行为技能的训练，让每个孩子至少学会学习技能（观察、记忆、想象、思考、专注等技能）、交往技能（商量、轮流、合作、分享等技能）、身体行为技能（走、跑、跳、投、钻、爬等技能）、生活技能（吃、喝、拉、撒、睡、洗漱、自我保护、接打电话、穿脱衣服、钉钉子、锯木头、用剪子、用刀、用蔬菜削刮器等技能），这些基本技能的掌握是孩子有效应对各种环境挑战的基础，也是他们建立自信心的基础。在基础技能培养方面，如果教师的目标与家长的目标之间存在着尖锐的分歧，那么教师要以专业的精神和专业的理念来引领家长，让家长了解到基础技能对于孩子建立自信心的重要性，让家长了解哪些事情是这个年龄段的孩子可以完成的，也是孩子必须学会的，从而不在这些方面去限制孩子的发展。

2. 让孩子拥有"一技之长"

在孩子具备各种基础技能的基础上，努力让每个孩子至少在演奏某种乐器、绘画、舞蹈、朗诵、武术或者其他方面形成自己的爱好和特长，使之能比同龄的孩子"棋高一筹"。这种"一技之长"对孩子的成长而言，其真正的价值并不在于一技之长本身，而在于它能给予孩子自信心，使孩子从小认识到自己有比别人强的地方，至少感觉到自己不比别人差，这样，有利于孩子形成更加坚定的自信心。

3. 保护孩子的长处

教育者要注意保护孩子自己认定的长处，使之免遭挫折。每个孩子都会有被别人评价较高的方面，于是他自己也往往将之视作比别人好的地方，孩子的自信心在很大程度上就建立在"自己的长处"这一基础上。因此，教育者要注意保护每个孩子的长处：一是不要否定孩子的长处；二是加强孩子的长处，使其发扬光大。

（六）培养孩子的独立自主性

具有独立自主性的孩子是自信的孩子，缺乏独立自主性的孩子往往缺乏自信。因此，教育者要从小培养孩子的独立自主性。为了培养孩子的独立自主性，教育者应该注意以下几点要求。

1. 尊重孩子的独立自主意识

孩子3岁左右时，由于知识、经验的增加，独立生活能力的逐渐增强，他们便想独立行动、独立玩耍，表现为不听话、执拗、爱顶撞，经常说"我自己来……""我要……""我不要……""我偏要……"之类的话。虽然他们能力有限，但独立意识的萌芽使他们事事都要自己来，时时想要反抗，不愿处处受父母的限制。心理学家把3岁左右这一阶段称为"第一反抗期"。对于处在"第一反抗期"的孩子，父母要注意尊重孩子独立行动的意愿，不要怕孩子做不好事情而压抑孩子独立活动的要求，而要抓住这个有利时机去培养孩子的独立自主性。比如，孩子想独自洗手，不想让父母帮自己洗，也不愿父母在一旁看着自己洗，那么，父母就该满足孩子的这一要求，只需提醒孩子注意洗的方法，要求孩子把手洗干净点就行了。

案例3-23　洗碗的孩子

有一位母亲看到5岁的孩子对洗碗感兴趣，就为孩子准备了一个小板凳，对孩子说："我知道你特别爱干活，想自己洗碗，可是水龙头太高，你够不着，妈妈给你准备了小板凳……"孩子兴奋地喊着："谢谢妈妈！"然后，孩子马上就登上小板凳高兴地学着大人的样子去洗碗了。

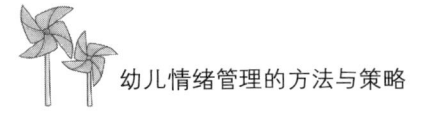

这位妈妈就做得很好！

2. 放手让孩子做力所能及的事

父母应要求孩子自己吃饭，不要喂孩子吃（有的孩子5岁了，在家吃饭仍要父母喂）；让孩子独自睡觉，不要陪睡；让孩子自己玩耍，适当地和孩子一起玩；让孩子单独到小区里找小伙伴玩，不要尾随孩子；让孩子自己收拾玩具；等等。

对于孩子独立去做的事，只要孩子付出了努力，无论结果怎样都要给予认可和赞许，使孩子产生信心。"我能行"这种自我感觉很重要，它是孩子的独立自主性得以发展的动力。孩子自己做事常常做不好甚至失败，在这种情况下，家长应鼓励孩子再去做，绝不能动辄就说"我说你不行吧，你就会逞能"，更不要见孩子做不好就伸手代劳。家长要多鼓励孩子，多看到孩子做得好的地方。就算孩子没有做好任何事情，其独立自主的意识也是值得肯定和鼓励的。

3. 不要为了省事而剥夺孩子自理的机会

因为孩子系扣子、穿鞋、系鞋带这个过程特别慢，而我们早晨上班很着急，所以就帮孩子系扣子、穿鞋、系鞋带。很多时候，孩子吃得慢，我们就忍不住去喂他。这些做法都是欠妥当的，等于剥夺了孩子自理的机会。

孩子自己用勺子吃饭，结果弄得满桌狼藉。这没有关系，因为这个时候他在学习吃饭这个独立的技能。但是大多数父母在这个时候最喜欢做的是给孩子喂饭。原因很简单，喂饭以后，孩子的衣服和桌子都不会弄脏。不过，父母的这种行为却剥夺了孩子独立自主的权利。

4. 父母要为孩子树立良好的"独立自主"的榜样

平时，父母能自己做的事，就自己去做，不要过于依赖他人，这样也能为孩子树立良好的榜样。母亲或父亲过于依赖他人，这对孩子独立、自主性的培养是不利的。家庭成员对某一成员过于依赖，也不利于孩子独立自主性的培养。

5. 以适当的口号来鼓励孩子

父母应该教会孩子经常说"让我自己来……""让我们一起来……",而尽可能不要说"妈妈你帮我……"。

6. 对孩子表现出的独立自主性要及时表扬

从两三岁起,儿童的独立意识开始萌芽,这时孩子经常会说"我自己做"。比如,父母正在包饺子,孩子说"我也想包",这时家长可能就会认为孩子小,干不好,于是嫌麻烦不让孩子干,这样对孩子独立自主的积极性是一种挫伤。

当孩子小时候表现出独立自主的意识和意愿时,如果教育者不及时给予肯定与鼓励,那么,到孩子稍大后我们就只能叹气:"你都长这么大了,怎么什么事也不能自己做呢?"孩子的独立能力差,没有自己的主见是我们包办和禁止太多的结果。

在幼儿园里有这样的孩子,他们下楼梯时看都不看,径直往下走,这种孩子就是在父母或者老人的过分呵护下长大的,他们自己没有办法衡量自己的能力,没有办法对自己行为的危险性进行独立判断。

7. 允许孩子犯错误

孩子能力有限,犯错误是难免的,但犯错误也是孩子在成长过程中必需的。一个孩子从未犯过错误,这说明他的进步是非常有限的。因此,对孩子的成长,父母要有足够的耐心和宽容之心。

案例 3-24 美国家长培养孩子的独立自主性

一位中国学者曾去美国访问,他深切地感受到,美国父母非常注重培养孩子的独立生活能力和动手能力。一天,他的邻居过来兴奋地告诉他,她两岁的儿子卡瑞会用剪刀了,还会抹胶水了。这位学者过去一看,发现床单被小家伙剪了好几个洞,胶水也被抹得到处都是,但是他的母亲并没有心疼,也没有因此责怪孩子,而是称赞孩子敢于独立尝试的勇气,然后告诉孩子该怎样正确地使用剪刀和胶水。两岁的卡瑞已经会自己洗澡了。母亲帮他把热水兑好，把衣服脱掉，卡瑞自己爬到澡盆里。玩了一会儿，他就自己往身上抹香皂。问他用不用帮忙，他认真地摇了摇头，说"不用"。他抹完香皂，又用毛巾搓身子，然后用水把自己冲干净，最后爬出了澡盆。一个只有两岁的孩子竟然能如此熟练而迅速地洗澡，这是由于其父母在孩子很小的时候就有意识地培养孩子独立生活的能力。通常美国的孩子大约1岁半就自己吃饭，孩子坐在一把专用的高背靠椅上，在桌子上铺一块大餐巾，孩子想吃多少就吃多少，吃少了就说明孩子不饿，大人不用再管，更不用追着喂。

美国家长培养孩子独立自主性方面的观念和做法确实值得我们学习与借鉴。

美国幼儿教育家维娜·希尔特布兰德曾指出："必须让孩子自己做事、自己决定活动内容、自己选择玩具等，使幼儿感到自己是个独立的个体，从而变得更加自信、更为努力。"因此，平时凡是能让幼儿自己做主的事，教育者就要尽量让幼儿自己做主（当然，某件事涉及其他小伙伴时则要与相关的小伙伴商量决定），这样，不仅可以满足幼儿自主的需要，而且有利于将幼儿培养成积极主动的人；反之，如果幼儿处处被动，那么，教育者就有可能将幼儿培养成具有被动型人格的人——他们做事做人处处被动或感情淡漠。比如，给孩子购买衣物时，可让孩子自己选择衣服，自己挑选颜色和款式。也许他选的颜色你并不喜欢，但不要否定他的眼光。孩子的意见被尊重是他自信的开始。我们可以这样说："今天早餐你想吃炒蛋还是煎蛋呢？"不要这样说："今天早餐吃些鸡蛋怎么样呀？"要提供给孩子进行选择的机会。平时在谈话中也可以问问孩子："你认为呢？""你的看法呢？""你对这事的感觉如何？""你有其他意见吗？"要尊重孩子的感受，不要轻易否定孩子的感受。

平时，教育者要少对孩子说"不"。因为对孩子说"不"，就是对孩子的否定，经常被否定的孩子很难建立起自信心。很多时候教育者只要换个说法，就会有不同的效果。比如，孩子说："爸爸，我想出去玩。"与其直接否定，说"不行，我们还没吃饭呢"，不如说"当然可以，我们吃完饭再去吧"。当孩子在公共场所大吼大叫时，与其对孩子说"吵死人了"，不如说"这里是公共场所，请小声说话，要不然会影响别人了"。后者往往更有效。

（七）批评时要将人与事分开

当孩子有不良行为需要批评时，请教育者注意将人和事分开——我们不满意的是孩子的不良行为，而不是孩子本身。因此，教育者的批评应该指向的是事而不是孩子。比如，我们可以这样对孩子说："你在花园里面走路，我是不满意的。如果你老是踩踏，鲜艳的花儿就开不起来啦！"经常把批评指向孩子自身，将会摧毁孩子的自信心。

（八）家园合作

幼儿教育家陈鹤琴曾说过："幼稚教育是一种很复杂的事情，不是家庭一方面可以单独胜任的，也不是幼稚园一方面可以单独胜任的，必定要两方面共同合作方能得到充分的功效。"确实是这样，孩子的教育单靠家庭或幼儿园都很难取得预期效果，对孩子自信心的培养也是如此。对于培养孩子的自信心，如果教师注意对孩子进行鼓励、表扬，而家长却时常随意地贬斥、否定孩子，或者教师注意给孩子创造锻炼的机会，但是孩子回家后家长却什么都不敢放手让孩子去做，不敢让孩子去锻炼，那么，这样不可能使孩子建立起自信心。因此，教师要做好家长观念上的引导，要通过博客、微信公众号、微信群、QQ 群、QQ 空间、家长讲座等途径向家长宣传，使家长认识到孩子自信心培养的重要性，了解正确的教育原则和方法；同时，教师要经常与家长保持联系，了解家长的教养态度、亲子互动方式等，并针对孩子在自信心方面存在的问题及家庭教育中损害孩子自信心建构的问题，对家长进行有针对性的指导。例如，何老师班上的李小璐由于年龄较小，刚入园时显得怯生生的，何老师请她回答问题，她的声音小得只有她自己能听见。针对这种情况，何老师和她母亲联系，共商教育方法，共订教育计划，共施教育方案。

首先，从李小璐的生活自理要求方面做起，要求家长不包办代替，何老师和家长耐心地教李小璐如厕、梳洗、穿衣服、脱衣服等日常的生活技能，这样有效地提高了她的生活自理能力，渐渐地，她在幼儿园里不需要老师的重点照顾了。其次，老师在集体活动中对她多引导、多鼓励，给她增加锻炼的机会。在家里，家长会让她把在幼儿园里学到的知识技能在家人面前进行讲述或表演。有时候何老师还将下周的学习内容提前告知李小璐的家长，让其"提前教"，这样保证了李小璐都能学会。何老师还时不时地让其回答问题或带领其他孩子学习。随着成功经验的累积和抛头露面机会的增多，李小璐变得越来越自信，在各方面都取得了明显的进步。她能主动要求讲自编的故事，也会向小伙伴介绍自己的绘画作品，她的手工作品被展示在幼儿园的橱窗里，她被小朋友们评为"小能手"。爸爸妈妈为孩子的进步感到高兴，十分感谢何老师的热情帮助。

家长还可以通过以下几种形式，来促进孩子自信心的形成和发展。

◆在家陈列孩子的作品。让孩子在家中最醒目的墙面上张贴他的涂鸦之作；在柜子上为孩子做个陈列架，陈列他的小制作。荣誉感最能激发孩子的自信心。

◆爸爸妈妈的宽容是培养孩子自信的土壤。不要总是因为孩子房间里或者桌子上很乱而责备孩子，而应教他自己收拾散落的玩具，并且跟他一起收拾。

◆让孩子做力所能及的事。可以让孩子独立清洗自己的小袜子、小手帕，哪怕他洗不干净。孩子的自信来源于每件小事中你对他的认可。

◆教孩子从小认可自己的长相。比如，告诉他，虽然他不是大眼睛，但小眼睛只要有神就很好看。很多小自信源于对自己相貌的小认可。

◆和孩子平等地相处与交流。带孩子旅游时多给他讲述所遇到的动物、植物、地理、典故等各种知识。孩子见多识广才能信心倍增。

◆家长要有宽容之心。有的孩子自尊心很强，做错了事，自己会很内疚。如果家长再对他冷嘲热讽，甚至拳脚相加，就会严重挫伤孩子的自尊心，加重其自卑感，使其干脆破罐子破摔。家长应认识到，犯错对孩子而言是正常现象，应多体谅、宽容孩子，只要孩子知错就改，下次不犯就行。

◆ 才艺展示会。教师可与家长一起商议，按月让孩子们展示各项才能。每个月展示的活动不同，比如，这个月为诗歌会，下个月就是演唱会。在家长的配合下，孩子们能够全方面地参与活动，他们各方面的能力会得到提高，自信心也就充分展现出来了。

◆ 让孩子感觉自己被需要。经常用商量的口气让孩子做力所能及的事情，比如，"请把报纸拿给妈妈，好吗？"让孩子知道他被人需要，是增强其自信心的最好方法。

◆ 让孩子教你一些"新"事物。给孩子机会，让他教你一些他知道而你不知道的"新"事物，这将令他神采飞扬。

（九）正确认识与应对孩子的虚荣心

虚荣心是一种扭曲的自尊心，是自尊心的过分表现，是孩子为了取得荣誉、引起他人普遍的注意而表现出来的一种心理和行为倾向。

虚荣心是孩子缺乏自信心的一种表现。人人都有追求"荣"的心理倾向，当自己的"实"不能让自己感到"荣"时，往往就想通过"虚"来达到"荣"的目的。孩子的虚荣心表现在行为上，主要是盲目攀比，吹牛说谎，好大喜功，过分看重别人的评价，自我表现欲太强，有强烈的嫉妒心，等等。请看下面的案例：

◆ 眼看就要迟到了，妈妈和小雯还在为穿什么衣服去上幼儿园较劲。小雯告诉妈妈，昨天晓虹穿了一件新衣服到幼儿园，连白老师都夸她漂亮。所以，她今天一定要穿得比晓虹还漂亮！

◆ 绘画活动结束后，老师把几幅画得好的幼儿作品贴在小黑板上，让大家欣赏。下午放学时却发现有两幅画被撕破了,经过一番调查发现,原来是倪敏撕的。在老师耐心的询问下,倪敏才说:"我不喜欢他们的画贴在上面。我也画得好,你怎么不贴我的?"

◆ 爸爸正在看书,突然看见晓勇哭着从外面回来。仔细一问,原来晓勇和小朋友们在院子里玩,有小朋友提议,如果谁从高高的楼梯上单脚跳下来,就让他当"黑猫警长"。第一个跳的王瑞智成功了。晓勇当然也不能示弱,结果他摔了一跤,把膝盖和手掌都跌破了。

每个孩子都会有或多或少的虚荣心,虚荣心往往是他们刻意或自不量力地展示自己的实力或者不够自信的一种表现。孩子有虚荣心,说明他对"荣"有向往的心情,这对孩子的成长来讲是件好事,因为对"荣"的向往利用得好,它就有可能成为孩子不断进步的一种内在动力。

(十)应对孩子自卑的具体方法

与自信相反的心理是自卑。自卑心理在幼儿期的孩子中有较高的比例,对其身心健康发展具有极大的影响,一个自卑、性格懦弱的孩子,难以适应未来社会的要求。为了更好地培养孩子的自信心,教育者要学会如何避免孩子产生自卑的心态,还要掌握如何引导孩子走出自卑的方法。当教育者发现孩子已经陷入自卑时,可以通过以下方法让孩子从自卑中走出来。

1. 改变行为法

自卑的孩子,往往具有说话吞吞吐吐、走路畏缩等特点。因此,教育者可以训练其讲话爽快、大声,走路昂首阔步,与人交流、与人相遇时敢于与对方对视,等等,从而达到促使其走向自信的目的。

2. 形象塑造法

自卑的孩子,往往害怕引人关注。因此,我们可以反其道而行之:让自卑的孩子穿戴颜色鲜艳、图案新异的服饰;给孩子换个与众不同的发型;增加孩子在班级里出风头的机会,比如,让孩子在班级里展示一下自己的新异玩具，在小朋友们面前表演一个节目或者玩个小魔术。敢于出风头，孩子就能慢慢地从自卑的行为和心态中走出来。

3. 优势发现法

每一个人都有自己的长处和优势，同时也有自己的短处和劣势。如果用其所短，而舍其所长，就连天才也会丧失信心，自暴自弃。相反，一个人若能扬长避短，强化自己的长处，就算身有残疾也能对自己充满信心，享受成功的快乐。因此，要消除孩子的自卑心理，教育者就应善于发现他们的长处和优势，并为他们提供发展与发挥长处的机会和条件。这是帮助孩子克服自卑心理的关键。

孩子之所以自卑，就是因为他们只看到自己不如别人的地方，却看不到自己的长处。因此，如果孩子能够发现自己的长处和优势，定能减少自卑，增强自信。有些教育者往往对孩子严格要求，经常说："你看人家××，你怎么就不能像他一样？！"这样下去，孩子就会觉得自己不如其他孩子。在克服自卑心理方面，教育者应该反过来，尽量帮助孩子寻找自己的优点。在具体操作上，可以让孩子说自己的优点。如果孩子说不上来，可以先让孩子说说其他孩子有什么缺点，然后看自己在这些方面是否存在优点。我们通常不提倡用自己的长处去比别人的短处，但对于"羡人之长，羞己之短"的孩子来说，选择别人的短处作为比较的对象，对于消除自卑心理、达到心理平衡能收到意想不到的效果。如果孩子实在找不到自己的优点，那么教育者应该引导孩子去发现。孩子一旦发现自己的优点和优势，就会有增强自信的基础。

4. 记忆成功经验法

孩子对自己是否有信心，关键在于孩子记住的成功经验多还是失败经验多。自卑的孩子记住的更多的是失败经验。因此，为了帮助孩子克服自卑心理，教育者需要引导孩子回顾他的成功经验，并且时常跟孩子提起，这样其成功经验就会熟记于他的心中。随着记忆中成功经验的不断累积，孩子的自信心就会逐渐得到增强。

俗话说，"好汉不提当年勇"，但对于缺乏自信心的孩子而言，多跟他提起"当年勇"，有利于巩固孩子自信的基础，进而促使孩子逐渐建立自信心。

5. 积极语言暗示法

积极的语言能使人产生积极的情绪，改变消极的心态。教育者可以有意识地用"你真聪明""你一定能行"之类的积极语言为孩子打气。同时，要让孩子经常进行自我鼓励、自我暗示，如"没关系，我能行""我能干好""我相信我能行，我来试试""我感觉不错"。每天起床后，都念上几遍，后再满怀信心地开始新的一天新的生活。

6. 洗刷阴影法

失败的阴影是产生自卑心理的温床。有自卑心理的孩子遇到的挫折与失败比一般孩子要多得多，及时洗刷失败的阴影是克服自卑、增强自信的重要手段。洗刷失败的阴影常见的方法有两种：一是将失败当作机遇。教育者要帮助孩子将失败当作学习的机遇，认真分析失败的原因，从失败中学习和吸取教训，总结经验，避免重复犯同样的错误——让孩子从失败中获得成长，并学会感恩失败。二是彻底遗忘。教育者要帮助孩子有意地将那些不愉快的、痛苦的事情彻底地忘记，或是用成功的经历去抵消失败的阴影。

7. 失败免疫法

在追求成功的过程中，失败是在所难免的。因此，教育者让孩子学会如何积极地面对失败是很重要的。在引导孩子面对失败的时候，教育者需要注意三点：一是就事论事。一件事情的失败只表明自己在这件事情上没有做好，并不说明自己不行或者无能。也就是说，不要把一件事情的失败，上升到能力不行的整体评价上去。教育者不要因为孩子的某件事做不好而否定其整个人。当孩子因为一件事做不好而否定自己时，教育者要积极引导孩子将人与事分开。二是让孩子认识到失败不可怕。在孩子经历失败时，教育者应该告诉他，"每一个人都失败过，爸爸妈妈、老师也都失败过，重要的是能从失败中总结经验"，使孩子能客观地看待成功与失败，缓解孩子对失败的情绪体验，帮助孩子尽快地走出失败，建立自信，走向成功。三是把关注的焦点放在成长上。孩子做事失败后，教育者应该引导孩子把焦点放在总结经验和吸取教训上面，而不要过多地关注失败事件本身，要让孩子从失败中获得成功的动力和智慧，不要因为孩子做事失败而责罚他。

8.系统脱敏疗法

系统脱敏疗法又称交互抑制法，是由美国学者沃尔帕创立和发展的。这种方法就是通过一系列步骤，按照刺激强度由弱到强、由小到大逐渐训练心理的承受力、忍耐力，增强适应力，从而达到对真实体验不产生"过敏"反应，保持身心正常或接近正常状态。运用系统脱敏法消除孩子的自卑心理，就是设计一套完整的矫正程序，先从最简单的活动开始，以孩子能够接受的进度一步一步地开展活动，并在活动中进行一定的奖励和训练，帮助孩子逐渐消除自卑畏难情绪，培养自信、乐观的情感。选用这种方法应注意活动任务对孩子的吸引力以及活动程序安排的合理性。

四、培养孩子的责任感

责任感是指一个人在社会交往中对自身的社会角色及其所应承担的义务，对其所属群体的共同活动、行为规范及自身所应承担的任务的认知、情感体验和相应的行为，包括对自我的责任感（生活自理、投入活动），对他人的责任感（关爱同伴、家人），对集体的责任感（值日、公益），对任务的责任感（做事、学习），对承诺的责任感，对过失的责任感（承认、弥补）。

美国精神病学家乔治·E.凡林特的研究表明，唯智力型的早期教育不是成功之法。家庭条件优裕，饭来张口、衣来伸手的孩子，成才者甚少。这些孩子智力并不低，但是成年之后无声无息，这其中的主要原因之一，便是他们缺乏责任感。那么，为了孩子更好地成长，教育者应该怎样培养孩子的责任感呢？

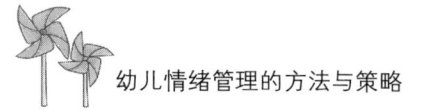

教育者培养孩子的责任感可从以下几个方面进行。

（一）了解孩子缺乏责任感的表现

孩子没有责任感，让我们感到焦心。请大家看下列案例：

◆ 妈妈站在旁边等6岁的源源吃早点。源源用责怪的口气对妈妈说："妈妈，这么烫的牛奶我怎么喝？"妈妈赶忙拿起盛着牛奶的杯子使劲吹。源源又在喊："妈妈，我的鞋带开了！"

◆ 孩子5岁了，连自己的袜子都不会穿，刷牙时不会挤牙膏，看到水龙头在滴水，一点也没有想过去将它关紧。

◆ 一个大班的孩子春游时把带去的鸡蛋又带了回来，因为他不知道今天的鸡蛋为什么是硬的——他以前见过的都是妈妈剥好，可以直接吃的有点软的鸡蛋。

◆ 孩子上学和放学，书包总是家长背——孩子空手，家长满手。

◆ 幼儿园要求孩子们每天来园都要自带手绢。有一天，大班一个将近5岁的男孩，忘了带手绢。当老师检查小朋友的手绢时，他振振有词地说："瞧我妈这个糊涂蛋，她都忘记给我带手绢了！"

◆ 孩子上学，妈妈怕误了点，一夜醒三次。

◆ 孩子把碗碰翻了，妈妈忙怪自己没放好。

◆ 一大早，小毛朝奶奶哭叫着："你去把玩具拿来。我要玩具！我要玩具！都是你，都是你不好……"原来，小毛在玩具分享日忘记带玩具来幼儿园了。老师对小毛说："小毛，没带就没带，没关系。是你自己忘记了带玩具，怎么能怪奶奶呢？"

孩子们如此缺乏责任意识，确实值得教育者认真反思。

研究表明，幼儿期的孩子缺乏责任感主要表现在以下四个方面。

①对自己的过失不能主动承担责任。如，孩子犯了错怕受到教育者的问责或打骂，而不敢主动承担责任。

②不爱惜物品。如，孩子不爱惜玩具，弄破图书后不能主动告诉老师或修补好。

③活动结束时不能主动收拾好用过的物品。孩子使用物品后不能做到物归原处，如用了小椅子、玩具、学习材料等之后不放回原处。

④做事不成功喜欢抱怨别人。孩子做事失败了几乎不从自身找原因，都是从别人身上找原因。如，上幼儿园忘了带书本或学习用具时，孩子会埋怨爸爸妈妈没把书包整理好；如果迟到了，孩子会埋怨奶奶没有按时叫醒他。

（二）让孩子明确自己的责任

为了培养孩子的责任感，应该让孩子从小就认识到，哪些是他应该去做的，哪些是他不应该去做的，不要轻易地麻烦别人，从而逐渐培养他的责任意识。比如：该上幼儿园时，就得去，不能哭闹，不愿意去；玩过之后的玩具，应该收拾整理并放好；学会独立吃饭后，就应该自己吃，不应该闹着要大人喂；大人在看书学习时，不应该去打扰他们；等等。孩子明确了责任后，他的行为也就更加自觉了。

案例3-25 我都快3岁半了

一次，中国一位学者在美国一家幼儿园参观，见到一个小女孩系鞋带很费劲，就说："我来帮你好吗？"想不到，小女孩很不解地说："你为什么要帮我呢？你知道我几岁了吗？"这位学者问："你几岁了？"小女孩坚定地说："我都快3岁半了。"这个小女孩的独立意识和自我负责意识十分强烈，使这位中国学者十分惊讶。

令我们惊叹的不是美国孩子的独立生活能力，而是她的独立意识和自我负责意识竟如此之强。

案例 3-26　妈妈阻止

今天是盈盈 4 岁的生日，妈妈准备为女儿做一些她爱吃的菜，忙得不亦乐乎。这时，站在一旁的盈盈也顺手拿起一根黄瓜扔到水池里，说："妈妈，我帮您洗黄瓜！"妈妈见状，急忙把盈盈推到一旁，责怪她说："盈盈，水太凉了，你可不能洗。再说了，你那么小，还不会洗呢！好了，你就站在一旁看着妈妈洗就行了，听话！"盈盈噘着嘴，一声不吭地站在那里。

不让孩子干活尽责任，这是在阻碍孩子的健康发展。

为了让孩子更加明确自己的责任，教育者一定要让孩子在社会中、在幼儿园里、在家庭中真的有"责任"可负。

1. 孩子在社会中的责任

- ◆对环境的责任：不乱扔垃圾等。
- ◆不给别人添麻烦：在公共场所保持安静，不从窗口往外扔东西等。
- ◆关心他人：有人身体不适时，教育者要引导孩子主动表示关心；在公共汽车上给老弱病残孕乘客让座等。

案例 3-27　孩子已经到该站的年龄了

有一天，我乘南宁地铁 1 号线去南宁东站，地铁车厢里有些拥挤。

当地铁在第二站停车时，有一位母亲带着一个约莫五六岁的小男孩进入车厢。此时，有一个坐着的小伙子主动给那个小男孩让座。正当我在心中向小伙子竖起大拇指的时候，出现了意想不到的一幕：小男孩的母亲礼貌地微笑着说："谢谢！你坐，不用给我的孩子让座。他差不多 6 岁了，已经到了站着乘地铁的年龄了！"只见那个小男孩在地铁行进的过程中，双手紧紧抓住车厢里的扶杆站着。

我向这位母亲致敬！她让孩子从小就明确了自己的社会责任。

2. 孩子在幼儿园里的责任

- 值日生：职责和任务。
- 种植园的护理员：职责和任务。
- 饲养园的护理员：职责和任务。
- 日常生活中的责任，如独立生活的责任。
- 在活动区活动的责任，如物归原处。
- 我是好哥哥，我是好姐姐：对弟弟妹妹的责任与任务。
- 我是老师的小助手：职责和任务。
- 我是小气象员：职责和任务。
- 遵守各种活动规则。

3. 孩子在家庭中的责任

- 学会自己的事情自己做：吃喝拉撒睡，穿脱衣服，洗漱等。
- 分担家中的事情：择菜，扫地，给阳台上的花浇水等。一起回家时如果有东西，鼓励孩子一起拿（不是帮忙，拿东西是每个人的义务）。
- 学会说话算数。说到做到是守信的表现，也是有责任感的表现。平时，幼儿想都不想就答应别人一些事，从不考虑后果，时间长了会养成说话不算数的不良习惯。
- 孩子会穿衣服了，就一定不要再给他帮忙。孩子上学了，书包就该自己收拾、自己背。
- 孩子不吃饭或挑食，就告诉他后果并让他承担，而不要喂饭或给他零食吃。
- 孩子有义务在家做力所能及的家务，例如洗碗、打扫等，但别忘了向他说声"谢谢"。虽然孩子偶尔会打碎盘子，打扫得不干净，但父母可以指导他做家务，而不是责难或是从此不让他做。
- 不要总由父母来叫孩子起床，给他闹钟，让他有时间观念。
- 可以给孩子零用钱，让他自己支配，但不能超过孩子的掌控能力。
- 孩子自己整理个人用品。

案例3-28 不给机会，孩子何以成长

5岁的小伟在厨房里看妈妈整理从超市买回来的东西。他尝试着帮忙清理，妈妈赶紧抢先一步；他又拿凳子给妈妈坐，妈妈没有反应；妈妈从冰箱里拿出蛋夹放在桌上，准备将蛋摆放好，小伟这个时候帮忙把菜屑清理干净，放进垃圾桶，妈妈也不吭声。最后，妈妈突然不耐烦地说道："小伟，走！走！我自己来，等你长大一点后再帮妈妈！"

如果等到小伟真正长大后，他可能已经没有做家务的习惯。妈妈那时就会开始骂："养你这么大，你什么忙都不会帮！"

不让孩子负责任，后果很严重。比如，你在厨房里忙得热火朝天，6岁的孩子"钻"进来想帮忙，你赶紧把孩子推出厨房："去去去，小孩子别管闲事，一边待着去。"这样的教育，会让孩子认为一切都是父母的事，与他无关，从此他习惯了不关心家人，不关心家里的事，因此很难对家庭形成责任感。

家长要让孩子愿意、乐意参与家务劳动。做家务是培养孩子责任感的一个重要途径，让孩子做家务，对孩子责任感的形成，对他今后的健康成长都有着十分重要的意义。美国哈佛大学的学者在进行了长达20多年的跟踪研究后，得出了一个惊人的结论：爱干家务的孩子与不爱干家务的孩子相比，失业比例为1∶15，犯罪比例为1∶10，离婚比例和心理患病比例也有显著差别。由此可见，参与家务劳动不仅仅是孩子为父母分忧的权宜之计，更重要的是，它关系到孩子今后的就业成才和生活幸福。因此，我们要创设良好的条件，让孩子从小就自然而然地参与并热爱劳动。为此，我们应该注意以下几点要求。

①切记，让孩子参与家务劳动最主要的目的是为了促进孩子身心的健康发展。做父母的一定要记住，不是家务劳动需要孩子，而是孩子个性的发展需要家务劳动。孩子参与家务劳动的着眼点不应放在劳动的效益上，而应放在劳动对孩子的个性全面发展的巨大意义上。由于经验和能力的局限，有时

孩子的劳动也可能会给父母带来更多的麻烦，但是从教育孩子、促进孩子健康成长这个长远的目标来考虑，还是值得的。

②要让孩子知道，干力所能及的家务活是每个人应尽的一份义务。应该让孩子从小就明白参与扫地、洗菜等家务劳动，是他自己应尽的一份义务，而不是帮父母干活，这样孩子在干家务活时，就会心甘情愿地去干，而不会讨价还价地讲条件。有的家长在让孩子干活时总爱说："你帮我干点活儿。"久而久之，就会使孩子缺乏家庭责任感，也就不愿意干家务活了。不要以贿赂的手段来吸引孩子干家务活，否则，没有"实惠"时，孩子就不愿干家务活。

③让孩子模仿父母做家务。孩子在幼儿期是很好奇和爱模仿的，他们在看到家长整理房间、洗衣服、洗菜时，会有一种新奇感，也会产生浓厚的兴趣，非常乐意模仿家长干这些家务活。你洗衣，他就在旁边玩肥皂；你和面，他就伸手去揪一个面团玩。这时，我们可以吩咐孩子做一些十分简单的事情，比如，拾起娃娃，把报纸拿给爸爸，给妈妈拿双拖鞋，把自己的垃圾、废纸等丢到废纸篓中。

如果从孩子的幼儿期开始，就让其参加力所能及的家务劳动，他们就会自然而然地、愉快地做家务，而且没有辛苦的感觉，更不会认为是额外负担。

④要让孩子体会到劳动的快乐。安排一些你和孩子可以一起做的家务。让孩子做那些会让他感到对家庭生活做出重大贡献的家务，如扫地、洗菜等。孩子干的家务活要有趣味性，如帮助摆餐桌时，可让他放一些色彩鲜艳、有图案的桌垫、餐巾纸等；请孩子把脏衣服放到贴有米老鼠的衣篓中。这样，孩子就会对家务活感兴趣而乐意去干。在劳动中增加竞赛性，如在家务劳动中你和孩子玩"比比看谁做得好、做得快"的游戏，相信孩子会更乐于帮忙。

⑤父母应成为热爱劳动的榜样。平时父母不要因为做家务而发牢骚，否则，孩子会认为家务劳动是很累人的，因而不喜欢做家务。如果父母做家务时放点音乐、哼哼歌，就不会使孩子对做家务产生反感。即使父母有时讨厌

做家务，也不要当着孩子的面发牢骚。做父母的更不要在要求孩子做家务时，自己在一旁看电视或玩电脑游戏。

⑥不要用劳动来惩罚孩子。在孩子犯错误后，有的家长喜欢用劳动来惩罚孩子，还美其名为"劳动改造"。事实上，这样的教育，不但没能使孩子意识到自己的错误，反而会使他对劳动产生厌恶感。

要让孩子明白，应该做的事就必须去做，是不能讲条件、不能讲价钱的。孩子小时候，有一年春节期间，我们和孩子到一位同学家去玩，孩子见到我那位同学时能很有礼貌地给他拜年——说了许多"新年好""万事如意"之类的话。但孩子接下来的话，却令我们感到很尴尬。孩子问我那位同学："叔叔，我都给你拜年了，你干吗还不给我压岁钱啊？！"

后来，我教育孩子：向长辈问好是应该的，这是一种礼节，正如你帮助爸爸妈妈做家务一样，这都是一个好孩子该做的事，不能够讲价钱！如果对你应该做的事也讲价钱，那么你吃的、穿的、用的以及你上学所花的费用也应该由你支付，爸爸妈妈送你上学是应该的……我们在其他的活动中，也同样渗透了这种观念。几年下来，这种观念已深深植入孩子的内心。

在要求孩子尽责方面，父母的态度要明确一致，还要十分坚决。在孩子无理取闹时，我们也可以通过自然后果来教育孩子。比如，孩子早已学会了独立吃饭，但在某一天耍性子时，非要父母喂（有时甚至只要母亲喂）才吃，或者本来孩子应该按时吃饭，但在某一天耍性子时，无论你说什么他也不听，尤其当他以此要挟成人来满足其不合理的要求时，那就让饥饿这种自然后果来惩罚他，让他知道吃饭的意义，使他从经验中知道做出了不负责任的行为是要付出代价的。有一次午饭时分，我的孩子晓晓突然提出要吃肯德基，她妈妈说可以星期天去吃，晓晓却坚持"不去吃肯德基就不吃饭"，她气急败坏地将筷子扔到地上。其他人都吃完饭了，晓晓仍坚持自己的态度。我耐心地说："你不吃午饭，我们就要收拾碗筷了。"晓晓打开电视就看，压根儿不理我的话。她妈妈收拾完桌子，上班去了，我也不再理会晓晓而埋头写作。饥肠辘辘的晓晓背起书包上学去了,她被饥饿折磨了整整一个下午,回家后主动认错,并打开冰箱自取食品,狼吞虎咽地吃完了。从那以后,晓晓再也不敢轻易地提出不合理的要求,并学会对自己的行为负责了。

给孩子的任务要具体明确。幼儿期孩子的思维是具体形象的,因此,他对教育者抽象的命令无法理解,也就无法负责任地执行。比如,有一天,妈妈走进女儿的房间,看到房间很乱,就责问5岁的女儿:"房间像猪窝一样,你怎么住得下去?"接着下令:"收拾干净再出来!"一个小时后,妈妈去检查,发现女儿只是把脏东西放到墙根。妈妈更恼火了,女儿却呆呆地望着母亲,疑惑不解。当母亲给孩子下达收拾房间的命令时,应该让孩子知道那是"整理床铺,把鞋子摆成一条线,把玩具收拾整齐放好等"。如果让孩子干他没干过的活儿,得把新任务分解成小的部分,然后一步步地演示给他看。例如,让孩子打扫洗澡间,应仔细地告诉他怎样清水槽、擦浴盆、拖地板,还要告诉他完成任务的标准,使他明白怎样才算"完成了",并且亲手示范。只要你将工作交代得既具体又在孩子的能力范围内,你就会看到孩子很高兴地、负责任地去完成它。

(三)让孩子对自己的行为负责

我们应该从小就教育孩子学会对自己的行为负责,而不要推卸自己的责任。比如,孩子不小心被木条绊倒,应责怪的是他自己不小心而不是"木条碍事"。孩子很小的时候,有些父母看见孩子被障碍物绊倒,在抚慰孩子的同时指使或帮孩子去"打"或"骂"障碍物,这是在帮孩子推卸责任,不利于孩子责任感的形成。

案例 3-29　孩子摔跤后中外家长的不同观念与做法

儿子从断奶开始就一直跟着我母亲在乡下生活,转眼大半年过去,到了该把孩子接到城里来上幼儿园的时候了。那天我一回到乡下老家,就和他玩捉迷藏，正开心地追赶时，儿子一不小心摔了一跤，顿时哇哇大哭了起来。我站在他面前为他鼓劲，想让他自己站起来，可不管我怎么打气他就是一个劲儿地哭。母亲听到哭声连忙从屋里跑出来，边嗔怪我看着孩子摔跤无动于衷，边在儿子面前的地上狠狠踩了两脚说："这该死的地，把我的乖孙子摔痛了！"然后母亲扶起了儿子。这招还真灵，儿子果然不哭了，也学着奶奶的口气在地上踩了两脚说："你这该死的地，害宝宝摔跤了！"接着他又开始笑嘻嘻地闹着玩了。此后，我发现了母亲能在瞬间让儿子止哭的办法：儿子摔跤时，用脚踩地；儿子撞到桌角时，用手打桌子；儿子踢到石头痛了脚，就狠狠地把石头扔出老远……

一位美国心理学家到一个中国人家中做客，主人两岁的小宝宝在客厅里跑动，不小心被椅子绊倒了，大哭起来。当妈妈的赶紧跑过来抱起小孩，然后一边用手拍打椅子一边说："宝宝不要哭，妈妈打这把坏椅子。"心理学家见此情景不禁有些狐疑，过了一会儿，他对这位母亲说："这跟椅子没有关系，是他自己不小心绊倒了椅子，是他自己造成了这样的后果，并非椅子的过错。你应当通过这件事让他从小知道，如果是他做错了什么事，责任就应当由他自己来负。这样他长大后就会慢慢地懂得，在他与这个世界发生关系时，他应负的责任是什么。"

要想让孩子成为一个有责任感的人，教育者就要教孩子学会对自己的行为负责。

曾听过有一位家长说，他的孩子如果书本、练习册、作业本未带齐，或者未按课程表带全部的学习用具，回来就要发脾气。这是怎么回事呢？原来，他平时经常替孩子削铅笔、看课程表、收拾书包，保证带齐各种必要的书本、练习册和学习文具。这真是越俎代庖！收拾书包、带齐第二天学习要用的书本和文具应该是孩子的责任，我们当父母的却出于种种心理而替孩子去承担了，这当然不利于孩子责任感的培养。所以我倡议，为了让孩子成为有责任感的人，父母就不要剥夺孩子对自己负责的机会，要让他们尽自己应该尽的责任。

为了让孩子学会对自己的行为负责，当孩子的行为给别人造成损害的时候，我们应要求孩子承担相应的责任。比如，当孩子踢皮球打坏了别人家的玻璃时，我们应该要求孩子向人家道歉，而赔偿费则从其零花钱或压岁钱里拿；如果孩子损坏了其他小朋友或幼儿园里的图书、玩具，要让孩子修复、替换或用他自己的零用钱赔偿；等等。这样，不仅能使孩子掌握一定的行为准则，而且能增强其责任感。

（四）让孩子在活动中学会负责

孩子只有经常参加需要他负责任的活动，他的责任感才可能真正地形成。许多孩子缺乏责任感，往往是由于父母平时很少给他尽责任的机会造成的。比如，对于孩子为家庭尽义务——扫地、洗菜等（是义务，而不是帮父母），我们常常怕孩子不高兴，怕他分心，因而不让他做这些家务，这样孩子的责任感也就很难培养起来。

因此，父母应该多创造让孩子为某事、某物尽责任的机会。比如，让两岁的孩子每天坚持收放好一样玩具，让三四岁的孩子每天给家人摆放碗筷，而让五六岁的孩子完成给邻居爷爷取报纸等任务。总之，任务要根据孩子的年龄而有所侧重，但最终要让孩子懂得这项工作就是他的专职工作，必须善始善终地完成。家长要经常提醒和检查，看看孩子做得怎么样，并表扬孩子的认真负责行为。但在表扬孩子方面千万不可利用物质或金钱来引诱，可对他笑笑，亲亲他或对他说声谢谢；千万不可在孩子干了一点家务活后，就给他劳务费，不然就很容易把他对家庭的责任变成一种金钱关系，从而不利于孩子责任感的培养。

另外，在让孩子为某事、某物尽职尽责的过程中，我们还可以通过自然后果来让孩子进一步明确自己的责任和自己失职的后果，进而懂得要做好一件事情就要负责到底、有始有终。

- 不听劝告，往自己的饭菜中添加过多的调料，就让他尝尝怪味饭并准备挨饿！
- 不听劝告，和父母外出时磨蹭浪费时间误了车，就步行回家。
- 睡前乱扔袜子，起床时袜子不见了，家长别帮孩子找，也不要找另外的袜子让他穿，就让孩子光脚穿鞋上幼儿园。
- 玩具玩完后乱扔，想玩时找不到了，就让他忍受无玩具可玩的痛苦。
- 一个调皮的小男孩故意把水倒在桌椅上。老师装作没有看见，把他画好的画放到水上，这个孩子赶紧伸手去抢并且尖叫一声。老师真诚地向他道歉说"对不起"时，他特别不好意思。
- 一个小姑娘忘记吃中饭，事后向妈妈抱怨"肚子饿"时，当妈妈的如果笑着说"对不起，亲爱的，我知道你饿了，但现在我也没办法"，并以此鼓励她承担"忘记吃饭"这一行为的后果，无疑是一种对孩子更为深沉的爱。
- 如果你的儿子没有把换下来的衣服及时送去洗，就让他明天穿脏衣服。
- 小岚要养金鱼，父母支持她，当然给金鱼喂食的任务要落到小岚的头上。有一个星期，小岚忘记了给金鱼喂食，她爸爸发现了，却故意不去提醒她。等她想起来时，发现有一条金鱼竟然死了，她很伤心。当时父母并没有责怪她，而是告诉她因果关系：正是因为她忘记了喂鱼，所以这条金鱼死了。
- 幼儿积极地帮老师搬花而摔碎了花盆，老师可以让他帮忙收拾残物并用闲暇时间来帮老师种新的花。孩子在做好事或采取自觉行为时，因能力不足或粗心等原因造成了失误，也要让他承担失误造成的部分损失，并让他明白其中的道理。

案例 3-30 女儿养小兔

为了培养孩子的责任感，从孩子3岁开始，我就让她喂养一只小兔。接受养兔子任务的头几天，出于新鲜感，孩子将喂小兔这件事做得有条不紊。可是过了几天，她就没有兴趣了，要么忘记去喂，要么不想去喂。此时，我妻子不是成天唠叨，便是索性去代劳。其实，这两种方式都是错误的。我告诉妻子：可以采用"自然结果教育法"，让孩子从其行为的后果中接受教育。比如，孩子没有及时喂小兔，会使小兔挨饿。当孩子看到挨饿的小兔病恹恹的样子时，她便会产生内疚和怜爱之情。这时我们再跟她讲清楚道理，孩子就很容易接受，并且由于这次教训，她今后会负起自己的责任，更好地喂养她的小兔。

案例 3-31 孩子损坏别人的物品后中外家长的不同反应

1920 年，有一个 11 岁的美国男孩在踢足球时不小心踢碎了邻居家的玻璃，人家索赔 12.5 美元。闯了大祸的男孩向父亲认错后，父亲让他对自己的过失负责。他为难地说："我没钱赔人家。"父亲说："我先借给你，一年后还给我。"从此，这个男孩每逢周末、假日便外出打工，经过半年的努力，他终于挣足了 12.5 美元还给了父亲。这个男孩就是后来成为美国总统的里根。他在回忆这件事时说："通过自己的劳动来承担过失，使我懂得了什么叫责任。"

有一次，西西在小区的花园里玩球，玩得正高兴时，球将一楼阳台上的花盆打碎了。西西正不知该怎么办时，奶奶过来了对他说："乖孩子，这事就交给奶奶了。奶奶去买个新花盆赔给别人。"奶奶如此教育西西，不利于其责任感的形成。

案例 3-32 犯错就要承担后果

一个周末的上午，在儿童乐园门口，我看到一位朋友正带着他 6 岁的儿子离开。当时，小家伙一副泪水涟涟、不愿离去的样子。

看到这种情形，我问朋友发生了什么事。朋友说，早上他带儿子来玩，为了让孩子玩得尽兴，就一次买了 10 张票，交给孩子保管。当时，孩子高兴得不得了，因为这些票可以玩转椅、小火车、滑梯等好几个项目。结果等玩完转椅，其余的票都被儿子弄丢了。朋友看着儿子愧疚而充满期冀的眼神，没有责备他。但是朋友认为，儿子必须为弄丢了票负责。为了让小家伙吸取教训，学会承担责任，他没有姑息迁就儿子，而是对儿子说："找不到票，这次我们就不玩了，下次记着把票保管好了。"儿子认识到了自己的错误，虽然很想接着玩其他项目，也只能含着泪水恋恋不舍地跟他离开。

"哎哟，我以为多大事儿呢！你跟孩子治什么气呀？再说，时间还很早，一张票也值不了几个钱，你干脆再买几张，让孩子玩个痛快得了。"听完这位朋友的话，我为孩子求情。

"不，这不是事大事小的问题，我主要是想让孩子从小就有责任心，我要让他通过这件事认识到，一个人必须为自己的失误承担后果！"朋友的话斩钉截铁，而且事关孩子的成长大计，我也不好再继续规劝。

案例 3-32 中的这位朋友是有教育专业素养的，他知道，孩子犯错是责任感教育的好机会，并且他不为外人所干扰，坚持自己的教育理念和做法。相信，他的孩子从此以后不会再犯同样的错误，不仅从这件事中学会了避免同样的错误，而且知道了犯错就要承担责任，从而促进责任感的形成。

案例 3-33 让孩子独自承担

在游乐场，一个孩子要玩空中缆车，这是个惊险刺激的游戏项目，可孩子的爸爸却让他独自去玩，自己只是站在入口处等他。此时，有人走过去和孩子的父亲攀谈，原来他并不是没有钱再买一张票，也不是出于自己的疏忽大意，而是因为他要让孩子明白，既然要玩这个游戏，就应独自面对惊险和自己的恐惧，并学会调整、解决自己所面临的一系列情绪问题。

这位父亲是有教育智慧的：在安全的前提下，孩子选择游戏项目，就应该敢于承担由此而带来的恐惧。相信，经过不断的训练和强化，在自主选择的过程中，孩子面临任何一次选择机会的时候，他都会理性、认真地思考：我做出这一选择，责任是什么，我能否独自承受？这样，孩子就能逐渐学会慎重地选择，并且在选择后勇于承担责任。

你给孩子承担责任的机会，孩子才有可能成为有责任感的人，所以希望家长尽可能不要代替孩子去选择，更不要代替孩子承担责任。

（五）教育者要为孩子树立良好的榜样

为了培养孩子的责任感，父母要为孩子树立良好的榜样，做一个对工作、对社会、对家庭、对自己负责任的人。这样，可以给孩子积极的潜移默化的影响，有利于孩子责任感的形成。

案例 3-34　爱的责任

那天，我们一家三口从快餐店吃完晚餐出来，看见一位衣衫褴褛的残疾老人，蜷缩着身子，哆嗦着向行人乞讨。我爱人给了他几元钱。

女儿问："难道没有子女赡养他吗？"我说："或许他的子女家境不好，或许他是个孤寡老人。对于这样的残疾人，全社会都应该帮助他们、关心他们，给他们温暖和关怀。"女儿若有所思地点点头。

父母能够如此有爱心，相信他们的孩子也会富有爱心，同样会为社会尽一份爱的责任。

生活中，我们常看到一些父母对孩子的爷爷奶奶或外公外婆很刻薄，很不尊重，并且根本没有尽到自己应尽的赡养义务，在长辈身上从不肯多花一分钱，对长辈的吃、穿、用管得很死，生怕长辈多花了一分钱，有时甚至长辈病得很重也不愿意花钱送去医院给医生看……可是他们对自己的孩子却很舍得花钱，为了孩子能"成才"，他们不惜一切代价，希望自己的孩子将来有出息，能更好地报答父母的养育之恩。这样的父母真的能培养出有出息的"孝子"来吗？很难！即使孩子将来真的有什么"出息"了，也不一定就能成为"孝子",孩子爷爷奶奶的今天可能就是其父母的将来!因为今天他的父母在以很有说服力的"身教"教育着他将来如何对待自己的父母。我曾在一家报纸上看到一则这样的故事:那是一个冬雨的假日,一位母亲到孩子学琴的学校去接女儿。由于下雨,路很难走,加上她的身体又不是很好,她走起路来很吃力,但是为了让孩子能学到一技之长,在将来能出人头地,这一切的一切她都忍了。当她骑车到学校时,女儿早已等候在校门口,见她满脸的水珠——也不知道是雨水还是汗水,女儿就拿出手帕要帮她擦,她却说:"不用你擦。只要你把琴学好,妈妈将来老了,你也用自行车带着妈妈就可以了!"可没想到,女儿竟这样对她说:"我才不带你呢!我就没见你带过奶奶!"母亲听了女儿这番话,心里很不是滋味!这一例子也同样说明了上述道理——在为人处世方面,孩子做什么和不做什么,在很大程度上并不取决于父母对孩子说什么或教孩子做什么,而取决于父母平常是怎样做的。

有的家长总是以社会应该完全合理为理由,反对自己、反对孩子为社会尽自己应有的责任。这样对孩子社会责任感的形成也是不利的。有一天,我在公共汽车上听见一位妈妈对别人说:"现在,广西柳州发生了特大水灾,幼儿园要求孩子们明天都为灾区捐点钱。孩子回来说,她的存钱罐里只有 50 多元钱,她想多捐点给灾区,她向我要 50 元钱拿去捐,我没给。我对孩子说,'你们老师也没有捐多少,我们捐那么多干什么?!再者,我们把钱捐出去了,而那些贪官污吏却装满了腰包……'"接着,她又说:"今天上午我们车间主任说,厂长捐给灾区 500 元,动员我们多捐一点。哼!我才管不了那么多呢!柳州水灾离我们那么远,与我有什么相干?!最后我才捐了 5 元钱。哈哈……"她说这番话时,她的女儿就坐在她的腿上,背着一个印有 ×× 幼儿园的小书包。我认为,这位妈妈毫不掩饰的反社会责任的身教,对孩子形成社会责任感将会起到难以估量的消极影响。

案例 3-35　言传身教

一天，小虎的妈妈带小虎过人行道时，恰好遇到了红灯。见两边没有车，妈妈便一把拉住小虎的手往前冲。小虎不解地问："妈妈，你不是告诉我不能闯红灯的吗？你还说闯红灯是对自己不负责任呢！！"妈妈却不耐烦地说："一会儿妈妈还有事，要赶时间，哪有工夫浪费在这里。"

说的与做的不一致，会让孩子无所适从，甚至做的比说的更有影响力。

所以，为了把孩子培养成为一个有责任感的人，教育者首先要努力成为一个真正的有责任感的人。

（六）适当的表扬和肯定

当发现孩子做出尽职尽责的行为时，教育者要给予孩子及时的肯定和鼓励，这样，有利于强化孩子相应的行为，有利于培养他们对人对事的责任感。比如，有一天，仇老师带领孩子们用抹布擦地板。开始时，孩子们都拿起抹布认真地擦着。过了一会儿，小强和小贵就失去了应有的耐心，两人放下手中的抹布说起了悄悄话。站在一旁的康康提醒他们："你们不要玩了，一起来擦吧！"两人听了不情愿地拿起抹布漫不经心地擦了起来。仇老师看见了，装作不经意地走到他们身旁，然后大声地表扬康康："今天康康非常认真，把地板擦得干干净净的。"其他的孩子听了纷纷说道："仇老师，你来看看我擦的，我也擦得很干净！"听了大家的话，再低头看看自己擦的地板，小强和小贵连忙认真地擦了起来。直至活动结束，两人都没有再打闹闲聊，最后他们拉着仇老师的手说："仇老师，你来看看我们擦得干不干净。"在仇老师的肯定下，他们的脸上洋溢着满意的笑容。

仇老师虽然没有批评小强和小贵，但她表扬和肯定了有责任心的孩子的良好行为及其效果，进而促使所有孩子在擦地板的过程中都能尽职尽责。

案例 3-36 你早就应该这样做

晶莹起床以后自己整理了房间，高兴地去告诉爸爸妈妈："今天我自己把房间整理好了，你们过去看看，好整齐哟！"孩子这么说，无疑是希望父母表扬自己，而她母亲却看不到这一点，不耐烦地对晶莹说："你都这么大了，早就应该自己整理房间了，有什么可得意的！"

相信，晶莹第二天就不会再去收拾整理自己的房间了。一个很好地促进孩子成长的机会就这么错失了。

案例 3-37 不整齐没关系

哑铃操结束了，小朋友们已做起舒缓轻松的操后操，只有辰辰还蹲在篮子前，想把一个小朋友未放好的哑铃摆放整齐。老师着急地说："辰辰，不整齐没关系，赶快做操！"辰辰却固执地把哑铃摆放整齐后才离开。

辰辰负责任的精神，没有得到老师的强化，真是太可惜了。

孩子一旦形成了凡事敢于负责的习惯，将会终生受用，也更有利于他今后的可持续发展。

五、培养孩子的自控力

自控力是指孩子按照社会环境的需求主动抑制冲动、抵制诱惑、延迟满足，控制、调节自己的认知、情绪和行为，并在不同的环境中做出适当反应的能力。幼儿的自控力是由自觉性、坚持性、自控性和自我延迟满足四个维度组成的，各维度之间既相互联系又相互独立。

坚强的意志是人达到目的、获取胜利的重要条件。美国一位心理学家曾对千余名儿童进行了追踪研究，30年后总结时发现：成就与智力不完全相关。换句话说，智力高的人不一定成就高。在800名男性受试者中，他把其中成就最大的人（占20%）与没有什么成就的人（占20%）做了比较，发现他们最明显的差别不在于智力的高低，而在于意志品质特别是自控力的不同。成就大的人，都对自己的工作充满信心，具有不屈不挠的坚持性，为达到远大目标而能抵制眼前的诱惑；而成就小的人，都缺乏这些品质。由此我们可以体会到，从小培养孩子的良好意志品质特别是自控力有多么重要。

案例3-38 棉花糖实验

在实验中，研究人员把一些4岁的小朋友一次一个地带到房间里，并分别给他们一颗棉花糖。受测者可以有两种选择：如果马上就吃，只能吃到一颗棉花糖；如果等研究人员离开20分钟后回来时再吃，便可以吃两颗棉花糖。有些小朋友不等研究人员离开，就把棉花糖吃了；有些小朋友忍耐了一阵子便"投降"了；而有些小朋友则用尽各种方法去抗拒棉花糖对自己的诱惑，或闭眼睡觉，或哼歌，或头枕双臂自言自语，或玩游戏，熬过20分钟，终于在研究人员回来时如愿以偿地得到了两颗棉花糖。

实验并没有到此结束。研究人员继续跟踪研究参加了这项实验的孩子，一直跟踪到他们高中毕业后。跟踪研究的结果显示：那些当年能忍受棉花糖的诱惑煎熬的小朋友，到了青少年时期，仍能为了等到更好的机遇而坚持努力，他们具有一种为了更大、更远的目标而暂时牺牲眼前利益的能力，即自控力；这些人长大后多半较受欢迎，较能适应环境，富有竞争性，自信，值得信赖。而被棉花糖的诱惑征服的小朋友，长大后显得较孤单、固执，比较爱慕虚荣或优柔寡断，当欲望来的时候他们无法控制自己，一定要马上满足欲望，否则就无法静下心来继续做后面的事情，因而比较容易受挫折，不敢面对挑战。可想而知，能等待的那些孩子在学业和事业上成功的概率远远高于不能等待的孩子。

因此，在对孩子进行教育的过程中，我们要注意对他们进行意志力特别是自控力的培养。而相关的研究表明，现在的孩子尤其是那些独生子女，自控力差是制约其心理健康发展和学业发展的一个十分重要的因素。现在许多家庭的条件都比较好，家长对孩子的各方面都照顾得很好、很周到，孩子的个人欲望空前膨胀——不管欲望合理还是不合理，总能得到最大限度的满足，结果孩子的自控力就越来越差，连一点点不如意的事情或难受的心情都不能忍耐，这不能不引起教育者的警惕：没有自控力的孩子将来能做什么？！

那么，教育者应该如何加强对孩子自控力的培养呢？

（一）家园密切合作

为了更好地促进孩子自控力的发展，家长需要与幼儿园密切配合。

1. 信息互通

家长和教师应该主动向对方询问并反映孩子在家和在园时自控力方面的表现，这样，让大家更全面地了解孩子自控力发展的情况，进而使大家对孩子的自控力培养从认识到行动都保持一致。

另外，家长还应主动向教师了解班级中其他孩子在自控力方面的表现，以便能更好地评价自己孩子自控力的发展水平，进而明确孩子自控力发展的目标、内容和要求。

2. 统一要求

对于孩子自控力培养方面的理念和做法，家园要相互沟通，教师要从专业的角度来引领家长，让家长了解孩子自控力培养的方法，同时理解、尊重教师采取的专业教育措施和要求，不溺爱孩子。因为溺爱只能使孩子变得任性、自私、意志薄弱，不善于克制自己。在这方面，家长一定要采取与教师一致的态度和教育措施，并且做到前后一致，该坚持的就要坚持，不管孩子如何哭闹，都不要迁就其不合理的要求。

只有家园保持一致，表扬和肯定孩子的自控行为，不迁就孩子任性的情绪和行为，孩子才能做到在家、在园表现一个样，具有表里如一的自控意识和能力。

3. 注意表率作用

幼儿期的孩子是好模仿的，而且模仿是他们学习与发展的一种十分重要、有效的途径。要培养孩子的自控力，教育者必须善于控制自己，要为孩子做出表率。比如，教育者在孩子面前，不要放任自己，不要随便发脾气，不要只顾玩，不顾工作、不顾家、不顾孩子，否则，我们的言传和身教之间的矛盾，将导致孩子的自控力难以培养。

案例 3-39 这不公平

父母与小威约定，每天看电视不能超过半个小时。可是有一个周末，小威发现爸爸一直在看电视，他就找妈妈评理："妈妈，爸爸一直在看电视，从早上一直看到中午。为什么爸爸不遵守规则？"妈妈回应说："爸爸工作一周很辛苦，工作压力很大，他需要放松一下。"小威说："我去幼儿园上学一周也很辛苦，我也想放松一下。"妈妈回应说："电视看多了对眼睛不好。"小威说："那为什么爸爸还要看那么多电视呢？"妈妈回应说："你的眼睛还在发育，电视看多了会导致眼睛发育不好。"小威说："那爸爸的眼睛不在发育吗？"妈妈回应说："他的眼睛已经发育好了。"小威说："这不公平！"

确实是这样，你要求孩子做到的，你却做不到，这样就很难说服孩子按你的要求去做。

为了培养孩子的自控力，父母在家里可以和孩子一起制定并带头执行以下行为规范：

◆ 父母与孩子每天按时上床睡觉，听到闹钟响就起床；在休息时间保持安静；晨起自觉地刷牙、洗脸。

◆ 父母与孩子坚持每天运动、读书，并保持注意力集中。

◆ 父母与孩子在情绪低落时，能够克制自己的行为，当学习、工作和生活中出现糟糕的事情时不可以乱发脾气。

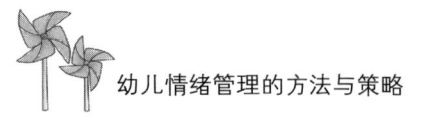

幼儿情绪管理的方法与策略

◆在需要等待时，父母与孩子一起学会耐心地等待。

（二）在活动中培养孩子的自控力

要想培养孩子的自控力，教育者就必须创造条件，让孩子参与各种需要自控力的活动。

1. 在游戏中培养孩子的自控力

游戏是幼儿期孩子的基本活动。孩子喜欢游戏，游戏是他们发展的基本途径。规则游戏对孩子自控力的培养是有帮助的。因此，我们要注意挖掘和利用各种规则游戏来促进孩子自控力的发展。下面为大家提供几个对培养孩子的自控力特别有效的游戏。

游戏一　我们都是木娃娃

【游戏儿歌】

我们都是木娃娃，一不许哭，二不许笑，三不许露出大门牙。

【玩法和规则】

孩子们一齐念儿歌，儿歌念完以后，教师做出各种滑稽的表情或动作，尽量逗孩子们笑，坚持10秒不笑者为胜。

游戏二　熊和木头人

【玩法和规则】

至少三人玩，一人扮"熊"，其他人扮"木头人"。"木头人"手拉手，边走边念儿歌："我们都是木头人，不准说话不准动，动了手指就会痛。"念到儿歌的最后一个字时，木头人摆一个动作姿势，并保持不动。"熊"上场，边走边观察，谁动谁就会被"熊""吃掉"。

游戏三　说的做的不一样

【玩法和规则】

幼儿和教师一起边拍手边说:"说的做的不一样!"教师从"左""右""上""下""前""后"中任意挑一字,如"左",幼儿要一边说"左",一边用手指向"非左方向",即幼儿说出的字和手指指的方向不能一样。如果幼儿说的和做的是一样的,就要接受惩罚。

游戏四　西蒙说

【玩法和规则】

1. 用"石头、剪子、布"的方法选出一人扮演"西蒙"。
2. "西蒙"给其他人下命令:
（1）当他说"西蒙说,摸摸膝盖"时,小朋友们就必须照指令摸膝盖。
（2）当他只说"摸摸膝盖"而没说"西蒙说"时,就不能照做。
3. 做错的淘汰出局,最后的得胜者可以扮演下一轮的"西蒙"。

游戏五　木头人

【玩法和规则】

教育者和孩子一面行走,一面齐声喊:"我们都是木头人,不许讲话不许动,还有一个不许笑!"不管喊完后是什么姿势,都要保持不动,静止几秒钟。在规定的时间里,谁动了,谁笑了,谁就输。

游戏六　被窝游戏

【玩法和规则】

周末的早晨,家长不着急起床,和孩子躺在被窝里,一起商量一个口令。说完口令之前,在被窝里扭来扭去,钻钻爬爬,怎么动都可以,但是随着口

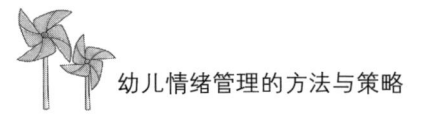

令说完，就不能再动了，要静静地互相看着，谁先笑、谁先动就输了。

游戏七　红灯停，绿灯行

【适合对象】

3—4岁的孩子。

【玩法和规则】

教育者叫"绿灯"的时候，孩子可以往前走；叫"红灯"的时候，孩子就必须停住；做错动作的孩子要回到出发点重新开始，最后看谁第一个过终点线。

当孩子习惯了"红灯停，绿灯行"这个规则后，修改规则：叫"绿灯"的时候必须停止，而叫"红灯"的时候可以往前走。

游戏八　乐声与起舞

【玩法和规则】

听到音乐的时候要跳舞，音乐停了马上静止。

在孩子习惯了这个规则后，修改规则：听到音乐的时候不动，而音乐停了反而要跳舞。

游戏九　音乐节奏与速度

听到快节奏音乐的时候，动作要加快；听到慢节奏音乐的时候，动作要放慢。

在孩子习惯了这个规则后，修改规则：听到快节奏音乐的时候，动作要放慢；听到慢节奏音乐的时候，动作要加快。

如果孩子的自控力差，如经常出现抢夺别人玩具的冲动性行为，就可以多让孩子玩上述这类游戏，这样其任性行为、冲动性行为就可以减少，甚至消失。

2. 在生活中培养孩子的自控力

生活中处处有规则。教育者要让孩子明确并遵守生活中的各种规则，这有利于培养孩子的自控力。

◆ 楼梯、过道、走廊一定要画路线，两边画上行走箭头。孩子们任何时候都只能靠右走，哪怕对面一个人都没有，也要这样。

◆ 在活动室里只能走，不能跑。从小班就开始严格训练。

◆ 排队时女孩优先，男孩随后。有特殊情况，需要排在前面的男孩要向老师报告，征得同意；人与人之间至少保持一个拳头的距离，哪怕是同性也不能紧紧贴着别人。

◆ 上完厕所，要冲厕所。

◆ 洗手完毕要在盥洗池甩手 10 下，将手上的水珠全部甩到水池里。不让水滴掉在地上，以免给别人添麻烦。

◆ 洗手完毕要关好水龙头。

◆ 听到起床音乐即起床，不赖床，不要有情绪。

◆ 课间休息时喝水、上厕所，不要只顾打闹、玩耍，直到下一个活动开始，才想起还没上厕所，还要喝水。

◆ 所有可以重复使用的物品，使用过后都要无条件地物归原处。

◆ 午睡时有次序地脱下鞋袜、衣服，把袜子放到鞋子里，然后将鞋子整齐地摆放在床底下。

……

在规范的日常生活中，只要不断地坚持和磨炼，孩子们就会逐渐克服自己的惰性，学会自我约束，认真而严格地遵守规定，从而逐渐养成良好的自控力。

教育者在利用生活规则来培养孩子的自控力时应该注意以下几点。

（1）重视内在规则形成的时间性

孩子的任何一种规则意识和能力的形成都需要一定的时间，一般一个行为规范的形成至少需要强化 21 天才能成为习惯，强化 90 天才能形成稳固的自动化的行为模式。因此，教育者对孩子的生活规范的培养要有足够的耐心，要不断地坚持方能有效。

案例 3-40　习惯成自然

开学前，老师到每个小朋友家里进行家访。和许多中国孩子一样，文懿也有自己独立的房间。当问起文懿是否午睡时，文懿的爸爸妈妈告诉老师："她不太愿意睡午觉，但是我们告诉她，休息时间到了，她就会自己走进小房间，关上门。如果累了，她会躺到小床上睡觉；如果不累，她就会自己看看书，等时间到了才会打开门出来。"老师很吃惊：文懿的爸爸妈妈如何能放心地让孩子一个人待在小房间里？而文懿又是如何自控的呢？要知道，文懿那时只有 2 岁半。而文懿的妈妈说："文懿从小就是这样，她习惯了，知道在休息时间是不可以出来的。"

孩子的许多习惯都是这样形成的，你从小不断地要求孩子，慢慢地，你要求的行为就会成为孩子的一种习惯。一旦成为习惯，这些行为就会成为孩子的一种内在需要。

（2）生活规则明确清晰，简单易记

教育者在制定生活规则时，要使规则明确而清晰，避免向孩子教授过于模糊或者概念化的规则。如，一些教师提出午睡要求："小朋友们，午睡要遵守规则和纪律。"很多孩子并不理解教师究竟想让他们遵守什么规则和纪律，因而也就无法在其行为上体现出来。因此，教育者在向孩子们提出生活规则时，应努力将规则具体化，变成孩子们可以理解、可以操作的行动指南。如，教师可以说："午睡时，小朋友们要躺在自己的床上，不要大声吵闹，手里也不要拿东西玩。"

另外，规则还要体现孩子的年龄特点，对不同年龄的孩子提出不同的要求。比如，在活动室里禁止跑的规则："3—4 岁，走路，不要跑。""4—5

岁,在楼道内、室内不得奔跑。""5—6岁,进入楼内,在任何地方都不能跑。"这些规则根据孩子的不同年龄循序渐进,逐渐增加难度,符合孩子发展的趋势。

为了让孩子能更好地树立遵守生活规范的意识并形成相应的能力,教育者在一个活动结束后,可以用简短的儿歌提醒孩子们,比如:"先上厕所后喝水,整理用具不忘记,安静观察真仔细,找找朋友做游戏,下个活动快准备。"孩子们完成常规任务后,教师要给予表扬和肯定。

(3)适当的表扬

幼儿期孩子的自控力和评价意识,正处在由他律到自律发展的过程中。他人特别是重要他人(如父母、老师)的评价对孩子的自控力发展非常重要。他们需要把他人的要求、指导纳入到活动中,逐渐内化为自己内在的要求,进而形成内在的自我调节机制。因此,教育者要注重运用有效的评价方法,来巩固孩子的自控意识,使其形成良好的自控行为习惯。方法主要有两种:一种是精神奖励法。小到一个肯定的眼神、一个微笑、一个手势,大到集体面前的表扬、由衷地赞赏、授予"生活小能人"的称号等,都是对孩子产生自控意识、形成自控行为的肯定。另一种是物质奖励法。如,当孩子在自控方面表现好时,给孩子一个代币(如星星、小红花、小红心)、卡片(孩子喜欢的动物卡片、动画片中英雄人物的卡片)、糖果、学习用品等。这样可让孩子的自控意识和行为不断得到激励,进而不断得到发展。

(4)正面指引而不是消极禁止

正面指引即积极引导。正面指引使孩子懂得自己该做什么,而且知道该怎么做,有利于孩子逐步学会自律、自控;而消极禁止则往往使孩子不知道正确的事该怎么做,甚至导致孩子产生逆反心理。比如,说"从水坑旁绕道走",不可以说"不要把鞋子弄湿了""不要踩水坑";可以说"把沙子放进沙箱或垃圾车",不可以说"不要乱扔沙子"。

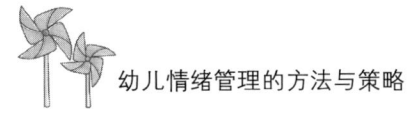

幼儿情绪管理的方法与策略

（5）做好孩子情绪行为失控的预防工作

在某些方面，如果我们提前做好预防工作，那么，孩子的情绪行为失控的概率就会大大降低。比如，去商场前，家长就要和孩子约定好要买的东西及其数量，到商场后，严格按照计划执行，让孩子习惯这种按计划买东西的方式，这样就可以避免出现孩子在商场里满地打滚要求买这买那的情况。要是计划买一件玩具，但是孩子遇到两件特别喜欢的玩具怎么办？千万不要让孩子错过这个学习"取舍"和"计划"的好机会。家长可让孩子选其中一件，然后和孩子商量好，一周后或一个月后或孩子过生日时来买另一件，并在小本上记录下来作为凭证，然后信守承诺，按时把玩具买回来。需要提醒家长的是，在这件事上自己必须要有自控力，严格执行计划，否则会给孩子留下"计划是没有用的""计划就是用来打破的"这种印象，反而会削弱孩子的自控力，他们看到想要的东西时还会又哭又闹缠着父母，直到要求被满足才肯罢休。

案例 3-41　给你买就是了

在超市货架前，4岁左右的小女孩又哭又闹地缠着爸爸买巧克力，后来干脆赖在地上打滚，引来众人侧目。爸爸颇为难堪："不是说好不买糖了吗？……好啦好啦，别哭了，我给你买，给你买！"小女孩终于破涕为笑。

许多家长或许都知道要坚持，但是看到孩子哭得伤心，又觉得买点零食自己也负担得起，何况让孩子在公共场合吵闹也不好，于是就决定满足孩子的要求。家长的无奈可以理解，其做法也的确能让孩子的不良情绪很快消失，但是，家长没有原则的妥协最终会导致孩子更加缺乏自控力。

（三）对孩子的欲望要适当地采取延迟满足

延迟满足能力是指人们为了得到更大收益而放弃短期收益的能力，是自控力的核心组成部分。心理学研究发现，延迟满足能力强的孩子，能更好地解决人际交往中的问题和冲突。1997年,澳大利亚心理学家屈斯克利与辽宁师范大学合作进行了"儿童自我延迟满足"的跨文化实验,结果发现,有80%左右的中国儿童倾向于选择及时满足而不是延迟满足。因此,培养孩子的延迟满足能力,是家长、教师和社会的共同任务。家长应该努力避免对孩子有求必应,应该锻炼他们通过努力来获取所需的物品,而不是百依百顺;教师应该训练孩子确定自己的目标,学会通过努力达成目标,让孩子学会等待、学会克制、学会奋斗,体验自控和奋斗的快乐;社会应该营造延迟满足的氛围,影视作品中出现的及时行乐以及不择手段的思想和行为应该受到批判甚至禁止传播。

另外,我们还可以通过以下措施对孩子进行延迟满足能力的训练。

1. 在家庭中训练孩子的延迟满足能力

家庭也是训练孩子延迟满足能力的好场所。当孩子提出某种要求时,家长可以延迟满足他的需要,等过一段时间再实现他的愿望。家长可以利用"吃"训练孩子的延迟满足能力,比如,孩子喜欢吃零食,父母不要一概接受或拒绝,要采用"延迟满足"的方法,在保证孩子三餐吃饱的前提下,让孩子完成一个"任务"后,再吃零食。"任务"可以是等待一段时间,也可以是学一个小本领,或者是听妈妈讲一个故事。又如,家里要来客人了,妈妈做了很多美味的食物,孩子忍不住想吃,妈妈就告诉孩子要等客人来了再吃,如果他表现好,可以奖励他一些他喜欢的小奖品。"玩"也可以成为训练孩子延迟满足能力的有效途径。比如:孩子想买一个新玩具,父母可以建议他等到节日或他生日时再买;和孩子一起玩竞赛游戏的时候,不要每次都让孩子赢,让他先输再赢的方法也能让孩子获得延迟满足。

家长要注意,让孩子做出适度努力后,再满足他的欲求。如,孩子想要一只足球,可要求他做到每天按时上床和起床;也可采用"代币"方法来兑换。如,孩子在幼儿园得到5个"小红花",在双休日就可以去儿童乐园玩一次等。

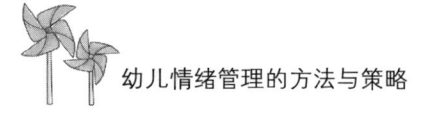

另外,家长应注意的是,在孩子努力后,最终要满足孩子的欲望和要求,如,家长一定要注意兑现自己的诺言,而不是说完"下回再去游乐城""一会儿再给你买"之后就没有下文了,长此以往,家长在孩子心里就会成为不守信的人,对孩子的延迟满足能力训练就无从提起。

2. 在幼儿园里训练孩子的延迟满足能力

幼儿园可以通过创设相应的情境,来培养和训练孩子的延迟满足能力。比如:当孩子们基本具有常规行为后,教师有意识地设置一些外来诱惑,如请邻班的孩子在活动室门口玩玩具,请个别已经完成任务的孩子招呼其他孩子去玩耍等,老师提醒孩子们完成任务后再去关注这些事情。这样有意识的行为训练,从每周一次增加到每周两次,使孩子们逐渐养成自觉抵制外来诱惑、完成任务的习惯,从而促使其延迟满足能力进一步提高。

3. 利用时间训练孩子的延迟满足能力

时间也是训练延迟满足能力的一个非常有效的途径,家长可以有意识地运用时间的延期来培养孩子的延迟满足能力。如,有的家长这样做:当孩子想买一样东西时,家长有意识地往后推一周才满足他的要求,在日常生活中培养孩子克制自己的能力。还有一位优秀的家长做得更细致,她带孩子上街的时候,孩子提出天热想买冰激凌吃。对于这个合理的要求,母亲并不轻易满足孩子,而是建议走到下一个街口再买。因为对于一个幼小的孩子来说,能克制自己想吃冰激凌的欲望,走完这一段路,就是一种很好的自控力的锻炼。

4. 教给孩子一些临时的抵制诱惑的方法

在面对诱惑时,教育者可引导孩子通过以下方法来转移自己对诱惑物的注意。

◆ 闭上眼睛

◆ 唱歌

◆ 做游戏

◆ 看钟表

◆ 听音乐

◆ 口头数数

◆ 离开现场

◆ 想象：让孩子学会不去想渴望得到的东西的特征，或把这些诱人的东西想象成不能吃、不能用的东西，是一种有效的方法，如把香喷喷的面包想象成棉花、云彩

◆ 语言暗示

案例 3-42　语言暗示

有这样一个例子：孩子完成一个枯燥乏味的绘画任务后可以得到一样可爱的玩具，但工作时会有"小丑"玩具来打扰他们。实验者事先告诉孩子，不能看小丑先生。实验者教一组孩子在画画时不断地提醒自己"我要画画，我不要看小丑先生"，对另一组孩子则未教授此法，结果前一组孩子完成任务的情况远比后一组孩子好。

这说明语言暗示能提高自控水平。教育者可以采用类似的方法指导孩子学会使用语言来进行自我暗示，提高自控力。

德国培养孩子自控力的经验

德国人十分重视孩子自控力的培养，他们的许多经验值得我们借鉴。

◇ 孩子一定要吃光盘中的食物，先做完作业才能玩游戏等。

◇ 有些学校故意把伙食弄得比较差，在缺少取暖设备的情况下，学校要求每个学生必须在恶劣的天气里穿短裤去操场、课堂，并坚持冷水浴，不准盖过暖的被子，冬天要开窗就寝。比布博士认为，这样做是为了纠正孩子的娇气，培养孩子的自控力和坚强的意志。

◇ 在汉堡一所监狱里，老师带孩子们听了几个犯人的故事。听完后，孩

子们回到教室里分析自己的行为是否也会将自己引向犯罪的道路。通过这样的课程，孩子们体验到不能自控的后果，有助于他们控制情绪。

◇德国人像对待成人一样对待孩子，比如，给老人让座而不给孩子让座。

美国研究人员发现，自控力会传染，看到或想到自控力强的人可以提升个人的自控力。德国的经验也说明，如果人人培养自控力，那么一个民族就会变成优秀的民族。

（四）充分发挥榜样的作用

在一个心理学实验中，给孩子看有关自控力的录像（如，等妈妈来再吃饼干，在公共场所不乱跑，参观展览时不乱摸等），结果这部分孩子比没看录像的孩子自控力强。可见，自控需要榜样。在生活中孩子最容易模仿的对象是父母，父母自控力的表现会影响孩子自控力的发展。如果父母在自控方面表现好，那么孩子也会受到积极的影响。如：带孩子外出，遇到堵车的时候，父母可以和孩子做一些小游戏消磨时间，避免把焦躁的情绪传染给孩子，让等待的过程变得有趣；父母想对孩子发火的时候，可深呼吸并说"我要冷静，不能发火"。这些言行都会让孩子学会控制自己的情绪。父母要时刻注意自己的言行，克制自己的不良情绪，不要动辄就发脾气，要以自己的良好言行感染孩子，使孩子的自控力得到良好的发展，否则，父母都不能自控，孩子自然容易失控。比如：父母爱和朋友打牌，孩子就会没完没了地看电视；父母懒惰，不收拾屋子，孩子的玩具、彩笔、图书也到处乱放；早晨父母没按时起床，孩子就趁机赖在床上不去楼下拿牛奶（他的任务）。因此，冲动、情绪不稳定、行为不能自控的父母，必须先教育自己增强自控意识，才能帮助孩子养成自控的习惯。当父母面对孩子情绪要失控时，不妨试试用以下几种方法来调控自己的情绪：一是深呼吸，少吸气、多呼气。难以冷静的时候，呼吸应该是这样的节奏：吸气1—2—3，呼气3—2—1。这样做10次，心跳会变得更慢，情绪也会变得逐渐平静。二是停顿，想一想，再回应。这样会更理智些。三是反问自己"问题在谁身上"。四是离开现场并冷静地处理问题。如果觉得自己要被激怒了，可以走开一会儿，等双方都冷静了再来处理这个问题。总之，父母要尽量少用发脾气的方式去让孩子与自己达成一致，否则，孩子也会从中学会以发脾气的方式来达到目的。

教育者还要重视同伴对孩子的榜样作用。孩子会通过观察、模仿等方式向同伴学习。良好的同伴常常能为幼儿树立一个积极的行为榜样，促进其良好行为品质的形成。因此，我们可以鼓励孩子向同伴榜样学习，这样往往能有效地影响和带动孩子，促进孩子自控力的提高。比如，有的孩子总喜欢在别人说话的时候插嘴，对这种行为，教育者如果仅仅以简单的训斥去制止，孩子就很难有所改进，而如果教育者能将周围小伙伴的良好行为列举给孩子听，就能让孩子认识到自己与小伙伴的差距，这样孩子便能渐渐学会用榜样的行为来规范自己的行为，这对增强孩子的自控力是很有益处的。

教育者可以将英雄人物、伟大人物和文学艺术作品中善于自我克制的主人公（如日本动画片中聪明的一休等）作为孩子自控意识和行为的榜样，还可以向孩子介绍一些他们身边自控力较强的小伙伴，讲讲这些小朋友是如何自控的。此外，教育者还可以自己创编一些贴近孩子生活的小故事，引导孩子体验和学习作品中的人物严格要求自己、克服困难的良好行为，培养孩子的自控力。

（五）避免走极端

在培养孩子自控力的时候，应该努力避免走向两个极端：一是对孩子不正确的行为放任不管，使孩子进入完全的散养状态，进而造成孩子的自控力较弱；二是过于严格地管教孩子的违规行为，对孩子的自控力培养呈现出过度化的倾向。前者多出现在家庭中，现在的家长过于溺爱孩子，对孩子听之任之，长此以往，孩子就会形成毫无自控、飞扬跋扈、不讲道理的恶习；而后者较多地出现在幼儿园中，一些教师为了方便教学和管理对孩子过于严厉，在保教活动中对孩子的语言、行为等过度地约束和限制，容易使孩子形成唯唯诺诺、谨小慎微的性格，甚至给孩子造成心理的创伤。

（六）值得借鉴的外国学者的观点

在如何培养孩子的自控力方面，有两个值得大家借鉴的外国学者的观点，下面列出来跟大家分享。

美国心理学专家表示，学会用抽象思维进行记忆也有助于儿童发展自控力。专家建议，家长在给孩子讲故事时，不要给他展示图画，这会让孩子学会用抽象思维记忆，而不是看图画跟踪故事的进展。

心理学家克莱尔·考普对自控力的发展做过许多研究，特别强调父母的爱的重要性。她这样写道："孩子的自控力来自哪里？它来自想要成为社会群体中的一部分的愿望，想要得到爱和积极的情感的愿望。孩子不会因为规则好就遵守规则，孩子不喜欢那样。他们想得到爱和积极的情感，如果他们遵守规则之后得到这些，就得到了爱和积极的强化。"

总之，孩子的自控力是在我们的言传身教中，在孩子参与的相关活动中逐渐形成的。因此，我们在注意对孩子进行言传身教的同时，还要注意创造机会，让孩子的自控力得到锻炼和发展。

【参考文献】

［1］安扬. 如何在家庭教育中培养孩子的"同情心"？［J］. 家长，2016（7）：14-15.

［2］鲍晓明. 让自信成就孩子的每一天——案例评析［J］. 山东教育：幼教园地，2013（Z3）：48-49.

［3］杜红梅. 给完美主义父母的育儿建议［J］. 教育导刊：幼儿教育，2007（12）：50-52.

［4］胡金生. 儿童同情心的结构及发展特点研究［D］. 大连：辽宁师范大学，

2004：75–77.

［5］姜玉海. 学前儿童自卑心理的成因及对策干预［J］. 钦州学院学报，2014（3）：95–98.

［6］科特曼. 幼儿教师88个成功的细节［M］. 李旭晴，译. 上海：华东师范大学出版社，2010：76–77.

［7］廖严光. 怎样在延迟满足中培养孩子的自制力［J］. 家教世界，2015（22）：61–62.

［8］林晓萍. 培养大班幼儿自我控制能力的探索［J］. 宁波教育学院学报，2010（5）：133–137.

［9］刘德华. 让教育焕发生命的价值：审视教育中的"罪"与"罚"［M］. 桂林：广西师范大学出版社，2003：90.

［10］刘桂宏. 浅析幼儿自我控制能力培养的误区［J］. 教育导刊：幼儿教育，2010（11）：27–28.

［11］鲁如艳. 家庭环境与幼儿同情心的关系研究［D］. 济南：山东师范大学，2016：37–39.

［12］路晨. 从产生机制谈幼儿同情心的培养策略［J］. 山东教育：幼教园地，2009（Z3）：6–8.

［13］路晨. 幼儿同情心的产生机制及培养策略［J］. 教育导刊：幼儿教育，2008（6）：21–23.

［14］莫源秋. 幼儿心理需要与教育［M］. 南宁：广西人民出版社，2011：23–44.

［15］莫源秋. 做幼儿喜爱的魅力教师［M］. 北京：中国轻工业出版社，2010：35–52.

［16］宁永宁，李娟. 论儿童同情心的培育［J］. 湖南师范大学学报：社会科学，2009（S1）：127–129.

［17］青木. 自我控制成德国孩子必修课［J］. 上海少先队研究，2013（1）：61.

[18] 邱云. 论幼儿同情心的形成过程及培养 [J]. 福建师范大学学报：哲学社会科学版, 1998（3）：118–121.

[19] 史爱华. 儿童的声音与儿童的哲学 [J]. 学前教育研究, 2005（Z1）：27.

[20] 唐继宏, 徐月芽. 帮助幼儿建立自我纪律和自我控制 [J]. 学前教育研究, 1995（5）：9–10.

[21] 王海凤. 家庭中幼儿规则教育的几种误区 [J]. 教育导刊：幼儿教育, 2008（1）：58–59.

[22] 王亚. 家园合力给孩子一个自信的世界 [J]. 早期教育：教师版, 2016（6）：28–29.

[23] 王叶梅. 如何培养孩子的自控力 [J]. 大众心理学, 2014（6）：35—36.

[24] 杨翠美. 培养孩子的责任感是父母的责任 [J]. 启蒙：3—7岁, 2006（5）：22–23.

[25] 叶柄昌. 天下第一学问 [OL]. 2012-05-03. www.360doc.com/content/12/0503/10/5462619_208292575.shtml.

[26] 袁丽娟, 田红艳. 从教师角度谈幼儿同情心的培养——幼儿同情行为缺失现象的思考 [J]. 文教资料, 2011（3）：144–145.

[27] 张冬梅. 孩子的责任感从哪里来 [J]. 中华家教, 2013（9）：12.

[28] 张占武. 幼儿责任感培养之我见 [J]. 课程教育研究, 2014（25）：28–29.

[29] 赵丽君. 家庭教育中培养幼儿同情心的策略 [J]. 沈阳教育学院学报, 2006（3）：55–57.

[30] 朱家雄. 我行！你也行！——让自信的幼苗在孩子身上扎根 [J]. 父母必读, 1997（5）：3–5.

第四章 幼儿的消极情绪及其行为的有效应对

每一种情绪都有其适应性意义。我们说的应对孩子的消极情绪，是理解、接纳，是引导，而不是消除。对每一种消极情绪及其行为，我们都应该在了解其本质的基础上，了解其产生的机制及其适应性意义，进而采取有针对性的措施，促进孩子的情绪健康地发展。

一、孩子的哭泣行为与应对

哭，是孩子情绪的一种自然流露，也是幼儿期孩子的一种正常的心理行为。我们允许甚至鼓励孩子在难过时哭出来，但过多地哭，会给人一种脆弱的印象，对自己的学习和生活，对成人的工作、学习和生活也会带来消极的影响。再者，时常以哭为要挟手段，是孩子任性的一种表现，这对其身心健康不利。因此，我们要认真研究孩子为什么哭，并且采取积极的引导措施，以促进他们身心的健康发展。

（一）对孩子哭的心理分析

1. 哭是孩子与外界交流的一种方式

哭，是孩子努力与外界交流的一种方式。由于孩子的语言表达能力有限，他们不会表达自己的感受和愿望，只能用哭的方式，让周围的人来了解或猜测他们的意思。当他们身体不舒服时，他们会哭；当他们心里不舒服时，他们也会哭。哭能引发成人对孩子所面临困境的关注。

2. 孩子爱哭的习惯是教出来的

孩子并非天生就爱哭，他们爱哭往往是父母教出来的。如果孩子想达到自己的目的，在其他方式无效的情况下，一哭就能达到目的，多次强化后，孩子就会形成以哭来威胁进而达到目的的习惯。这样的孩子没有养成自我控制、自我约束的习惯，他们非常任性，不讲道理，处处以自我为中心，不通情达理，稍不如意就哭闹起来，爱哭就会成为他们的一种习惯。

案例 4-1 没有办法……

◇尚未吃早餐，小华吵着要吃冰激凌，妈妈没有办法，只好同意……

◇妈妈在厨房忙着做饭，小兰哭着要妈妈抱，妈妈实在没有办法，只好抱她……

◇爸爸正在看电视，小民哭着要吃零食，没有办法，妈妈只好给他……

◇妈妈上街买菜，小刚哭着要跟妈妈去，最后妈妈没办法，气得打了他一耳光后同意他去……

◇妈妈骑自行车要出去，小佳哭着要跟妈妈去，妈妈拗不过小佳，没办法，最后只好同意她去……

◇小霞去上幼儿园，到幼儿园后拉住妈妈哭个不停，妈妈没办法，只好留下来陪她……

◇妈妈忙着工作，智美醒来哭着要妈妈，妈妈被吵得没有办法，只好停下工作去抱她……

◇小亮今年3岁多，是爷爷最疼爱的长孙，每天与爷爷寸步不离。周日早上是他俩最愉快的时光，因为爷爷会骑车载着小亮到街上去兜风。有一天回家的时候，路过一家杂货铺，小亮求爷爷买糖果，本来爷爷不同意，但他敌不过小亮的哭闹哀求，没有办法，只好顺其意。此后，小亮几乎每天都要爷爷买糖果，爷爷不同意他就哭闹，最后总是爷爷没有办法而选择投降……

教育者"没有办法"而迁就孩子的不合理要求,于是,哭闹就成了孩子为达到目的而惯常使用的方法。

案例4-2 哭闹的"好处"

小静是一个3岁半的孩子。当她的妈妈去上班时,就把她交给保姆照料,每星期5天。有一天晚上,她妈妈来接她时,她正与一只小狗玩得很开心,拒绝跟妈妈回家,还大发脾气,哭闹个不停。妈妈告诉她,如果她愿意停止哭闹,跟妈妈一起回家,妈妈就在回家途中买一件新奇的东西给她。小静终于接受了妈妈的条件,不再哭闹。在回家途中,妈妈买了一本故事书给她。

隔天晚上,当妈妈再到保姆的住处去接小静时,她又大发脾气,而且哭闹得比上一次更厉害。

小静后来哭闹得更厉害,是因为她从上一次哭闹中得到了"好处",这次她可能想得到更大的"好处"。

案例4-3 "英雄"在家里家外不一样

一个3岁的小女孩,她的手在玩耍时弄破了,并出了一点血。我对她说:"你去找妈妈包扎一下,不然会感染的。"她笑了笑说:"不要紧。"那时正是一个冬天的黄昏,她在外面玩沙土,我劝她回家后一定要先包扎一下,再出来玩。她犹豫了一下说:"好吧。"然后她高高兴兴地回家,但她一进家门就放声大哭,夸大她的伤口,妈妈安慰了她。当她流着泪出门,见我还站在她家门口时,马上笑着举起包扎好的手指头说:"英雄!"

孩子在家里家外不一样,那是因为家里有人对她的哭给予热切的呼应,而家外则没有人对她的哭给予积极的呼应。

3. 孩子哭是其需要得不到满足的一种表现

哭是孩子消极情绪的一种反应,孩子的哭往往与其需要得不到满足有关。

（1）与生理需要有关的哭

◆摔跤摔痛了，大哭。

◆打针痛了哭。

◆受伤了哭。

◆困了、渴了、饿了，孩子都会哭。

（2）与安全需要有关的哭

◆第一次看到闪电、听见雷鸣，因害怕而哭。

◆看到电影或电视屏幕上出现了某些恐怖的场面而惊哭。

◆被小伙伴欺凌而哭泣。

◆因遇到陌生人或陌生的环境而感到不安，进而哭泣。

◆因家长或主要依恋的老师离开而感到不安，进而哭泣。

◆教育过分严厉，造成孩子精神紧张，孩子往往因稍有不慎出了差错而吓得哭起来。

◆孩子在与同伴交往的过程中焦虑无助，哭是他宣泄内心焦虑的一种方式。

◆孩子犯错后，因害怕、担心父母的指责、批评或惩罚而哭泣。

（3）与关爱需要有关的哭

◆受到冷落或忽视，哭可以获得他人的关注，得到教育者的关爱。

◆在家里看到自己的父母抱着别人家的孩子，自己因受到冷落而哭。

◆看见老师对别的孩子很亲热而对自己不怎么亲热甚至冷落，孩子也会哭。

（4）与归属需要有关的哭

◆在班级活动中找不到自己的位置，没有获得发挥作用的机会，失落地哭。

◆想参与小伙伴们的游戏却被拒绝，伤心地哭。

（5）与成就需要有关的哭

◆孩子屡战屡败，不断地受挫而哭泣。

◆ 在幼儿园里，孩子看见老师只表扬别的小朋友而不表扬自己，失落地哭泣。

（6）与尊重需要有关的哭

◆ 孩子被教育者冤枉，内心受了委屈而又无法说清楚或不敢说时，泪水也会情不自禁地夺眶而出。

◆ 孩子在遭受老师的批评时羞愧沮丧，哭是他掩饰自己的一种方式。

◆ 孩子尿床、尿裤子后因担心被取笑而哭泣。

（7）与交往需要有关的哭以及与自由自主有关的哭

◆ 理发时被要求安静地、一动不动地坐着，孩子因无法忍受而哭喊。

◆ 孩子刚刚入园时要哭闹好几天，因为幼儿园里有许多规则他不习惯，他忍受不了那些限制。

◆ 孩子被摁住头打针时哭，不是因为打针痛，而是因为头被摁住不能动。

（8）与物品损坏有关的哭

◆ 因看到自己彩色的气球被弄破了而哭。

◆ 因看到心爱的玩具被别的小朋友抢走了而哭。

◆ 因自己不小心摔倒在泥地里弄脏了衣服而哭。

◆ 因看到自己家的小狗死了而哭。

案例 4-4 为了关爱的哭

王雯倩又哭了，费老师问她："是不是哪位小朋友抢了你的玩具呀？"连续问了几次，王雯倩总是哭着摇头。费老师赶忙抱起她，摸摸她的头，擦擦她挂着泪花的小脸，握握她的小手，这下她不哭了。费老师又问道："雯倩是不是想要老师喜欢你呀？"她点点头。费老师说："要老师喜欢你，你为什么不好好跟老师说呀？"她说："我一哭，老师就喜欢我了；我不哭，老师就不管我了。"

有时孩子哭就是为了得到老师的关爱，有时甚至仅仅是为了得到老师的关注。因此，老师平时要主动去亲近、关心孩子们，让他们真实地感受到老师对他们的关爱。

婴儿期的孩子多是因生理需要没有得到满足而哭，比如，孩子饿了、困了、身体受伤或不适，就会哭。而随着年龄的增长，孩子因心理需要得不到满足而大哭的比例则呈不断上升的趋势。

（二）应对孩子哭的策略与要求

面对孩子的哭泣，我们应对时要注意以下几点要求。

1. 接纳孩子哭

哭是人们进行自我心理调节的有效方式之一。在遭遇严重不幸时大哭一场，是人体对不幸的自然反应。在哭泣后，人的情绪强度一般会降低40%，这便解释了为什么哭后人的心情会变得稍微舒畅一些。不愿哭或哭不出来，人的身心可能就会出毛病。被抑制的紧张情绪若不能及时发泄出去，还会导致胃和十二指肠溃疡、冠心病或者其他与情绪有关的疾病发作。而偏头痛及许多无名病痛，也可能与过度地抑制情绪有关。

另外，人在哭泣时，造成情绪压力的化学物质会随眼泪流到体外。如果负面情绪没有释放出来，会增加心脏病发作的危险，还会损害大脑的一些区域。所以，人类哭的本领具有实际的生存价值。

孩子心中有不满或委屈，让其痛痛快快地哭出来，这样有利于释放其心中的负能量，有利于其舒缓内心的压力，适当地哭比强忍住不哭对其身心健康更有益处。

许多教育者不了解哭对孩子身心健康的意义，他们认为哭是不好的，对孩子的哭时常缺乏相应的耐心。当孩子难过时，一些教育者往往不允许孩子公开、自由地哭。当孩子哭闹时，教育者往往强行地让孩子自我压抑，有的教育者甚至采用体罚或变相体罚的方式压抑孩子的哭，比如，一面抽打孩子的屁股，一面高声喝叫："闭嘴！""不许哭，憋回去！再哭拿你去喂狼！"有的男孩心里难过时大哭不已，往往会招致教育者和小伙伴们的讥笑或者教育者的斥责："男子汉也哭，羞！羞！！羞！！！""男子汉要坚强，不许哭！"在这种外在的压力之下，许多男孩都采取了"明智"的做法——忍气吞声。但这种忍气吞声无疑会使其内心的抑郁情绪无法宣泄，进而不断增加孩子的心理负担，给孩子带来双重的痛苦。因为人的紧张情绪总得有个途径发泄出来，既然它不能通过自然的途径流露出来，就必定要寻找其他的途径来发泄。如果孩子长期地这样压抑自己或者受到压抑，最终将会不堪重负，而导致心理失衡，造成人格方面的病态发展。比如，孩子的残忍行为、强迫行为、攻击行为、破坏行为等，很多时候就是由孩子内心的消极情绪得不到及时的或者正当的宣泄而造成的。

案例4-5 亮亮家和萌萌家

正是秋高气爽的时节，一群年轻的母亲带着孩子一同秋游。母亲们在树荫下闲聊，亮亮和萌萌在一旁吹着泡泡水，彩色的泡泡慢慢飞向天际，孩子们高兴得咯咯直笑。

突然，两个孩子不知被什么绊了一下，一起摔在了地上，泡泡水洒了，他们不约而同地大哭起来。

两位母亲连忙跑过来。

亮亮家的亲子互动：

亮亮妈妈连忙把孩子拉起来，训斥道："哭什么哭，多大点事呀？！那么多阿姨和小朋友看着你呢。羞不羞啊你？！"亮亮继续哭，不理睬妈妈。

亮亮妈妈又说："再哭，妈妈就不喜欢你了！"她露出了严厉的表情，亮亮不敢哭了。

萌萌家的亲子互动：

萌萌妈妈抱住萌萌，说："这真的是太让人难过了，泡泡水竟然洒掉了。你一定很伤心，来，让妈妈抱抱！"

萌萌委屈地抱着妈妈大哭，妈妈没再说话，只是轻拍孩子的肩膀表示安慰。

没过多久萌萌自己停止了哭泣，很快就忘记了刚才的不快，拉着亮亮一起去采花。萌萌采了花送给妈妈，而亮亮的情绪一直不高，捏着小花不说话。萌萌妈妈问："亮亮怎么不去给妈妈送花呢？"亮亮低着头不说话，好久才说："我怕妈妈不喜欢。"

情绪经常被接纳的孩子，他们的性格一般比较平和，与父母的关系也比较亲近；而经常被阻止宣泄情绪的孩子，他们的内心是压抑的，有什么话也不会轻易地向父母开口，亲子关系往往不是那么亲密。

因此，对孩子的哭，教育者要尊重、接纳，千万不可强行禁止。

案例 4-6　再哭就……

某幼儿园的小班里，有些孩子在哭，老师没好气地对哭的孩子说："你们再哭，我下午就叫你们的爸爸妈妈不要来接你们了，让他们不要你们了，老师也不要你们了。你们还哭不哭？"老师的话音刚落，有的孩子会强忍住哭泣，渐渐转为抽泣；而另一些孩子则哭得更大声，更无助，更伤心。

孩子是因为内心不安、别离伤心而哭泣，而老师想用强迫的手段去让孩子止哭，这是不现实的，也是不好的。

教育者要接纳孩子的哭泣。当孩子哭泣时，教育者不要打断，也不要呵斥。你只需坐在孩子身边，轻轻地拥抱着他，给他哭的权利，不要急于发表意见。你要让孩子知道，无论发生了什么，你始终关心他的感受。这时，你最好对孩子说："你这样伤心，我也很难过。""你心里不好受，妈妈就在这儿陪着你。"这样就给了孩子机会去正视和处理他的坏情绪。而"别觉得委屈，是你自己先动手的""不就个玩具被弄坏了吗，别像个爱哭的小宝贝似的没完没了""你都长这么大了，还是那么爱哭，真没出息"这样的话只会羞辱孩子，根本达不到帮助孩子摆脱烦恼、停止哭泣的目的。

孩子哭闹，是在试图"哭掉"烦恼，恢复好心情。这时，孩子可能会"口无遮拦"地说一些不中听的话，比如："你不爱我，从来就不爱我！""我希望你不是我妈妈！""我恨你，爸爸！别人的爸爸都比你好！"这时，请不要对孩子的抱怨太在意。孩子对你的抱怨并不代表他对你的真实、全面的评价，只代表他急于排除的烦恼而已。只要他摆脱那些令他不快的情绪，他就会重新注意到你对他有多好。因此，在孩子抱怨时，请不要辩驳，更不要火上浇油地辱骂孩子，你可以等孩子发泄完而自动停止哭泣后，再从理解他的角度去跟孩子进行对话。这样孩子的情绪天平就会逐渐达到平衡，教育者也更容易与孩子进行有效的沟通，长此以往，就能培养孩子积极向上的情绪。

2. 合理地关照孩子的需要

孩子哭往往是由其需要得不到满足所引发。因此，研究如何应对孩子哭的问题，必须从研究如何满足孩子的需要开始。对于孩子的需要，教育者要努力去研究它们的种类与表现，在设计和组织各项保教活动的过程中，要充分关照孩子们的各种需要——生活活动不仅要满足孩子的生理需要，还要满足孩子的心理需要；教育教学活动不仅要达到知识技能传授的要求，更要对孩子的各种需要给予充分的关照。教育者要创造机会让孩子有相互交往、自我表现、获得成功的机会，在各项活动中让孩子感受到安全、被爱、被尊重，让其需要得到及时、适当的关照，这样孩子就不会以哭为手段来要挟教育者。

平时，对于孩子的合理需要，即使孩子不哭，教育者也应该努力地去关照它们，不要总等到孩子哭了才想到要满足孩子的这些需要，否则，孩子就会以哭来达到满足自己需要的目的。对于孩子的不合理需要，不管他们哭不哭，教育者都不能满足其要求，千万不可在他们剧烈地哭闹后，在无法忍受的情况下，甚至对其进行打骂后又去满足他们，这样，孩子就会以哭作为要挟手段来达到满足不合理需要的目的。

案例 4-7 妈妈不带我去给小鸭上坟

"曹老师,你快去看看,王红中午又哭了,还闹着要回家,谁劝都不行。"我一进教室,刘老师就急切地对我说。我一愣:王红是个很懂事的孩子,怎么连着两天都哭闹不止呢?这里面一定有原因。我轻轻地走到王红面前,试探着问:"王红,你有什么事能告诉曹老师吗?"谁知这么一问,王红哭得更厉害了,泪水簌簌地落下。见此情景,我轻轻地将她拉进自己的怀里,边给她擦眼泪边关切地说:"别哭了,再哭就不漂亮了。如果你遇到了什么困难,自己解决不了,曹老师可以帮你!""妈妈不带我去给小鸭上坟!"王红终于吐露了心声。我对王红说:"下午妈妈来接你的时候,我跟妈妈说,让她周末带你去给小鸭上坟好不好?"王红说:"好!"然后她止住哭泣,安然入睡。

了解孩子的需要,并支持孩子去满足合理的需要,孩子当然就不哭了。

案例 4-8 想去荡秋千

豆丁比较内向,不知怎么了,最近她在幼儿园里总是哭喊着:"妈妈,我要妈妈,妈妈来接我啊!"有一天早上,她终于肯跟着小朋友们一起出去荡秋千了,老师们都很高兴。由于时间太短,还没有轮到豆丁玩大家就要回活动室了。谁知一回到活动室,豆丁就哭了起来:"妈妈,我要妈妈……"张老师不停地哄她:"你别哭了,我给妈妈打电话,妈妈一会儿就来接你。"没想到还是没有什么效果。这时,谭老师走到豆丁身边,抱着她说:"豆丁,你是不是想去荡秋千呀?谭老师带你去吧。"

没想到豆丁破涕为笑了。于是,谭老师马上带她去荡秋千。之后,豆丁一天的情绪都非常好。原来,豆丁用哭声来表示她想去荡秋千!

我们敢肯定,许多时候孩子哭喊"我要妈妈,我要妈妈"或者"我要回家,我要回家",其实,并不是他真想要妈妈或想要回家,他是因其他需要未得到合理的满足而哭。因此,教师一定要努力学会听出"我要妈妈""我要回家"背后的真实声音,否则,你的应对就会牛头不对马嘴——不管你怎么安抚孩子,他都会不停地哭泣!

案例 4-9 哭是没有用的

一天,一向活泼可爱的佳欣,忽然坐在位子上低声地啜泣起来。邓老师急忙询问,才知道她是想到"小餐厅"当小厨师,可是那几个小朋友不带她玩。于是,邓老师告诉她:"如果你先当顾客,熟悉一下角色,再和小朋友轮换角色,可能就不会遭到拒绝。你试试看好吗?"然后邓老师和她一起加入到小餐厅的游戏之中。最后,佳欣成功地当上了小厨师。

事后,邓老师告诉佳欣,哭是没有用处的,只有说出来,得到老师的帮助,才能解决问题。

教育者要教会孩子满足自己需要的各种策略和技能,比如,当靠自己无法让需要得到满足时,要学会向别人诉说,向别人求助。

案例 4-10 我很想幼儿园里的罗老师妈妈

肖蓉是个性格懦弱、怯生的孩子,一进幼儿园就哭个不停,嘴里喊着:"我要妈妈,我就是要妈妈。"罗老师将他抱在怀中,给他电动汽船玩,给他讲故事,给他零食吃,并对他说:"罗老师就是你幼儿园里的妈妈,在幼儿园里有困难就找罗老师妈妈,好吗?"肖蓉慢慢止住了哭声,大眼睛忽闪忽闪地望着罗老师,并扑进罗老师的怀里。一周后,肖蓉患了重感冒,感冒没好就嚷着要来幼儿园,他对父母说:"我很想幼儿园里的罗老师妈妈。"

有爱在,幼儿园就会成为孩子向往的地方。一个孩子来幼儿园后哭一年甚至两三年,其根本原因就是他一直感觉不到周围的人对他的爱。

3. 坚持一致性原则

有的孩子把哭闹当作使父母屈服于自己、满足自己要求的手段,有的孩子还边哭边从手指缝中露出一只眼来察看动静。对于这种哭闹，家长千万不能同情或迁就。教育者不要怕孩子哭，不要怕委屈了孩子。教育者之间必须达成默契，要说到做到，且持之以恒地坚持正确的要求。坚持教育上的一致性原则，有两个意思：一是成人之间态度要一致。如果孩子哭了，爷爷抱，奶奶哄，妈妈说教，爸爸批评，在这种情况下，即使是好的教育要求也难以奏效。二是前后的教育要求要一致。教育者对孩子的要求应该始终如一，不能因自己工作忙或闲、心情好或坏而影响对孩子的要求。如果先严后宽，先宽后严，时宽时严，孩子极易发现哭闹的作用和时机，进而形成任性的性格。

案例 4-11 下次不行哦

星期天，小玲跟妈妈逛商店，妈妈和表姐在服装部选购衣服，小玲东蹿西跑地捉弄妈妈。当妈妈叫她时，她偏偏躲起来。过了一段时间，她要妈妈买玩具小熊给她，妈妈说："不行，上次才买！这次不可以再买！"可是这种斥责不管用，小玲耍出最后一招，当众号啕大哭，在地上打滚，不肯走。妈妈最后只得说："好吧，只答应你这一次，下次不行哦！"

许多孩子的哭闹习惯就是这样逐渐形成的。

案例 4-12 抓住时机哭

小勇想吃糖果，妈妈不给，他就张口大哭。恰好有客人在，孩子哭哭啼啼的不像话，妈妈没办法，只好给他。

第二次他又想吃糖果，妈妈照样不给，他又拿出看家本领，哇哇大哭起来。但这次家里没有客人，妈妈硬起心肠，不给就是不给。小勇无可奈何，哭久了，肚子不舒服，沙哑的声音连自己听起来也觉得讨厌，只好算了。

第三次，他又想吃糖果，妈妈还是不给。法宝再度使出来，他放声大哭。无巧不成书，当时电话铃声大作，妈妈接电话怕太吵，只好认输了，拿出一颗糖塞住小勇的嘴巴，他当然是糖到哭止。

经过多次反复，孩子就知道"客人来""电话铃响"等，是通过哭闹达到自己目的的好机会，于是，时常能准确地抓住机会满足自己的需要。

案例 4-13　坚持就是胜利

3岁多的小媛每天午睡时都要妈妈陪她、哄她、安抚她，才肯乖乖上床，直到她睡着为止，否则，立刻就放声大哭，在床上打滚，把床边当鼓敲，闹得全家鸡犬不宁。当她大哭大闹时，只要妈妈一出现，她的哭声马上停止。

后来小媛的妈妈听从幼儿教育专家的建议：在孩子午睡时，硬起心肠，把门关上，任由她哭去。

第一天，小媛大哭大闹，妈妈装作没听见。她以为妈妈没听见，觉得非加倍努力不可，于是气灌丹田，把音调提高3个音阶，把音量放大2倍，直到声嘶力竭，才累得睡着了。

第二天午睡，小媛照哭不误，但哭声显然没有之前那么高亢，哭的时间也没有之前那么长。

第三天午睡，小媛只是呜呜地干号了两声，意思意思而已。

第四天午睡，小媛不再哭了，连象征性的干号也没有，她不声不响、安安静静地睡着了。

至此，小媛午睡时哭闹的习惯完全消失了。

对孩子的要求就应该这样，认准了的事，就要坚持到底，这样才能取得预期的教育效果。

（三）应对孩子哭的一般方法

面对孩子哭，教育者可通过以下几种方法对其进行有效的应对。

1. 注意力转移法

孩子年龄越小，其情绪和注意力越不稳定，进而越容易转移。因此，当孩子因某件事不能满足自己的要求而哭闹时，家长可有意识地把孩子的注意力引到有趣、可笑的事情上去，来达到情绪转换、渐止哭闹的目的。转移注意力的方式主要有：空间转移（让孩子从引发哭的地方转向其他地方）、故事转移（用有趣的故事来吸引孩子的注意力）、活动转移（让孩子去做游戏、干活或参与其他与哭无关的活动）、物品转移（用孩子喜欢的食品、玩具等来吸引孩子的注意力）、语言转移（用语言将孩子的注意力从哭的情境中引开）、视觉转移（让孩子看到其他对其有吸引力的地方）、触觉转移（通过触摸、逗弄分散孩子的注意力，让孩子的注意力暂时从伤心之源离开）、回忆转移（回忆过去有趣的事情）等。比如，当孩子哭闹时，家长突然提起孩子平时感兴趣的另一件事，孩子的注意力转移了，可能就不哭了。比如，我的女儿小时候也很爱哭，每当女儿哭时，我的妻子就用小拨浪鼓在她面前摇来摇去，或用手按"皮老虎"发出怪声，女儿被逗乐了，就由哭而笑。而这时候我也会念顺口溜："又哭又笑，老鼠上吊。猫儿解绳，屁股跌疼。"女儿听了就大笑起来，尽管她眼眶里的泪水还没干。

案例4-14　小超夫妇的绝招

我有一个朋友叫小超，他对付孩子的哭有绝招。每当他的儿子哭闹时，他就赶紧拿起手机说："你哭吧！让我照一张'哭宝宝'的相，送到电视台去！"孩子的妈妈说："让电视台的叔叔放出来给大家看！"孩子知道"哭宝宝"的样子挺难看的，便赶紧止住眼泪。小超会口技，此时便学个"公鸡啼鸣"或"母鸡下蛋"，不一会儿，孩子便转哭为笑。

小超夫妇利用的就是注意力转移法，让孩子的关注点由引发其哭的事物转移到照相或口技上去。

案例4-15　让孩子的思绪跟着问题走

新入园幼儿的情绪是很容易互相影响的，一个孩子哭，大家就跟着哭。入园第二天，班上哭的孩子最多，哭闹声此起彼伏，活动室里乱作一团。范老师买来了梨，给孩子们每人发了一个。但是，只有一部分孩子止住了哭声，其他孩子仍然哭闹不止。范老师问孩子们："你们看看，梨是什么颜色的？""闻一闻，梨有香味吗？""尝一尝，梨好吃不好吃？"范老师的提问转移了孩子们的注意力，他们渐渐止住了哭声。等孩子们吃完梨后，范老师进一步问道："你们看看，梨核中有什么？"接着，范老师给孩子们讲了《孔融让梨》的故事。通过这一随机教学活动的开展，孩子们不仅停止了哭闹，而且认识了梨，从中也受到了品德教育。

范老师面对哭声一片的孩子们，以梨和提问作为手段，将孩子们的思绪从哭的情境中引开，将他们逐渐带入到活动中，使他们在活动过程中逐渐忘却哭泣。

案例 4-16 从一个教室到另一个教室

布朗不小心将一只几内亚小猪摔到了地上，小猪当场死亡。布朗因此十分伤心，大声地尖叫。一位教师将布朗转移到另一个教室，另一位教师将几内亚小猪的尸体放在鞋盒里，藏在壁柜里，然后播放磁带，开始集体活动，仿佛什么事情也没有发生过似的。

布朗的老师在案例中所使用的就是空间转移的方法，以此来转移布朗的注意力，进而让布朗从伤心中走出。

案例 4-17 老师昨天晚上梦见你了

在幼儿园大门前，小宇一面哭，一面不停地低语："我不上幼儿园，我要妈妈抱……"同时他使劲地搂着妈妈的腿，不肯放开。何老师见状微笑着迎上来，说："哟，小宇，今天你是让妈妈抱着来的呀！我昨天晚上做了一个梦，还梦到你了呢！你猜，我梦到你什么了？"小宇轻轻地把头抬起来一点儿，看着何老师："什么呀？""我梦到你早晨来幼儿园的时候笑得像花儿一样，还给了我一个大大的拥抱。啊，我好幸福呀！我好想抱抱你啊！可爱的小宇,行不行啊?"小宇想了想,终于松开妈妈的腿,开口道:"那好吧。"

何老师高兴地从妈妈手里接过小宇,并轻轻地亲了他一口,同时对小宇的妈妈小声地说了一句:"放心吧!"妈妈看到小宇带着泪花的脸笑了,自己也笑了,紧张的情绪顿时烟消云散。她发自内心地说了一句:"谢谢老师!"

案例中的何老师用"梦"作为媒介,来转移孩子的注意力,进而达到转换孩子情绪的目的。

案例4-18 晓晓笑了

晓晓往活动室外走时,恰好一个小男孩往里跑,把晓晓撞倒在地上,晓晓忍不住大哭起来。胡老师忙对晓晓说:"哎呀,他不小心撞到你了。"接着胡老师转向男孩问:"怎么办呢?"小男孩说:"晓晓,对不起,我不是故意的!"此时晓晓想哭但忍住了。胡老师对晓晓说:"晓晓,你的脸被泪水弄脏了,来,胡老师用手帕替你擦擦。"胡老师帮晓晓擦干净脸并整理好衣服后说:"让老师看看,哟,晓晓真漂亮!"晓晓微微一笑。

上述案例中,胡老师运用了活动转移和语言转移这两种注意力转移方式,让晓晓走出了欲哭的状态。

案例4-19 牛子恒拿着枪笑了

晨间游戏时,牛子恒被调皮的胡波打哭了。王老师把他揽入怀中,轻轻地为他擦去眼泪,并附在他耳边神秘地说:"王老师有一样你非常喜欢的东西,我们去看看好吗?"牛子恒止住了哭泣,好奇地跟着王老师来到玩具架旁。王老师拿下一个盒子说:"你喜欢玩什么呀?""枪!"牛子恒毫不犹豫地答道。王老师打开盒子,拿出一把红色的枪来。牛子恒拿着枪笑了。

王老师很了解牛子恒,知道他最喜欢枪,因此,通过枪很快地将其注意力转移,并有效地使其情绪和行为由哭转向笑。

案例 4-20 在说与做中转移注意力

正在剪纸的老师发现罗晓雨在哭,于是与晓雨展开了下面的对话。

老师:"晓雨今天可真漂亮!"

晓雨不吭声,继续哭。

老师:"你看,老师剪的是什么呀?"

晓雨不吭声,看了一眼。

老师:"是圆圈!"

晓雨:"我家也有。"(还在抽泣)

老师:"你家有什么形状的?"

晓雨:"我家有这样的纸。"

老师:"哦。过来,老师教你。"

在这一过程中,老师通过主动赞美、剪纸活动来转移孩子的注意力,使孩子被当前的活动吸引,进而开启对话,使孩子停止了哭泣。

2. 忽视法

如果孩子是用"哭"作为要挟的手段,那么孩子哭后,教育者可以简单地说明不能满足他要求的原因,如果他仍然以哭相要挟,那就干脆不予理睬,让他哭个够,并让他从中体验到"哭是没有用的",进而放弃以哭为手段。比如,孩子吵着要买玩具,甚至在地上打滚,父母可采取不劝说、不解释、不打骂的方法,让孩子感到父母并不在意他的这些行为。当孩子哭闹够了,从地上爬起来时,父母可以对他这样说:"我们知道你不开心,但你现在不哭闹了,真是一个好孩子。"同时,父母要表示出高兴、满意和关心,给孩子讲道理,分析他刚才的行为对不对。

案例 4-21 忽视

陈珂 4 岁了,每天晚上妈妈把她放在小床上,妈妈一离开她就号啕大哭,迫使妈妈再回到房中叫她停止哭号，可是陈珂哭得更加厉害。妈妈为她的号啕大哭大伤脑筋，后来请教当地的幼教专家后得到建议：不管孩子哭得多大声或哭多久，都不要理睬她。

陈珂的妈妈尝试了这种办法。第一晚，陈珂哭了15分钟。有三个晚上妈妈不理睬她，她在床上只哭了8分钟。过了一个星期，陈珂初睡时，只哭一下。三个星期后，陈珂终于不再在睡前大哭。

面对孩子的哭闹，有时家长通过持续的忽视就可以达到改变孩子哭闹行为的目的。因为关注——陪他、哄他，就意味着强化他的哭闹行为。

案例4-22 爱哭鬼不哭了

小敏和晓玉是幼儿园中班的孩子。幼儿园里的老师都非常关心她们，因为她们俩虽然很健康，个子又高，但每天早上在幼儿园里总是又哭又闹，小朋友们送给她们一个外号"爱哭鬼"。老师千方百计地哄她们，安抚她们，都没有用。

有一次，当她们哭闹的时候，老师尝试着不去和她们接触，当她们不哭闹的时候，老师就关注并赞赏她们。就这样，仅过了几天的工夫，小敏和晓玉就再也不哭了。从此以后，小朋友们不再叫她们的外号，而小敏和晓玉在幼儿园里的生活也跟其他小朋友一样快乐。

孩子的哭闹行为，由于小朋友们的注意、老师的安抚，不但无法改善，反而得到了强化。后来，老师改变做法，当她们不哭闹而是表现出教师所期望的行为时，适时地给予关注和赞赏，最终纠正了她们的哭闹行为。

案例4-23 王玉云不哭了

王玉云入园后总是缠着王老师，让老师抱，给她爱抚。当王老师把同样的爱给其他小朋友时，她就大哭起来，不让王老师与其他小朋友接触。王老师想：她可能怕老师不爱她了。于是，王老师又连忙抱着她，在她的情绪平稳后，告诉她老师爱班上所有的小朋友，更爱她。可当王老师再次爱抚其他小朋友时，她又大哭起来。

王老师知道，王玉云已把大哭作为她独享老师的爱的法宝了。于是，王老师不去理睬她。当王玉云看到自己的法宝失灵时，慢慢止住哭泣，悄悄地来到王老师身边说："老师，我不哭了。"王老师为她擦去泪痕说："老师喜欢现在的王玉云。来，我们一起做游戏吧。"从此，王玉云再也没有为得到老师的爱而哭泣过，因为她已知道哭闹并不能达到自己的要求。

忽视让孩子认识到哭是没有用的，哭是不可能达到目的的，进而不再去做这种无用功。

案例 4-24 小军彻底变了

小军从小受到家庭的过分保护和怜爱，养成了好哭闹、乱发脾气的坏习惯。母亲最怕他哭，只要他一哭，母亲便恨不得上天摘星星给他。有一次，他在上课时表现不好，老师就没有给他小红花，而是给了其他安静地坐在座位上听课的小朋友。结果，他非要老师也给他小红花，老师没有同意，他立刻就大哭大闹，甚至在地上打滚，而老师坚持不理他。一次体育活动中，每两人一组比赛跑步，赢的小朋友奖励一颗小红心。小军跑不过另一个小朋友，得不到小红心，又哭哭闹闹的，老师又不予理睬。还有一次，全班小朋友到公园里春游，小军看见桃树上刚结出的小果子，就哭闹着要吃桃子。老师给他讲道理，不起作用，他只是一个劲儿地哭，老师就不再理会他。几次之后，小军终于知道，在幼儿园里哭闹是没用的。过了一段时间，小军就不再由着性子哭闹了。

小军变化的根本原因在于，老师对其哭闹行为的始终如一的忽视，老师的坚持让小军发现，哭闹在幼儿园里得不到任何好处，因此也就放弃了哭闹。

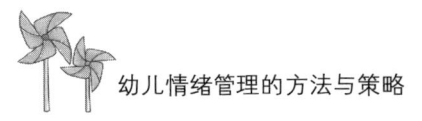

案例 4-25　哭是因为有人听

许多时候，孩子哭的根本原因在于有人"听"。请看下面的妈妈和孩子有趣的对话。

妈妈："宝宝，你的手指怎么肿起来了？"

宝宝："被锤子砸了。"

妈妈："怎么没听到你哭？"

宝宝："妈妈，我以为你不在家。"

许多时候，孩子跌倒或者受伤了，虽然有点痛，但如果孩子发现周围没有人，他是不会哭的；如果真的摔得很痛，孩子也是看到家人在看他才会大哭起来。

教育者在使用忽视法时应该注意以下操作要点。

①拒绝争辩、责备或交谈；

②将头转开并避免目光接触；

③不要表现出生气的样子；

④假装专注于其他事情或离开房间；

⑤保证使孩子的哭闹得不到任何形式的奖励；

⑥当孩子的哭闹行为终止时，给予极大的关注。

孩子在发脾气的时候，教育者不要去理睬他，而应安静地坐在旁边，等待他冷静下来。然后，针对他发脾气的事讲清道理，让他明白，发脾气是没有用的。即使是孩子合理的要求，由于孩子采取的方法不对，教育者也不能满足孩子的要求。教育者要让孩子明白，只有用合理的方式提出合理的要求，才能达到目的。

3. 共情法

当孩子情绪失控、大哭大闹时，教育者最好的应对办法是给予共情。

按照人本主义大师罗杰斯的观点，共情就是一方对另一方内心世界的理解和体验。共情就是允许孩子哭,给他哭的权利,并且尊重他的这个权利。教育者对孩子表示出的共情,能让孩子的情绪得到疏导,使他感受到"我是被接纳的,是被爱着的,是值得爱的"。共情能帮助我们真正地理解孩子,为他的各种行为找到合理性,以期能最大限度地去理解和帮助他成长。比如,早上孩子来幼儿园不久便开始不停地哭泣,嘴里不停地在说:"我想妈妈,我要妈妈!"这时,老师可以跟孩子说:"我知道,你心里想妈妈。老师让你在这里好好想妈妈,你想完妈妈就过来和老师、小朋友们一起做游戏。"这就让孩子知道,教育者理解他的感受,这样他的心情会逐渐好起来;相反,如果教育者对孩子说"没什么好想的,妈妈很快就会来接你,过来做游戏",孩子就会觉得你在支配他,不理解他,感觉很不好,会哭得更加厉害。

当孩子哭的时候,我们不应该强行制止,而应坐在孩子身边,陪伴他,给他哭的权利。我们要先听听他的心声,了解他的真实要求,然后再与他进行有效的沟通,并给予帮助。

与注意力转移法、忽视法相比,共情法更有利于孩子的健康成长。

案例4-26 注意力转移法

秀玲为妈妈即将离开幼儿园而感到难过。她大声地哭喊,想要跑过去抓住妈妈,但被丁老师中途抱住了。丁老师将她举向空中,高兴地大声说:"听一听我们今天要做什么奇妙的事情。"丁老师开始列举今天的活动,但是秀玲的哭叫声比丁老师的说话声还要大。于是丁老师抱着她晃来晃去,很神秘地对她说:"今天,老师这儿有个很特别的东西给你玩。"丁老师明白,自己已经吸引了秀玲的注意力,所以继续做夸张的表演,发出好笑的声音,再次将秀玲举向空中,直到她们到达橱柜那里。丁老师缓慢地打开橱柜,找出一根羽毛,用羽毛去使秀玲的鼻子发痒。同时,秀玲的妈妈偷偷地离开了幼儿园。

秀玲或许要花上一段时间才能记起她刚才为何烦恼,或者她根本就记不起来。但是真正发生的一切表明,丁老师在哄骗她,否认她的情况,这样造

成的后果是，秀玲的安全感、力量的获得感及自尊都会受到伤害。

注意力转移法和忽视法不是回应孩子哭泣最有效的办法。因为注意力转移法和忽视法，不仅忽略了孩子的感受，而且为孩子建立了一个压制愤怒、恐惧、忧愁和悲伤的终身模型。这两种方法就好像在告诉孩子，有个人情绪是不好的。这当然不利于孩子将来情绪的健康发展。

案例 4-27　共情法

秀玲大声地哭喊，想要跑过去抓住正要走出教室的妈妈。丁老师蹲下身子和秀玲保持在同一个高度，抱住她，阻止了她的行动。秀玲继续哭喊，丁老师温柔地对她说："我知道你不想让妈妈离开。"妈妈给了秀玲一个飞吻，说了声"再见"便走出了教室。秀玲哭得极其伤心，丁老师说："你真的很难过。"丁老师放开秀玲，轻轻地抚摩着她的前额。秀玲跑向窗边。丁老师说："好主意，再和妈妈挥挥手。"当秀玲看见妈妈消失在车内时，她疯狂地挥动着小手。然后，她跌坐在地板上，开始玩自己的脚。丁老师仍然和秀玲靠得很近，但是不说任何话。秀玲继续玩脚。丁老师说："刚才你真的很生气。"

丁老师承认秀玲的感受，似乎更能安慰秀玲，秀玲从地板上站起来，跑到附近的桌子上去玩油泥。秀玲的脸蛋上正在落下的一滴眼泪是她刚刚经历一切后残留的仅有的标记。

在共情的过程中，教师理解、体谅、尊重、支持孩子的情绪体验，这有利于孩子建立自信心、独立意识和价值感。

4. 幽默法

孩子哭时，教育者可以用幽默风趣的办法来让孩子停止哭泣。比如，孩子哭时，爸爸说："哎呀！这么多的眼泪，可不能白白浪费哟！得用个小玻璃瓶把眼泪装起来！"妈妈接过话茬说："不！最好找个小瓷瓶来装！"可是，当爸爸妈妈真的用小瓶去收集眼泪时，孩子早就收住了眼泪，绽放出了笑容。显然，他是被父母的"小品"逗乐了。

平时，看到孩子在哭，教师可以这样说："糟糕！你的眼睛红了，再哭下去就要变成小兔子的红眼睛了……老师是魔法师，来猜猜你想的是什么。"然后教师故作神秘地摸着孩子的胸口说："哦，我知道了，你在想妈妈。好，我把妈妈的照片变出来拿给你看。"于是，教师拿出家长带来的全家福照片给孩子看。

5. 鼓励法

当看到孩子哭着说"妈妈，我哭了，一直在那里哭"的时候，妈妈可以笑着对他说："宝贝，哭一下没有关系，几乎每个刚开始上幼儿园的小朋友都会哭的，因为有些时间会找不到爸爸妈妈。"妈妈帮他擦干眼泪，"不过，我们每天都要少哭一点，慢慢地就一点都不会哭了！妈妈和老师都喜欢不哭的孩子，特别喜欢爱笑的孩子！"在教育者不断的鼓励下，孩子每天少哭一点，任性哭泣的习惯就会得到改变甚至彻底改正。

当孩子受了委屈正要哭时，家长要抢先说："宝宝真乖，比上次勇敢多了。宝宝上次哭了，今天就没哭。"如此鼓励，孩子可能真的就会放弃哭泣。

案例 4-28 由不哭到哭

在小冬蹒跚学步的时候，如果他跌倒了，母亲从不去扶他，只是在一旁给予鼓励："站起来，自己站起来！"孩子从未因跌倒而哭出声。

可是小冬 3 岁多时，有一次跌得比较严重而哭出来了，母亲赶紧跑过去扶他起来。自此以后，小冬每次跌倒了都哭且等待母亲扶他起来，否则，就哭个不停。

小冬跌倒后，由原来的从来不哭到现在的每次都哭，正是他的母亲没有坚持正面鼓励的结果。

案例 4-29 你现在表现得很好

当妈妈准备离开时，克洛斯伤心地哭了。老师带着克洛斯和他的伙伴们走到门边，当妈妈挥手和他们说再见时，老师蹲下来抱着克洛斯。老师知道，克洛斯很伤心，就陪在他身边，提醒他，妈妈还会回来，而且在幼儿园里老师会照顾他。老师微笑着，鼓励克洛斯去找有趣的事情做。在克洛斯恢复平静后，老师就对他说："你现在表现得很好！老师喜欢你！"然后，老师抱着克洛斯的头亲了亲他。而克洛斯为自己能克服难受的情绪感到很骄傲，后来甚至在妈妈离开时能主动说再见。

孩子有感受悲伤的权利，在父母离开幼儿园的时候孩子感到难受是自然的现象，这种紧绷的情绪，在教师的鼓励下，几分钟之后就消失了。

6. 榜样示范法

教育者是孩子重要的依恋、模仿和观察学习的对象，因此，教育者的一言一行对孩子的情绪发展有着重要的影响。教育者影响孩子情绪发展的方式主要是通过自身的情绪情感来感染孩子。比如，与孩子们一起进行户外活动时，教师不小心摔倒了，膝盖流血了，可以自言自语："没关系，一会儿就会止住血了。"孩子们注意到教师的言行后，就会以教师为榜样，也会变得勇敢坚强起来。反之，如果教育者平时也喜欢哭哭啼啼的，喜欢动不动就流泪，那么，这样的教育者就只能带出爱哭的孩子。

榜样可以是教育者，可以是孩子的小伙伴，也可以是文学艺术作品中的人物。榜样可以让孩子直观地看到别人如何勇敢地面对困境、挫折、伤痛，进而摆脱脆弱，走向坚强。

有一天，一位刚刚从国外回来的朋友的小孩——懿惠入园时哭了，原因是懿惠看到很多孩子哭个不停，情绪受到了感染。老师和懿惠的妈妈交流，问国外的老师在孩子们初入园时是如何做的。懿惠的妈妈说："老师会多接近那些不哭的、开心玩耍的孩子，以此来带动那些总是哭闹的孩子。"

我建议教师对不哭的幼儿多加表扬、鼓励、赞赏、关爱，树立他们的正面榜样，以加强正面影响，进而带动那些哭闹的孩子停止哭闹，使其安心地投入到当前的活动之中。

（四）孩子的常见哭闹现象与应对

1. 带孩子打针

教育者带孩子打针时，孩子往往会哭闹得很厉害。以下是给教师和家长的一些建议。

①带孩子去打针时，要注意观察孩子前面的小朋友会不会哭。如果这个小朋友可能会哭，那么，最好带孩子暂时离开，而不要让他看见别的孩子打针时的那种"惨哭相"，以免产生消极的暗示。相反，如果发现前面正在打针的小朋友没有哭，那么，最好让他去看个清楚，这样可以给他一个积极的暗示——打针其实并没有什么。

②分散孩子的注意力，为其打针创造轻松的心理环境。孩子去医院打针，总会有点紧张，所以在打针前，最好通过一些有趣的活动（如做游戏或讲有趣的故事等）来分散孩子的注意力，使他的心情放松。另外，在孩子打针前，不要过多地谈论与打针有关的事情，更不要反复地提醒孩子："勇敢点，别怕，别哭！"这种提醒只会起到消极的暗示作用。

③不要强行地给孩子打针。当孩子不太愿意打针时，要好好地做他的思想工作，让其自愿地去打针，千万不要强行地给孩子打针，因为很多时候，孩子并不是为打针而害怕，而是被我们给孩子打针的架势吓怕了——为了帮助医生安全地将针打进去，几个人用力地把孩子的手脚、脑袋摁住。我的女儿以前是不怕打针的，但是自从她有一次高烧不退，被几个医生摁住从头上的血管注射药物后，她一看到穿白色大褂的人就哭。

④孩子打针不哭泣，要及时地给予正强化——口头表扬、物质奖励，让孩子从"勇敢"中得到"乐趣"。这样，孩子今后就能更加勇敢地面对打针。

⑤不要用"打针"来吓唬孩子。请不要用"你再不听话，就叫医生来给你打针"之类的话来吓唬孩子，否则，孩子对打针甚至对医生都会有一种恐惧感。

2. 孩子撞到桌子

孩子撞到桌子后哭了，妈妈赶快跑过去，扶起孩子，还怪桌子。

（1）分析

孩子摔倒了，妈妈赶快跑过去扶或抱，易让孩子形成依赖性——自己撞倒或摔倒后不是自己赶快爬起来，而是等待别人来帮助。

孩子撞到桌子，还怪桌子——这样做等于让孩子推卸责任，不利于其责任感的形成。因为事实上，是孩子不小心撞到了桌子，而不是桌子撞到了孩子，应受到责怪的是他自己而不是桌子。

（2）建议

①让他自己起来，并且告诉他以后要小心点。

②孩子勇敢地爬起来后，要对孩子说："真能干！""真勇敢！"

③"漠视"他。如果孩子赖在地上大哭，久久不肯起来，那么，父母应该装作什么都没看见和没听见。过一段时间，孩子就会自己爬起来的。

3. 孩子脾气倔

孩子脾气很倔，一不顺心就哇哇大哭。妈妈想在孩子没有理由大哭的时候保持沉默，不去哄她，可是，孩子一直哭个不停，最后只好让了步。

（1）分析

父母的让步，会让孩子更加坚信"哭"是有好处的——获得自己想要的东西。因此，只要父母不能"顺其心"，孩子就以哭为手段，不达目的，誓不罢休。孩子"倔"是由父母无原则的"让步"惯出来的。

（2）建议

坚持到底就是胜利。只要父母连续多次"胜利"，孩子就不会再以"哭"为手段了。

4. 对孩子先礼后兵

孩子哭了，妈妈先哄他："宝贝乖，不要哭了，妈妈给你买冰激凌。"孩子还是哭，妈妈开始责骂他："男子汉大丈夫，哭什么哭！"可孩子还是哭，最后妈妈说:"哭吧,你哭累了就不哭了。"

(1) 分析

用"冰激凌"来解决孩子哭的问题,容易让孩子今后想得到"冰激凌"时就以哭为手段。如果禁止孩子哭,孩子心里难过,却不能哭,这不利于孩子的心理健康。

(2) 建议

采用多种方法都不能让孩子停止哭时,父母应该深入了解孩子哭的原因——孩子是生病了还是想要些什么,然后根据具体的情况进行处理:是他身体不舒服就带他去医院;是他合理的要求得不到满足,就想办法满足他;是他不合理的要求未能得到满足,则对他讲道理,让他知道哭是不能达到目的的。

5. 孩子有点固执

案例 4-30 三个妈妈,你是哪个?

周六,妈妈和孩子去公园里玩,孩子捡了一片他特别喜欢的树叶,一直拿在手上。由于困乏,后来孩子睡着了。可是等他回到家醒来时却发现树叶不见了,于是孩子哭着说:"我的树叶不见了,我要我的树叶!"

A 妈 妈

孩子:妈妈,我的树叶不见了!

妈妈:傻宝宝,不见了就不见了,有什么好哭的!

孩子:不嘛!我要我的树叶!

妈妈:好了,别哭了!树叶没了就没了!不是还有其他的树叶吗?妈妈带你到小区里去摘一片!

孩子:不,我不要!我要我自己的树叶!

妈妈:你要还是这么不讲道理,妈妈就不要你了!

孩子哭得更大声了。

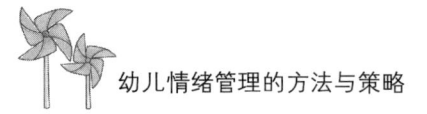

B 妈妈

孩子：妈妈，我的树叶不见了！

妈妈：什么树叶呀？

孩子：刚才我拿的树叶。

妈妈：别哭，别哭！妈妈看看是不是在你的小书包里。

结果，书包里没有树叶，这下，孩子哭得更大声了。

妈妈：不要哭了，明天妈妈再带你去森林公园里摘，好吗？

孩子：不嘛！不嘛！我要我的小树叶！

妈妈：好了宝贝，不要哭了！妈妈现在出去找一下小树叶，好吗？你不要哭了好不好？不然你又要生病了！

孩子看到妈妈真的要出去找树叶，哭得更大声了。

C 妈妈

孩子：妈妈，妈妈！

妈妈：怎么啦，宝宝？

孩子：妈妈，我的树叶不见了！

妈妈：宝贝，妈妈知道你找不到小树叶很难过。来，让妈妈抱抱你！

孩子：妈妈，我的小树叶到哪里去了？

妈妈：妈妈知道了，你喜欢的小树叶不见了，所以你很难过，是吗？

孩子：是的，妈妈。我的树叶不见了，我有一点点难过。

妈妈：妈妈能感受到你现在难过的心情！找不到自己非常重要的东西时，心里会有酸酸的感觉。我有时也会有这种感觉，这叫"难过"，难过的时候妈妈也好想哭。

妈妈：宝宝，你离开妈妈，心里会难过吗？你会不会想很快找到妈妈呢？

孩子：当然难过。和妈妈分开，我想很快找到妈妈。

妈妈：今天你和小树叶玩得很开心，小树叶被你带回了家。小树叶离开了它的树妈妈，可能也很难过，所以它就坐着风爷爷的小火车回家去找树妈妈了！下次我们再一起去森林公园里找小树叶玩，好吗？

孩子：好的。

孩子嘟着小嘴点点头。妈妈赶紧带着孩子一起去品尝今晚为孩子特意做的美味晚餐。

A妈妈和B妈妈没有体谅和接纳孩子的情绪和感受，甚至有点粗暴，因此，孩子和妈妈对话后哭得更厉害了。

C妈妈面对孩子的哭，采取了共情和注意力转移的策略，她认可孩子的情绪，能从孩子的角度思考问题，因此，孩子与妈妈对话后，情绪趋于平静。

二、孩子的黏人行为与应对

早晨，妈妈着急上班，孩子却哭喊着不肯让妈妈离开；妈妈将孩子送到幼儿园门口，孩子却扯着妈妈的衣服不愿意进去；只要妈妈回到家，孩子便像糖人似的"黏"到妈妈身上，甚至连妈妈上厕所也要跟着去。教育者该怎么有效地应对孩子的黏人行为呢？

（一）孩子黏人的心理分析

1.孩子黏人是其心理安全需要的一种表现

黏人是孩子心理安全需要的一种表现，是孩子依恋成人的一种表现，在任何年龄阶段的孩子身上都可能会发生。但是过度黏人，像黏在妈妈身上的"牛皮糖"一样，只愿跟妈妈在一起，和妈妈分开一会儿就会大哭大闹，则是孩子的心理安全需要得不到合理的满足，内心缺乏安全感的一种表现。

孩子黏人，是一种正常的心理现象。有的孩子被父母揍了一顿，还会紧紧地抱着父母的腿不放，这就是孩子心理安全需要的一种典型表现。

只要孩子除了黏人以外，别的情绪和行为都没有异常，并且妈妈不在时，与其他家人的相处没有问题，那么这种黏人就属于正常、健康的表现。

2. 孩子黏人是其认知上缺乏客体永恒性的一种表现

6个月左右的孩子，一直到2岁半左右，他们的思维方式其实都不具有"客体永恒性"（所谓客体永恒性，是指脱离了对物体的感知，仍然相信该物体持续存在的意识。比如，一个物体不在眼前，孩子仍能够相信该物体没有消失，仍然在这个世界的某个角落存在）。这个年龄阶段的孩子认为：物体在眼前时，它就存在；物体不在眼前时，它就不存在了。比如，你将一个玩具放在孩子的眼前，那么，孩子就认为这个玩具是存在的；如果你把这个玩具拿开，它就不存在了，即使你把这个玩具藏在他身边的毯子底下，当他看不见的时候，他也认为这个玩具不存在了。

由于这种认知特点，孩子的逻辑就是：你在眼前，你就在；你不在眼前，你就不在。所以，对孩子来说，每一次分别，几乎都像是一场悲壮的生离死别。所以，有些孩子是妈妈走到哪里他们就跟到哪里。有些孩子，妈妈不在身边，就睡不安稳，妈妈在身边才能睡得踏实。

3. 孩子黏人是孩子爱的倾向性的一种表现

在中国，妈妈生完孩子后要坐月子，这时，孩子一般都和妈妈睡在一起，不会分床，更不怎么出门。这就让妈妈和孩子之间的依恋关系变得更加紧密，孩子对于自己所认定的这个唯一的抚养人更加依恋。孩子越黏妈妈，说明他越爱自己的妈妈。因此，也可以说，黏人是在独特的中国式家庭教养方式下长大的孩子的一种正常表现。

4. 孩子适当地黏人有利于孩子的健康成长

很多教育者把孩子黏人视为缺点。而心理学研究表明，适度地黏人，不仅可以促使孩子找到满足感，而且可以帮助孩子享受愉悦感。孩子适度地黏人，有助于他建立个人的信赖度和自我信任感，将来长大成人后成功地与伴侣、后代和睦相处。因此，如果孩子在婴幼儿期还没有产生适度的黏人性，将来就可能很难和别人沟通，甚至会影响他今后的社会生活和家庭生活。因此，教育者应该多抽点时间，让孩子黏一黏，甚至有时还应该主动黏一黏孩子。这样会让孩子在心理上感到更加安全，更有利于孩子的心理健康发展。

（二）教师应对孩子黏人行为的策略与要求

1. 转移注意力

孩子的情绪具有易变性，加上他们的注意以无意注意为主，很容易为外在有趣的事物所吸引，情绪也容易转换。因此，当孩子出现黏人行为时，教师可以采取转移注意力的方法来达到矫正的目的。

2. 每天找时间和机会让孩子黏你

教师每天用5分钟左右的时间和喜欢黏人的幼儿单独相处，并且告诉他："我有5分钟时间来单独陪你一个人，你看看，我们能一起玩些什么游戏？"时间到了就结束这一陪伴活动，并且告诉他："如果明天你不黏人，老师还会抽出时间来陪你玩。"

在班级里，制定简单的轮流体系，让每个幼儿都有均等的机会来黏老师。要让幼儿看到，老师对待他们每个人都是公平的，绝不只是和某个小朋友黏在一起。

3. 玩距离游戏

教师和黏人的孩子一起玩距离游戏。教师告诉他："你坐到我的对面去，咱们一起玩桌面游戏或下棋。"如果有其他小朋友一起参加，或者他自己玩得很开心，教师就可以悄悄地离开。

（三）家长应对孩子黏人行为的策略与要求

当孩子出现黏人行为时，家长可从以下几个方面来应对。

1. 给孩子一个稳定的环境

孩子成长需要一个稳定的人际环境。尤其是在孩子3岁以前，一定要有一个能稳定地给予孩子关爱的人，可以是爸爸，也可以是妈妈、爷爷或奶奶等人。稳定的人际环境，有利于孩子获得安全感，进而减少黏人倾向和行为。

2. 尽量避免只有一个人带孩子

如果孩子长期只和妈妈待在一起，可能会让孩子形成对妈妈一个人的依恋，表现出离不开妈妈的情况。如果让爸爸等人更多地参与到育儿中，就可以避免孩子因对妈妈的过度依恋而过度黏妈妈。如果能让孩子觉得与每位家庭成员在一起都有安全感，都有乐趣，孩子就不会刻意地、特别地去黏某一个家庭成员。

如果孩子在家中只黏某个人，那么，被黏的这个人有时要有意识地缩短和孩子的相处时间，创造更多的机会让孩子与其他家庭成员接触，建立亲密的关系。比如，父母有意识地让孩子到外婆家或奶奶家小住几天，这样的机会多了，孩子就不会专门去黏某一个人了。

3. 要有足够的耐心

黏人是孩子发展过程中的正常现象，不同孩子的黏人程度和时间是不同的，每个孩子都会慢慢成长，变得不再黏人。

有些孩子的黏人倾向和行为可能会因为某些突发事件而在停止一段时间后再次发生。比如，家里添了弟弟或妹妹，或者父母出现了感情危机，或者重要的亲人突然去世，等等，这些情况都有可能让孩子的内心重新焦虑不安，然后又出现黏人倾向和行为，因此，教育者对孩子要有足够的耐心。

4. 多创造机会让孩子和别人相处

家长可以在小区里找几个同龄小伙伴和孩子一起玩耍，让孩子试着和小伙伴开心地玩耍，并建立良好的关系。起初，可让孩子先与一个小伙伴玩耍，等他适应后再慢慢扩大交往范围，并努力使他从交往中获得快乐。家长可以先让孩子在小区里活动，再到公园等环境中玩耍，让其活动范围逐渐扩大。当孩子对外界有了更多的了解，同时也获得了更多的乐趣时，其黏人的欲望和行为就会减少。

另外，家长还可以给孩子买特别好玩的玩具，让其有机会吸引其他小伙伴来一起玩，并从中获得与人交往、分享的快乐。如，家长可买些惯性玩具、声控玩具等，让孩子在轻松、自由、不受压制的游戏氛围中追逐汽车、飞机、坦克，跟着玩具四处跑，并和小伙伴一起操作，玩同一个玩具。

5. 多给孩子鼓励

应付黏人的孩子时，家长必须保持积极正面的态度。如果家长对孩子的黏人行为感到沮丧、恼怒或生气，就只能让孩子的黏人倾向和行为变得更加严重。家长的目标应该是帮助孩子建立自信，让他觉得自己有能力去做事，并获得爱和安全感。因此，家长对孩子独自完成的活动要经常称赞，每当孩子独自玩耍或主动接触外界时，家长就要热情地称赞他。记得要让孩子知道你认可并欣赏他所做出的努力，让孩子在不断的鼓励中变得自信，变得独立。

6. 为孩子创设独立玩耍的空间

很多时候孩子喜欢黏着家长是因为他无事可做，感到无聊、孤独。所以，让孩子学会自娱自乐能减少孩子对他人的依赖。在家里，家长可给孩子创设一个属于他自己的玩乐小天地，铺上软软的地毯，地毯上放有积木、积塑、玩偶、遥控汽车等适合孩子独自玩的玩具，然后家长就在不远处看书或者做自己的事情，让他习惯自己独处。孩子能从独处中得到快乐，自然就可以减少黏人的欲望和机会。

7. 体谅并接受孩子的黏人行为

孩子很黏人，说明他的心理处于不安之中，这时他需要的是关爱，而不是批评，更不是威胁。越喜欢黏人的孩子，越需要家长的关爱。不要因为孩子黏人而责骂、惩罚他或把他推开，因为家长的批评和责骂，不仅不会消除孩子内心的不安全感，反而会增加孩子内心的不安，进而使他变得更加黏人。

黏人的孩子是在寻求庇护和安全感。家长要努力了解孩子的恐惧与焦虑，并向孩子解释为什么在这些场合是安全的；同时，还要告诉孩子，你理解他的感受，即使你正在努力地使孩子不再那么黏人，也别忘了告诉他这一点。因此，在你鼓励孩子独立的同时，也别忘了给孩子拥抱和安慰。

8. 不同的黏人，不同的对待

如果孩子只是偶尔黏人，妈妈抱过之后，孩子得到满足，能很快地转向其他事情，这就是正常的现象。就像妈妈有时也会对孩子又亲又抱一样，孩子也只是表达自己对妈妈的依恋。妈妈可以想想：是不是只有在你有事忙碌而正好孩子又向你寻求拥抱时，你才会觉得孩子像"牛皮糖"一样黏你呢？

对于有过度黏人倾向的孩子，家长应该循序渐进地与孩子分开。先试着一次只离开孩子数分钟。慢慢延长离开的时间，直到孩子适应短暂的分离。

9. 不要偷偷地溜走

无论如何，从孩子身边偷偷地溜走的方法都不可取。孩子从实际中学习因果关系的能力是很强的。第二次，他就会放弃他喜欢的玩具，牢牢地看住你。这更加阻碍了他的发展，同时加剧了他的不安全感，使其黏人倾向更加强烈，因为他不知道妈妈什么时候就会突然失踪，于是寸步不离地跟着妈妈。

当你把孩子送到幼儿园或托付给其他人照顾时，如果孩子显示出特别沮丧，父母应向孩子表示，你了解他的感受，其感受并没有错。父母要向孩子强调在幼儿园里会获得怎样的乐趣，提醒孩子，爸爸妈妈会在适当的时候来接他。这有利于减轻孩子的分离焦虑。

另外，在你离开孩子之前，应努力让孩子处于愉快的状态。比如，早上你早一点起来，做好上班的准备，再和孩子玩一玩他感兴趣的游戏，然后在他玩得正高兴时，和他说再见，并说："妈妈上完班或做完……就回来和你玩。"当孩子因分离而哭闹时，你要坚定地、微笑着用轻柔的声音对他说："妈妈上完班或做完……一定尽早回来。"说完你要果断地离开，此时需要特别注意的是：不要把自己的焦虑传给孩子。当你外出回来时一定要对孩子说："宝贝，我回来了，你玩得高兴吗？过来，妈妈抱一抱，亲一亲！"当你每次都以这样的固定仪式（同样的语言，同样的动作，同样的程序）和孩子分离、相聚，孩子就会知道，你离开后一定还会回来，因此，当你离开时他就不那么焦虑了。

10. 让孩子逐渐习惯爸爸妈妈的"离开—回来"

父母要让孩子慢慢适应亲子分离,这样可减轻孩子的分离焦虑。开始时,爸爸妈妈可以短时间地离开孩子的视线,但要让孩子听到爸爸妈妈的声音。以后可以慢慢地延长时间,让孩子建立信任:现在爸爸妈妈不在,但他们不久就会回来。如果要离开较长时间,父母就要跟孩子约定好:"爸爸妈妈会在……以后回来,你就在……我们到时候会准时回来的。"父母离开以后要准时回来,以巩固孩子的信任感,进而使其形成安全感。为了让孩子更好地适应分离,父母可以在家里和孩子玩一玩分离游戏。比如,你和孩子一起玩过家家游戏时,可以这样对孩子说:"我要出门了,希望我的宝宝在家里乖乖的。如果宝宝很乖,妈妈回来后会特别开心。"之后,你可以离开,过一会儿,假装从外面回来了,并拥抱和亲亲他,夸他"真懂事,真的长大了,真让妈妈放心"。这种渐进式的分离,对孩子接受与妈妈的分离也会有帮助。

11. 让孩子知道你爱他

在日常家庭生活中,让孩子真实地感受到家人的爱,也可以减轻孩子的黏人行为和倾向。

- ◆以浓浓的爱意开始每一天。早晨起床时拥抱、亲吻孩子,以积极的态度面对这一天。
- ◆"黏一黏"。为了满足孩子的安全需要,父母应该多抽点时间,让孩子"黏一黏",有时父母甚至应该主动去"黏一黏"孩子。亲子之间亲密关系的建立,会让孩子在心理上感到更加安全,因而也就不用刻意地去黏人了。比如,家长可以每天至少拥抱孩子2次,每次至少拥抱8秒钟等。
- ◆每天至少抽出1小时的时间与孩子玩一些有趣的游戏。
- ◆每天至少抽出半小时的时间与孩子到室外散步、聊天或者玩耍。
- ◆营造家庭的快乐氛围。与孩子打交道时,微笑应该成为父母的一种习惯。
- ◆高质量的陪伴需要全心全意。如果你只是人在孩子身边,心却在手机、计算机或电视上，孩子就会很失望。因此，父母回到家后，应该全身心地陪伴孩子：听孩子说话，给他百分之百的关注，给孩子积极的、温暖的、及时的回应。

◆ 妈妈在长时间离开后，可以时不时地给有黏人倾向的孩子打个电话，问候他，表示对他的关爱之情；如果条件许可，在办完事回家时，别忘了给孩子带些他喜欢的礼物，让孩子有个意外的惊喜，同时，也让孩子体会到，父母在外时仍然惦记着他。这样，孩子就不至于会担忧父母因外出办事而不爱自己了，因而也就会安心地待在家里而不再强烈地黏着父母。

◆ 重视爱的承诺。在日常生活中，家长不要吝惜自己的爱，有时候一些看似很平常的话，如"你是妈妈最爱的人""无论发生了什么事，妈妈都爱你"等，对于孩子来说都是很珍贵的承诺，是他确认父母之爱的重要基础。当孩子发脾气、缠住你时，请不要对孩子说"大灰狼来了""警察叔叔来抓你了""你再这样，妈妈就不要你了""再不乖，妈妈就不要你了""你这个样子，我要把你送到别人家去"之类的话，因为这些话会让孩子产生被抛弃的感觉，进而动摇他的安全感基础，这样孩子会变得更加敏感、更加黏人。

孩子只有得到情感上的满足，才会自然地走向独立。家长要认识到：和孩子的情感交流是至关重要的，如果你只是在孩子生日或过年过节的时候送他一件礼物，在孩子哭闹的时候送个玩具哄他，孩子就会觉得你只是一个源源不断的"物质供给站"，而不是心灵的安全港湾，因而还是会不断地黏着你。父母要真心地陪伴孩子，多与孩子进行感情上的交流，使孩子从心底里感到安全。这样，孩子才有勇气和胆量去探索外部的世界，其刻意黏人的动机就会自然而然地消失。

三、孩子的吸吮手指行为与应对

吸吮手指是幼儿期孩子常见的一种行为，吸吮奶嘴、毛巾、手指、被角、衣角等都是同类行为。孩子吸吮手指对缓解孩子的内心紧张有一定的作用，但常吸吮手指会导致手指变形，破坏甲床，引发出血或感染等，还会影响下颌发育，造成牙齿排列不齐或上下牙咬合不良，严重者会影响到发音，造成口齿不清，而且可能受到小伙伴的嘲笑。我们要认真研究孩子吸吮手指的行为，积极应对以促进其身心的健康发展。

（一）孩子吸吮手指行为的心理分析

1. 吸吮手指是孩子的一种习惯

孩子在胎儿期，就已在妈妈肚子里开始吃手指了。孩子天生就有吸吮反射——在孩子刚刚出生时只要用东西碰触他的嘴唇，他就会有吸吮反应，这也是孩子一生下来就会吃奶的原因。即使孩子吃饱了，也会有吸吮手指的行为——只要他的手指有意无意中碰到嘴唇，他就会吸吮。

2. 吸吮手指是孩子的一种自我安慰行为

孩子在出生 6 个月以后继续吸吮手指，可能有两个意思：一是满足吸吮的本能需要；二是满足自我安慰的需要。一般 6 个月以后的孩子常常在内心紧张不安时吸吮手指，这时吸吮手指就具有自我安慰的含义，它对缓解其内心紧张是有一定积极意义的——这正如成人嚼口香糖、吸烟或喝酒以缓解内心紧张一样。

3. 吸吮手指是孩子消遣时间的一种方式

我们会发现，当孩子一个人无所事事时，其吸吮手指的频率更高。在成人忙碌，孩子缺少陪伴、缺少玩具的家庭里，孩子也更容易有吸吮手指的习惯。

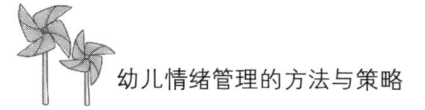

（二）应对孩子吸吮手指的策略与要求

吸吮手指具有缓解孩子内心不安和紧张的功能，但对孩子的身体也可能会有不良的影响。因此，教育者应对孩子吸吮手指应该注意以下策略与方法。

1. 不要强行纠正孩子吸吮手指的行为

许多教育者从各种途径了解到，孩子经常吸吮手指会有许多害处，而且孩子吸吮手指常会遭到小朋友的嘲笑，引发他的害羞、焦虑情绪。此外，经常吸吮手指，总是把手放在口中，可能会影响手指肌肉的发育和精细动作的发展，从而对以后的工作、学习及生活产生一定的影响。正是基于这些认识，当孩子经常有吸吮手指的行为表现时，教育者就十分紧张和忧虑，他们在"过来人"的指导下，对孩子采取了一些能很快产生效果的治标不治本的方法。比如，在孩子的手指上涂上有苦味、辣味的东西，或者给孩子戴上手套。或者在孩子的手指上贴胶布，还有的父母很紧张地一直盯着孩子，一旦发现他把手指放进嘴里就把它拿出来。另外，有的教育者为了防止孩子在睡觉时吸吮手指，就把孩子的胳膊绑在床边，如，用线绳将他的手控制在既可让他活动又让他够不到嘴的程度。这些方法，如果能严格地坚持使用一段时间，大多数孩子都会放弃吸吮手指的行为。但相关研究发现，用上述治标的方法虽然使孩子吸吮手指的行为消失了，可是他们中的许多人又形成了其他问题行为，如吮吸衣角、被角、咬嘴唇、拔头发，爱发脾气，强迫性行为，有的孩子甚至还会出现残忍行为和攻击行为，并且这些问题行为发生的频率比原来吸吮手指的频率高出许多。

孩子为什么会出现这种现象呢？原来，孩子习惯性的吸吮手指行为是其内心紧张或压抑的一种外部行为表现。他们之所以吸吮手指，是因为要把内心的紧张情绪释放出来，吸吮手指为他们的许多内心冲突和其他适应困难提供了情绪上的出路。而我们对孩子由于心理紧张、压抑或有压力而产生的吸吮手指行为，只采取"堵"的方式——以惩罚手段强迫孩子改正这一行为，这样不但没有减轻孩子的内心紧张，反而加重了孩子的心理紧张，进而使孩子的吸吮行为或类似的其他心理行为问题发生的频率更高。从另一种意义上说，即使这些方法真的能把孩子由于心理紧张而可能出现的种种心理问题行为都"堵住"，孩子也会因失去宣泄（缓解心理紧张）的机会或途径，而使紧张的能量在心中逐渐积累，他们可能会产生更加可怕、更加内隐的心理问题，这对孩子心理的健康发展危害更大。

所以，我们不主张单纯地强迫孩子放弃吸吮手指的行为。

2. 不要因孩子吸吮手指而吓唬他

孩子吸吮手指，说明孩子正处于身心紧张状态。当发现孩子吸吮手指时，请不要对孩子说："你再吃手指，妈妈就不要你了。""你再吸手指，妈妈就带你去打针。"

案例4-31 再吸手指，我就把你的手指头砍掉

见习期间，我发现小（2）班里有一位小朋友经常一个人偷偷地将手指放在嘴里津津有味地吸，吸得手指头脱皮了，大拇指的关节处也变形了。

有一天午睡时，小朋友们都进入了梦乡。只听见寝室的一个角落里传出了轻轻吮吸的声音，老师循声走到小明床边，只见他睡得甜甜的，嘴里却含着大拇指津津有味地吸吮着。老师从桌子的抽屉里拿出一个手套套在小明的手上。

下午，老师组织孩子们玩游戏，大家玩得很兴奋。休息时，老师与隔壁班的老师聊天。隔壁班的老师问："你们班的小明还在吸手指吗？"老师马上很气愤地说："怎么不吸？！似乎还变本加厉呢！上课、吃饭、睡觉时都在吸！"隔壁班的老师马上将小明拉过来，指着小明的头："你再吸手指，我就拿菜刀把你的手指头砍掉。"本班老师在一旁附和道："对，再吸手指，我就打电话给妈妈，跟妈妈说让她不要小明了。"小明大喊："不行！不行！……"接下来，小明的脸上一直没有笑容。

请温和地对待吸吮手指的孩子——给他们温暖，给他们关注，给他们关爱，给他们尊重。

案例4-32 吸吮手指者的心声

我们都有自尊心，吸吮手指不是什么大事情，千万不要粗暴地对待我们，比如，打我们的小手，或者大声地恐吓我们，甚至在我们的小手上抹辣椒水，这样做非但不能彻底地让我们放弃吸吮手指，反而会使我们产生抵触情绪，不利于亲子之间的融洽哦！

看到我们吸吮手指，就当是我们在玩游戏吧！不用想尽办法来阻止，我们都是有分寸的，不会伤害到自己；而且吸吮手指还会让我们的心情好起来，连睡觉都会很香。

我们最喜欢和爸爸妈妈一起玩游戏了，所以，如果爸爸妈妈看不惯我们吸吮手指，就要抓住机会和我们玩游戏，或者带我们出去走走，和同龄的小朋友联谊一下，注意力一分散，我们马上就会把吸吮手指的事情忘得一干二净！

作者从孩子的角度写了上述文字，写得比较到位，能反映孩子们的心愿。我们确实应该温和地对待吸吮手指者，给他们尊严，给他们关怀。

3. 努力为孩子消除心理紧张源

两三岁以后的孩子产生习惯性的吸吮手指行为的根本原因是其内心紧张或有压力。研究发现，造成孩子心理长期紧张或有压力的因素主要有：家庭缺乏愉快的气氛——父母之间或父辈与祖辈之间不和，经常有意无意地在孩子面前大吵大闹；生活单调乏味——孩子缺少感兴趣的玩具，缺少玩伴；环境突然变化——刚上幼儿园、搬家、突然更换主要抚养人或家中的某位亲人突然去世等；父母对孩子过于严厉和苛刻或期望过高；父母工作忙，很少有时间与孩子一起娱乐、沟通交流，生活无乐趣等。

因此，当孩子吸吮手指时，教育者不妨先想想以下几个问题：孩子是否缺少感兴趣的玩具？最近有没有发生令他不安的事情？他在幼儿园里是否碰到了麻烦？他是不是与好朋友分开了？家中是否发生了大的变化（有亲人病故、重病或出走）？大人陪他的时间是否比以前减少了？大人之间是否有冲突？大人是不是对孩子的期望太高？电视中的情节是否使他震惊？……要一一查证，然后努力地消除这些"紧张源"，让孩子轻松愉快地成长。

案例 4-33 小虹吸吮手指

小虹刚断奶，父母就离异了。为了生计，妈妈整天忙碌，无暇顾及她。小虹经常安静地吸吮自己的手指，不哭也不闹。随着年龄的增长，小虹进了幼儿园，但从幼儿园回家后的生活和以往一样单调。妈妈总是忙个不停，小虹则是一边看电视，一边吸吮手指。不知不觉，小虹已经6岁多，到了该上小学的年龄了，妈妈见她还整天吸吮手指，觉得不太雅观，于是，只要看到她在吸吮手指，就立即把她的手指从嘴里拉出来。然而她却我行我素，妈妈再怎么打骂她也无济于事。

父母离异，母亲忙整天碌，无暇顾及孩子，是小虹内心焦虑不安进而吸吮手指的根本原因。

4. 多花点时间陪伴孩子

孩子的健康成长需要父母的真心陪伴——陪他们玩，陪他们说话，陪他们喜怒哀乐。我从中央人民广播电台的广播里听到了一个关于一对农民夫妇养育孩子的故事。这个故事一直印在我的脑海深处，以至于差不多十年过去了，我仍然记忆犹新。这对农民夫妇养了两个博士生。在孩子上大学之前，他们一直留在村里种地而未外出打工，生活过得相当拮据。主持人问他们："为什么做出这样的选择？"他们说："孩子的成长需要陪伴，是不能耽搁的，而挣钱的机会随时都会有。"确实是这样。为了让家长更好地陪伴孩子成长，我给大家三点建议。

（1）人生的成功是在陪伴孩子与事业之间取得平衡

我在网上看过这样的一篇文章《连陪孩子的时间都没有，你成功个啥啊？》，看后深深受到触动。文章里写道：

经常会有成功人士巡回演讲或接受媒体采访时说："我把毕生精力都献给了我的工作，我都没有时间陪伴我的爱人、我的小孩。"

好感人哪……请问，我能抽你两耳光吗？

我总以为，衡量你是否在意一个人，最重要的参数，不是金钱，而是时间。对于一个人而言，时间比金钱有限得多了。你口口声声说爱孩子，愿意为孩子去死，但是你连每天几个小时的亲密相处都保证不了，你有什么资格谈爱？！

真的是这样，你连陪孩子的时间都没有，你对孩子所谓的爱也就失去了基础。

（2）孩子的健康成长比钱重要

希望各位家长别把钱看得比什么都重要，希望大家能够明白，孩子的健康成长比钱重要。在该教育孩子的时候，你选择了挣钱，等孩子长大了，你辛辛苦苦挣了一辈子的钱很快就会被他挥霍一空！在教育孩子的时候，你选择了管教、陪伴，等孩子长大了，你一辈子没挣到的钱，孩子很快就能挣到！你在哪方面付出，就会在哪方面收获，孩子的教育时效性太短，错过了就再也没有了！孩子优秀了，你留钱做什么？孩子不成器了，你又留钱做什么？我强烈地给家长提个建议，回到家里，尽量少上网、少使用电脑、少看电视、少玩手机！要多花点时间和精力陪伴孩子！孩子的健康成长需要你全身心的陪伴！

5. 让孩子的生活丰富多彩

教师要改变孩子过于单调的生活内容和生活方式，让孩子在丰富多彩的活动中过得充实快乐。

◆有组织的活动与自由活动相结合。强烈建议教师尽可能地增加孩子自由活动的时间和机会。
- ◆ 动与静相结合。在活动中，尽可能让孩子手上有操作材料，让孩子脑动、身动、口动。强烈建议教师让孩子多参加一些大活动量的体育活动或艺术活动。
- ◆ 艺术活动与非艺术活动相结合。强烈建议教师尽可能地增加孩子参与艺术类活动的时间和机会。
- ◆ 集体活动与小组活动、个体活动相结合。强烈建议教师尽可能地增加孩子参与小组活动和进行个体活动的时间和机会。
- ◆ 室内活动与室外活动相结合。强烈建议教师尽可能地增加孩子参与室外活动的时间和机会。

6. 让孩子忙碌起来

独生子女当然会孤独、寂寞。家长可以让孩子多和小伙伴一起玩，鼓励他广交朋友——可以走出去，也可以请进来；家长也可以有计划、有意识地带孩子到户外走走，看看外面的精彩世界；家长还可以带孩子参观、观察各种事物，引导他做各种游戏，画画，做手工，看书，参加一些力所能及的家务劳动。在这些活动中，要尽可能地让孩子用手参加活动，这样孩子整个人都忙起来，特别是手忙于其他活动，就没有时间和心思去吸吮手指了。

孩子在入睡前或听、看什么有趣的事情入神时，最容易不知不觉地吸吮手指，因此，在这种情况下，父母要先为孩子设计好"放手的位置"，比如，让孩子将手放进被子里或放在枕头底下（侧睡时），听故事或看电视时，将手插在衣袋里，或者让其手里拿着小玩具。小手里有了东西，往往会使孩子自然而然地减少吸吮手指的动作。

给孩子讲常乐所写的故事《吃手指的孩子》，也可以教给孩子一些自我避免吸吮手指的技能。

吃手指的孩子

常乐

唐纳德老爱吃自己的大拇指。

上小学了,唐纳德还是如此,同学们见了都笑他。乔治对他说:"我小时候也吃手指头,可是现在不吃了。"唐纳德想:"我已经长大了,不能吃手指头了。"

星期二那天,天气很暖和,唐纳德却戴上了手套。手在里面又闷又热,还痒痒的,连笔都拿不好。

星期三上学前,他用手指蘸了麻辣酱,大拇指变得又麻又辣,不好吃了。

星期四,小朋友们做游戏时,唐纳德把手坐在屁股下面。哎呀,不吃大拇指是多么难哪!

星期五,唐纳德在跑步时摔了一跤,赶紧把手放在嘴里。乔治见了,又笑了。

晚上回到家,妈妈对唐纳德说:"你已经好几天不吃手指头了!"唐纳德说:"晚上我在被窝里还是忍不住要吃它。今天在学校又吃了一回。"妈妈说:"你的进步已经很大了,我真为你高兴!"

唐纳德也很高兴,他站在镜子前想:"我已经长大了。"然后他对自己说:"去你的吧,大拇指!"

从那天晚上以后,唐纳德再也没有吃过手指头!

(三)应对孩子吸吮手指的具体方法

1. 厌恶疗法

这是心理治疗的一种方法。如果孩子吸吮手指的行为十分严重,教育者可以安排特定的时间,让孩子集中精神吸吮手指,比如,可在午饭后或晚饭后规定,让孩子连续不断地吸吮手指20分钟。如果时间没到20分钟,孩子就停止吸吮手指，那么，教育者就要重新开始计时，一定要让他吸够 20 分钟。每天这样坚持，并逐渐延长时间。一般来用这种方法几次之后，孩子就会对吸吮手指十分厌恶，主动要求停止。

2. 欲擒故纵法

欲擒故纵法就是本来想禁止孩子吸吮手指的行为，却故意让他自由地吸吮手指。下面这个案例会给大家一点启示。

案例 4-34　父母与孩子的协议

一个十来岁的孩子还有吸吮手指的毛病。父母当然不愿看到自己的孩子这么大了还在吸吮手指，于是孩子就躲起来偷偷地吸吮。

我建议父母与孩子达成协议：每天放学后的 10 分钟定为吸吮手指的时间，孩子可以自由地在任何地方吸吮手指，但在其他时间就不允许了。最初几天，放学一回家，这个孩子就在客厅里迫不及待地开始吸吮她的手指。当着家人的面，她使出吃奶的劲儿，吸得啧啧有声。有一天，她吸着吸着，看看父母，忽然脸一红，扑哧一声笑了，父母也笑了。之后，她对吸吮手指这件事就没了兴趣。

真的是这样，你越是禁止，孩子越是兴趣浓厚。你不在乎了，孩子可能就没有兴趣了。

3. 行为塑造法

教师可以使用行为塑造法来矫正孩子吸吮手指的行为习惯。其具体程序如下。

①花一个星期的时间观察孩子每天吸吮手指的次数，然后算出孩子在一个星期内平均每天吸吮手指的次数为 n。

②告诉孩子，你已注意到他吸吮手指的行为，但不要否认他从中所得到的乐趣和安全感，也不要告诉他，你对他的这种行为很担心，以免引起他更大的焦虑。如果孩子能理解，就可以告诉他，吸吮手指会对他的牙齿造成不

良后果。

③告诉孩子,你想和他一起减少吸吮手指的行为,然后把你的计划告诉他:如果他一天吸吮手指不超过 n 次,老师就奖励给他代币——1颗小红星,获得5颗小红星,就可兑换1颗大红星,得4颗大红星后就可让爸爸妈妈带他去儿童公园玩一次(活动项目是他和父母约定好的,也可以是孩子喜欢的其他活动)或得到他喜欢的物品。

④如果孩子能连续5天以上达到改进的目标,那么,再调整下一个改进目标为每天吸吮手指的次数为 $n-2$,依此类推,直到孩子吸吮手指的行为消失。

采用这种循序渐进地矫正孩子吸吮手指行为的方式,孩子的痛苦是很少的,甚至是没有痛苦的,矫正的阻力不大,孩子达到目标后会获得相应的奖励,因此,孩子很容易接受,进而极易达到矫正的目标。

四、孩子的小气行为与应对

小气的孩子,除了具有"食物不肯给别人吃""玩具与学习用具等不愿借给别人用"的最直接的特点外,还具有如下主要特征:心胸狭窄,嫉妒心强,动不动就发脾气;斤斤计较,自私自利,缺乏同情心;适应能力较差,做事比较犹豫,缺乏果断性。小气的孩子很难适应今后的集体生活,因为小气会让孩子变得不被群体接纳而孤独,同时有可能使孩子成为别人眼中的一个吝啬的"小葛朗台",这对孩子良好性格的发展会带来不利的影响。

另外,当今社会,人们的生存和发展需要协调配合甚至共享资源。如果一个孩子从小就不懂得分享,独断专行,那么,他就很难形成一种良好的人际关系,更谈不上立足于社会。因此,教育者应该努力地帮助孩子走出小气的困局,让孩子心里想着别人,学会共享,互利互惠,从而健康成长。

（一）孩子小气的心理分析

1. 孩子小气的背后有其对自身利益的一种担忧

孩子小气的背后都有其对自身利益的一种担忧，比如：别人分享孩子的食物，孩子就只能吃得少，甚至没得吃；别人分享孩子的玩具，分享的人可能会据为己有或者长时间地霸占，孩子想玩时就不能玩了。有的家庭经济状况不佳，孩子的许多需求不易得到应有的满足，因而孩子更加看重自己已有的物品，会更加小气。因此，要矫正孩子的小气行为，就要好好维护孩子的正当利益。

2. 孩子小气是其物权意识的一种表现

每个孩子都曾经大方过，他们有什么都会与别人分享，无论是好吃的，还是好玩的，只要教育者稍微示意，孩子就会非常大方地与人分享。但是从1岁半左右，孩子开始频繁地使用显示所有权的词汇"我的"——"这是我的玩具！""这是我的好吃的！""这是我的……""你不要玩我的……""你不要吃我的……"就连妈妈抱起其他孩子，他也会跑过来，说："这是我的妈妈"，然后努力地将对方扯开。每当这样说时，孩子还一定要把"我的"这两个字重点突出一下。

开始使用所有权的词汇，说明孩子已经具有了物权意识，这是一种进步。从这个意义上说，孩子的小气行为并不全是坏事。

3. 孩子小气是其自我中心思维的一种表现

孩子小气是其自我中心思维的一种表现。幼儿期的孩子只会从自己的角度而不会从别人的角度来思考问题。在分享过程中，他只看到自己的"损失"，却体验不到与人分享的快乐，更看不到别人的快乐，也不会感受到由于使别人快乐而带来的快乐。

4. 孩子小气是环境使然

孩子小气是由于教育者对孩子过于溺爱，使孩子养成了独食、独玩、独

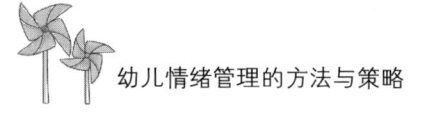

占等不良心理倾向和行为习惯。

案例4-35 吃独食的晓童

妈妈下班后，给晓童买了几个他最爱吃的肉松面包。晓童高兴极了，赶紧一个人拿着面包跑到自己的房间里，准备独享。爸爸走过去，请求吃一个，晓童不答应，用身体挡着，生怕爸爸抢去了。

晓童明显就是那种独食惯了的孩子。

孩子小气可能是一种模仿行为。比如，跟孩子一起玩的小朋友是个小气的孩子，那么孩子也会从小朋友那里学会小气。

案例4-36 小牛什么也不给我玩

邻居的孩子小勇过来玩，小牛很高兴，主动地领小勇到自己的房间里。可是没过多久，小勇走到了客厅，跟小牛的妈妈说要回家。小牛的妈妈说："小牛有很多玩具，你可以和他多玩一会儿。"小勇不高兴地说道："小牛什么也不给我玩，光让我看，没意思。"

我相信，当小牛去小勇家玩时，小勇很可能会以牙还牙："我家这些玩具都是我的，你不能玩！"

孩子小气可能是教育者逗弄出来的。不管是父母，还是孩子周围的其他成人，往往都喜欢孩子，因而时常会逗弄孩子，他们并没有意识到在分享方面的逗弄会让孩子变得小气。比如，孩子正在吃苹果，阿姨说："来，给阿姨吃一口！"而当孩子真的把苹果塞到阿姨嘴边时，她往往又拒绝了；奶奶对正在吃饼干的孙子说："来，给奶奶一块饼干。"当孩子给她一块饼干后，她会假装吃，然后又将饼干还给孙子，并且夸孙子说："真乖！奶奶不吃，你自己吃！"久而久之，孩子就会逐渐形成这样的认识倾向——给不给他人也没什么关系，于是通常采取不给的做法，这样大人就会觉得孩子小气了。

案例4-37　你怎么能真的吃

外公第一次见到3岁多的外孙,当时外孙正在吃柑子,外公就问:"晓东,给外公吃不?"晓东很爽快地将一个柑子递给外公。外公一边夸奖一边真把外孙递过来的柑子吃掉了,但让外公意想不到的是外孙竟然哇哇大哭起来。因为在晓东的印象中,大人总是只夸奖他的大方,却从来不会真的吃掉他的东西。看到孩子哭,其他家人竟然连连埋怨外公不懂事:"你怎么能真的吃晓东的东西呢?!真是的……"

案例中的晓东只想获得大人的夸奖,并不愿意真的与人分享自己的东西。这样小气行为是其家人不正确的教育造成的。

(二)不要让孩子形成独食独享的习惯

现在不是物质匮乏的年代,买吃的特别是好吃的要家人每人一份,要不然就不要买(如果某些食品相对我们的收入而言实在是太昂贵而舍不得买许多,那么,就不要单独买给孩子独食),如果买回来好东西,要让孩子去分给大家享受,要求所有家人在一般情况下不得拒绝并且形成习惯,这样,孩子就不会形成独食独享的行为倾向。

(三)尊重孩子的物权

某个物品如果是专门买给孩子的,那么,该物品的所有权就属于孩子——孩子有权决定如何处理该物品,其他人可以引导孩子分享,但绝不能强迫孩子将自己的物品与人分享,更不能强迫孩子将自己心爱的物品赠予别的小朋友。因为在外在压力下的分享或赠予活动,不仅不能让孩子变得大方,反而会让孩子变得更加小气,更加努力地保护自己的东西。这样一来,孩子不仅恨教育者,也恨那个分享了其物品的小朋友。

物品是孩子的,孩子就对该物品有绝对的处决权。当孩子不肯将自己心爱的物品与人分享时，教育者特别是父母不要觉得丢脸，更不要斥责孩子自私、小气，因为这样做会让孩子的自尊心严重受损，同时，"小气""自私"这些消极的标签被多次强化后真的会让孩子相信，并使他最终变成真的小气鬼。

案例 4-38　老师多次暗示都以失败而告终

在一次公开课上，小朋友们跟老师学折纸飞机。首先老师示范，接下来小朋友们跟着老师一步步地折，然后小朋友们放飞自己折好的纸飞机，最后小朋友们将自己折好的纸飞机赠送给"客人"老师。可是令人尴尬的是，在最后一个环节，好几个小朋友不愿意将自己的纸飞机赠送给"客人"老师。为此，老师对他们进行了多次暗示，都以失败而告终。

类似的案例有很多。事实上，大人没有必要尴尬，孩子们不想将自己折的飞机送给"客人"老师，说不定他们是想拿回家送给爸爸妈妈呢。

当孩子表现出小气行为时，许多爱面子的家长往往会做出一副痛心疾首的样子，勒令孩子："把你的汽车给小伙伴玩一会儿，别那么小气！"而当孩子拼命地保护自己的玩具时，家长要么生气地从孩子手中抢过玩具，拿给旁边面露恐惧神色的小朋友，要么只好讪笑着解释："唉，这孩子太小气，被我们惯坏了。"

其实，仔细想想，大人有什么权利勒令孩子慷慨地分享玩具呢？对于孩子来说，他的每件玩具都是私有财产。

家长这样做，表面上看是教育孩子应该大方、慷慨、懂得分享，内心深处实则认为自己有权让孩子与别人分享，甚至支配孩子的行为和意志。而幼儿期孩子的自我意识正在萌发，孩子开始意识到自己的力量和权利，意识到自己应该能主宰一些事情。于是，矛盾产生了——家长要主宰孩子，孩子想主宰自己。在"压迫"与"反抗"的争斗过程中，如果总是父母获胜，那么孩子将形成被动、顺从的性格特征；如果总是父母无奈地接受孩子的小气行为，那么孩子将变得越来越小气。

（四）让孩子感受到小气的"痛"

如果孩子经常对分享说"不"，那么，教育者不妨考虑在适当的时候也对孩子分享的要求说"不"。与孩子一起玩耍，当孩子想要你手中的玩具时，你就不断地对他说"不"；当小家伙感觉心烦时，你再晓之以理，让他明白"只有学会与小朋友分享，大家才能开心地一起玩"的道理，进而使其逐渐形成分享的意识和行为。

案例 4-39　让孩子为小气埋单

妍妍很小气。父母一直苦口婆心地教育她要大方、对他人友好，有好东西要懂得与他人分享，可收效甚微。父母决定让她为自己的小气埋单。

一次，老师要举办关于现代交通工具的主题活动，让每个孩子收集一些交通工具的图片或者玩具进行展示。妍妍看着家里的一堆火车、汽车、飞机玩具，愣是半天没找出一个舍得带到幼儿园去的，最后她居然决定不带了，就玩别人的。对此，父母不再做动员说教工作，就让她第二天两手空空地去幼儿园。当看着其他小朋友抱着汽车玩具、拿着小卡片时，妍妍下意识地看了看自己空空的两只手，似乎有些失落。这时，妈妈故意说："哟，小朋友们带来的玩具真漂亮！"妍妍马上回了一句："我家的更漂亮。""你没带来，人家又不知道。"妈妈反驳道。妍妍看了看妈妈，撇了撇小嘴，头也不回地走进了教室，以此来发泄心中的不满。

于是，妈妈悄悄地和老师进行了沟通，请她配合：在活动中，要求孩子自己操作自己的玩具，不要分享，或者自己有玩具与别人交换才能玩别人的玩具，让妍妍体验一下自己小气带来的后果。

老师很配合。在接下来的活动中，妍妍只能眼巴巴地看着小伙伴们快乐地玩着自己的玩具或者分享别人的玩具。

相信有了这次经历，妍妍小气的毛病一定会有所改变，幼儿园里的分享活动，她一定会积极地响应，甚至不用爸爸妈妈要求她大方，有机会她也会主动地做出大方的行为。

（五）孩子的常见小气行为与应对

别轻易地说孩子"小气"，孩子"小气"的背后都有其对自身利益的一种担忧。好好地维护孩子的利益，让孩子从"大方"中获得快乐，这是改变孩子"小气"的必然选择，也是最佳选择。

1. 那是我的玩具

佳怡的妈妈：孩子怎么越大越小气了？1岁之前，他很大方的，可现在刚过1岁半，就变得很小气了，尤其是他喜欢的玩具，别人都不能碰，碰了他就哭。

（1）孩子的心声

这是"我的"玩具，别人怎么能随便碰？难道他们要抢我的玩具？所以，我不想让他们碰我的玩具，甚至不想让他们看见我的玩具。

（2）给家长的建议

孩子不让别人碰自己心爱的玩具，是对自己所拥有物品的一种保护。这种行为说明孩子有了物品所有权的概念，知道什么是"我的"，父母应该为孩子感到高兴。这时，父母可以这样做：

①当小伙伴要玩孩子心爱的玩具时，父母要征求并尊重孩子的意见，告诉孩子，小伙伴只是想玩，并不会拿走，这件玩具还是属于他的，还可以建议孩子和小伙伴一起玩。

②如果孩子能主动地拿出心爱的玩具给小伙伴玩或者同意小伙伴玩他心爱的玩具，父母要及时给予表扬。

③如果孩子坚持不让小伙伴碰他的玩具，父母要尊重孩子的权利，不必强迫孩子把玩具拿出来。

2. 那是我的妈妈

晶晶的妈妈：如果我抱别的小朋友，晶晶就变成醋坛子了，她会大喊"不要弟弟，不要"，甚至还要动手打小朋友，凶得不得了。我对她进行说服教育打她的手心都没用。

（1）孩子的心声

我担心小弟弟会夺走妈妈对我的爱，当然，我还担心妈妈因为小弟弟而冷落了我。所以，我就拼命地喊叫以引起妈妈对我的注意，如果妈妈还不关注我，我就要去打小弟弟，因为是他夺走了妈妈对我的爱。我正在气头上，所以妈妈说什么我也听不进去。

（2）给家长的建议

晶晶担心妈妈对自己的爱会转移到小弟弟身上，她认为：这是"我的"妈妈，怎么能抱别人呢？这时，妈妈可以这样做：

①向晶晶明确地表示："妈妈喜欢小弟弟，也喜欢你！"然后左手抱一个，右手抱一个，让两个孩子都感受到你的爱。

②通过某种方式与孩子一起逗小弟弟玩。

3. 那是我的饮料

强强的妈妈：强强的小表姐来我家玩，打开冰箱门拿饮料喝。强强看见了，对着小表姐哇啦哇啦地乱叫，一直叫到小表姐不好意思，把饮料又放回冰箱。强强长大后会不会变得很自私呢？

（1）孩子的心声

冰箱里的饮料是我的，小表姐未经我同意就拿出来喝，我当然要大喊大叫啦！

（2）给家长的建议

孩子的"小气"与长大后的"自私"并没有必然的联系。

①明确地告诉孩子，饮料并不是他自己的，谁都可以喝。

②明确地告诉孩子，如果他和小表姐分享，喝完冰箱里的饮料后，我们

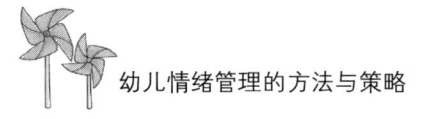

再去买,让孩子没有"后顾"之忧。

③明确地告诉孩子,如果今天给小表姐喝了我们家的饮料,以后我们到小表姐家,她也会给我们很好喝的饮料的,要不然……

4. 我的,我的!

壮壮的妈妈:壮壮出去看到别人吃东西,都会喊:"我的,我的!"有时对人家很不友好,还扬手打人家,嘴里喊:"打,打。"真不知道人家吃东西碍他什么事了。

(1)孩子的心声

他吃的是什么呀?很好吃吧?我也想吃。

我说"我的,我的",其实就是想表达"我也想吃"的意思;我说"打,打",其实想表达的是"给我吃点,给我吃点"。

(2)给家长的建议

一般来说,两岁以前,孩子还分不清哪些东西是自己的,哪些东西是别人的,所以看到别人吃东西也会以为那是自己的,想要回来。这时,父母可以这样做:

①将孩子带离就可以了。孩子走开后,外部刺激没有了,其食欲也就没有了。

②如果有可能,也可征求孩子的意见,问他是不是也想吃,如果他也想吃,那就给他买一点。

③慢慢让孩子懂得"自己的"和"别人的"有区别,培养孩子学会控制自己的某些需要。

五、孩子的购物狂行为与应对

"我要奥特曼。""我要那把枪。""我要那个芭比娃娃。""我要……"一带孩子出门,他简直是见什么要什么,不给买还会大哭大闹,简直就是一个小小"购物狂"！家长该怎么有效地应对孩子的购物狂行为呢？

（一）出门前与孩子有个约定

平时带孩子出去购物时，要养成带着清单购物的习惯，让孩子意识到，购物是有目的的行为，不是见什么就可以买什么。为了防止孩子任性地购物而闹场，家长带他出入购物场所前不妨与他来个"君子协定"，比如，让孩子选择"跟奶奶在家里玩积木"还是"跟妈妈去超市，但不能买东西"，或者可以让孩子选择"总共可以买不超过×元的玩具"还是"只买一件玩具"等。

孩子做出选择以后，再跟孩子约定好遵守或违反规则的奖惩方案，规则一旦制定，就要坚决果断地执行，因为一旦"下不为例"，就等于给孩子传达了一个信号：约定只是说着玩玩而已，是可以打破的。如此一来，不仅不利于通过规则约束孩子的行为，也不利于孩子养成诚信的品质。

案例 4-40 约定好了的

有位留学生在美国看到如下一个事例：一位母亲提着手袋，静静地站在一旁，而她4岁多的儿子，正坐在地上号啕大哭。那哭声听起来让人觉得孩子真可怜，四周的行人似乎都觉得那位妈妈是个铁石心肠的人，太缺乏对孩子的爱心。犹豫良久，留学生终于走上前去，对这位母亲说："他就是想要那辆遥控车。"这位母亲说："在出门时，我们已经约定好了，不会再买遥控车了。可是他不遵守约定。""可是他毕竟是个孩子呀。"留学生不理解这位母亲的做法，说："他那么小，哭得那么可怜……"这位母亲斩钉截铁地说："无论怎样，他必须遵守诺言，这是不能商量的。"听了这位母亲的话，留学生哑口无言，只好走开。又过了一会儿，孩子终于哭闹累了，老老实实地走到妈妈身边，和妈妈一起离开。

有约定，就要努力坚持，这样才会有效果。相信，那个孩子从今以后不会再提出违约的要求。

（二）现场策略

1. 不该买的，就坚决不买

面对孩子无理的购买要求，就算他再怎么哭闹，你也要无动于衷，坚决不给他买，孩子在一次次哭闹后未得到任何好处，今后就不会再闹了。

2. 让孩子说出理由

案例 4-41　让孩子说出三个理由

有位母亲在孩子要购买某件物品时，总是让孩子说出购买这件物品的三个理由。如果孩子提出的理由有道理，母亲就给孩子买；如果孩子提不出理由，或者提出的理由没有道理，那么，母亲就坚决不给买。

让孩子说出购物的理由有利于孩子理性购物，避免盲目购物，同时，还可以培养孩子的思维能力。另外，这比一味地盲目禁止孩子购物更有利于孩子的心理健康成长——有利于培养孩子的自主性，也有利于培养孩子愉快的情绪。

3. 逃离现场

案例 4-42　逃离

妈妈非常生气地对小丽说："不要买玩具了，家里已经很多了，放都放不下。今天你不听我的，就什么都别买！妈妈今天没带钱！"小丽一直不肯妥协，最后她和妈妈什么东西都没有买，小丽哭着被妈妈带离了商场。

逃离现场，不能算是上策，但别无他法时也不失为一种扼制孩子疯狂购物欲望的有效方法。孩子的欲望与相关的情境是有一定联系的，离开了相应的情境，孩子相关的欲望就会逐渐减弱甚至消失。

另外，孩子的哭闹会影响到周围的人，周围或许已经出现了闲言碎语或其他形式的干预，这时将孩子带离现场也是对其他人的尊重。

可把孩子带到一个不会妨碍别人的地方去倾听他的哭泣，抱紧孩子，允许孩子通过哭泣宣泄失望的情绪，同时，等他冷静后给他讲清不能满足他的要求的道理。

这样做，需要妈妈下狠心坚持到底，孩子发现几次无理抗争都无效后，就会渐渐知道无理抗争是没有意义的，进而变得理性而不再去做无理的抗争。

4. 转移注意力

幼儿期孩子的注意以无意注意为主，注意力极其容易被新奇或感兴趣的事物吸引。当孩子在不该买的物品前待着不愿意走时，家长不妨用其他好玩或者正打算购买的东西逗引他一下，说不定就能把他的注意力吸引过去。比如，让孩子忙于往购物车上装物品或卸货，这样他在经过糖果区时就不会太关注那些好吃的了。让孩子参与到购物过程中，既能让他感觉到被需要，又能转移他的注意力，还能让孩子学到一些新东西。又如，许多超市的收款台那里都摆着糖果，如果不想让孩子哭闹着索要，可让孩子帮忙把采购的物品放在收款台上，然后表扬孩子能干，会帮妈妈干活了。如此一来，他就会因得意而忘记了放在一旁的糖果。在购物结束时要谢谢孩子，告诉他，因为有他这个好帮手，所以今天购物很有趣。这样的话，孩子今后会更乐于帮忙，从而避免成为购物狂。

5. 不宜采取"没钱策略"

现实中有许多家长面对孩子的购物狂行为时，常常采取的是"没钱策略"，说"妈妈没钱""妈妈钱不够"，孩子听说妈妈没钱后就比较容易放弃购物选择，因此，这种做法时常会有一定的效果，但可能会给孩子的心理带来不良影响。当孩子总是听到妈妈说"没钱"后，孩子很容易信以为真，认为家里真的很缺钱。而孩子的心理安全感与他感受到的家庭经济良好状况是有一定联系的。如果一个孩子总感觉到家里的经济条件比较差，他要形成心理安全感就很困难。而安全感是整个儿童期心理健康发展的重要基础，对学前期的孩子而言尤为重要。

案例 4-43 妈妈没有这么多钱

小娟 5 岁多一点了，最近看见喜欢的东西就一定要买，尤其是小动物玩具和小女孩的饰品。前两天小娟在商场里看到一条塑料制品的儿童项链，要七八十元，妈妈觉得实在不值，就跟小娟说："这条项链太贵了，妈妈没有这么多钱，而且老师是不让小朋友带项链到幼儿园的，我们在这儿欣赏一下就可以了。"但小娟拿着项链不肯放手，边哭边要求买，还可怜巴巴地求服务员："姐姐，少一点钱好吗？我妈妈没有那么多钱！"结果服务员姐姐同意少一半，只收 40 元。然后，小娟又开始求妈妈……

"没钱策略"是一种治标不治本的策略，它只能一时奏效，对于从根本上改变孩子"见到喜欢的东西就要买"的习惯没有多大作用，甚至还会让孩子的心理安全感出现动摇，进而影响其心理的健康发展。有一位朋友经常用"没钱策略"来应对孩子的购物狂行为，有一次她的孩子在跟小伙伴聊天时，有点失落地说："我妈妈没有钱，我家没有钱……"这位朋友听到后，内心很不是滋味。

（三）角色扮演

平时，可与孩子玩亲子角色互换游戏，让孩子学会换位思考。在游戏的过程中，家长扮演孩子，见到喜欢的东西就哭闹着要买，让扮演家长的孩子做出反应。这样，孩子既可以体验作为家长的感受，也可以旁观自己平时在超市闹场的行为。在想办法做出反应的过程中，孩子或许就对自己的任性行为有了自我觉察，今后就会减少这种在超市中的闹场行为。

孩子有过强的购物欲，问题出在父母身上。如果没有父母以前无原则的放纵，孩子不会成为这个样子。有道是"孩子是环境的产物"，孩子的购物欲过强，父母要多从自身找原因，而不应该一味地责怪孩子。

孩子过强的购物欲是可以消退的，只要父母坚持原则、态度一致就可以做到。孩子的购物狂行为得到有效抑制，对孩子的健康成长有好处，对父母的生活质量提高也有好处。

六、孩子的磨蹭行为与应对

常言道：十个孩子九个磨！提起孩子的磨蹭，每位家长都有诉不完的苦，可谓大伤脑筋！那么，家长该怎样对付这些"小磨蹭"呢？

（一）孩子磨蹭的心理分析

1. 磨蹭是孩子对抗父母的一种方式

磨蹭隐藏着孩子不得不反抗的敌意，而敌意说明在与孩子的交流中，父母很少甚至没有承认或接受过孩子的情感，而是对孩子过多地干涉。曾经，父母叮嘱孩子的口头禅是"慢慢走，小心摔跤""慢慢吃，小心噎着"。现在，孩子听到最多的是"快点吃饭""快点弹琴""快点睡觉""快点玩"。孩子磨蹭背后的无意识语言在说："我斗不过你，我就要这样才舒服。"磨蹭的状态隐藏着孩子对父母总是催促的不满与报复。

心理学家把孩子的磨蹭行为称为"被动攻击"。大家对主动攻击很熟悉，例如，孩子不愿意做父母安排的事情，他会大哭、顶嘴，这些都是"主动攻击"。而磨蹭则是典型的"被动攻击"，孩子跟父母没有正面冲突，却一直在与父母"较劲"。

2. 磨蹭是孩子内心问题的一种外显方式

一般而言，孩子的磨蹭问题往往隐藏着他们真实的担忧、愤怒、失望、伤心等。孩子有磨蹭习惯，其父母必定有以下特点：性格急躁，思维反应快，处事较果断，讲究效率，喜欢操控和教导别人。他们教育孩子的方式主要是说教、给现成的答案、命令，如"你要……""你应该……""你不应该……"等等。在这种教育方式下，孩子压力倍增。

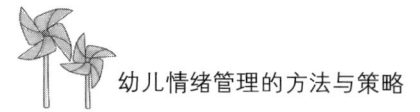

3. 磨蹭是孩子表达不满和应对压力的一种手段

生活中我们会发现，孩子在做他喜欢的事情时，绝对不会有磨蹭现象出现，这从另外一个角度提示我们：磨蹭往往是孩子的一种逃避行为，他会用磨蹭来对付自己不喜欢的事情。比如，他对上幼儿园有抵触情绪，不愿去面对，就会磨蹭，磨蹭到无法再磨蹭的时候才迫不得已地跟父母去幼儿园。

4. 磨蹭是孩子缺乏安全感的一种表现

有的孩子内向、胆小，与陌生人在一起相处会有不安全的感觉，因此，这类孩子总是希望与自己的亲人，尤其是爸爸妈妈在一起多待一段时间，为了达到这个目的，孩子就会慢吞吞的。比如，有的孩子不愿与幼儿园里的老师和小伙伴相处，而希望和爸爸妈妈待在一起，在去幼儿园的路上，他的动作就会变得特别慢，以此来延长与爸爸妈妈待在一起的时间。

5. 磨蹭是孩子缺乏自信心的一种表现

有的孩子对做某种事情缺乏足够的自信，他总是担心自己做不好，怕自己出错，甚至还怕出错后被别人取笑或被大人批评，所以做起这些事情来也是瞻前顾后、畏畏缩缩的，速度自然就快不了，然而，越是担心，越是害怕，孩子的动作就越慢。如果大人这时候再在一旁不断地责备、催促，孩子的自信心就会受到影响，他的动作不仅快不起来，而且会变得更慢。

了解孩子磨蹭的原因后，我们矫正孩子的磨蹭问题就有了一个正确的思路。

（二）对待孩子磨蹭的一般方法

在下面这些瞬间，许多家长会被孩子的磨蹭激怒：

◆赶时间出门，他还在玩玩具，鞋子、袜子散落在旁边；

◆让他穿衣服时，他还在床上打滚，光着身子自娱自乐；

◆让他睡觉时，尽管你不断地催促他，可是他不为所动，一会儿看书，一会儿玩玩具，忙个不停；

◆让他刷牙，他却迟迟不愿动弹，找各种推托的借口；

◆在外玩耍时，他玩了很久都不想回家，甚至把你的催促当耳边风；

◆上学眼看快要迟到了，他还磨蹭着不想起床。

孩子磨蹭，相信这是很多家长都感到头疼的事情。你在一旁急得直跳，他却一直不紧不慢的，你心里的无名火怎能压得住？！许多家长和教师在面对孩子的磨蹭时，多会处于恼火、头疼、"拿他真没办法"的无奈之中。其实，教育者可以采取如下办法加以有效应对。

1. 自然后果法

让孩子感受到磨蹭所带来的"痛"。多次尝到因磨蹭带来的"痛"后，孩子就会加快做事的速度。比如，外出游玩，因出门磨蹭，赶不上车，全家扫兴返回。此时，绝对不要去改签车票。这样，既不能到外面去玩，又被大家抱怨，这种"痛"会让孩子终生难忘，以后做事情时，每每想起来都会成为鞭策孩子加快速度的动力。

2. 故事引导法

幼儿期的孩子喜欢听故事，并且他们由于在思维和行动上具有易暗示性，所以很容易受到故事中主人公的影响。教育者可找一些有关守时特别是名人守时的儿童读物，让孩子自己看，或者给他讲一讲；有时也可以讲一些因为磨蹭不遵守时间约定而造成重大损失的故事，让孩子受到启发，受到感染，受到教育。

3. 奖惩促进法

列出孩子经常磨蹭的事件，然后跟孩子约定做这些事的时间长度。当孩子在规定时间内完成某一任务时，就给记若干个"★"（根据任务难易程度来定"★"的数量），超过多少分钟扣若干个"★"，当孩子得到若干个"★"时，可以满足孩子的一个愿望（愿望不同，根据成本及其对孩子的吸引度，所需要的"★"数量也应该不同）。

4. 成人示范法

在教育孩子的过程中，教育者需要以身作则，在做事效率和速度方面做好孩子的榜样。试想，如果教育者做事都磨磨蹭蹭的，孩子一定会受到影响。因此，要改变孩子磨蹭的坏习惯，教育者一定要惜时守时，讲话、做事都要讲求效率，干活要麻利。

（三）孩子的常见磨蹭现象与应对

1. 孩子吃饭时的磨蹭与应对

案例 4-44　吃饭磨蹭的小婧

小婧刚入幼儿园就读，她聪明伶俐，不仅功课好，而且开朗懂事，实在让人喜欢。但让父母头疼的是，小婧吃饭的习惯不好，一顿饭要拖好久，导致她上幼儿园不时有迟到的现象。老师对她妈妈说："这是她唯一的缺点，其他方面实在找不到可以挑剔的地方。"

应对孩子吃饭时磨蹭的方法如下。

（1）行为矫正法

第一周规定，孩子每天能在 1 小时内把早餐吃完，周日就带孩子去儿童乐园。

第二周规定，把 1 小时缩短为 50 分钟。

第三周，把时间缩短为 40 分钟。

孩子吃一餐饭的时间以 40 分钟为宜，不可再缩短，否则，可能会导致孩子消化不良。

用闹钟设置时间，让孩子一面吃饭，一面看着时间。注意，在时间要求上一定要严格执行，对于后面的奖励要认真兑现。

（2）适当增加体育运动量

足够的体育运动有利于增强孩子的体质，同时，有利于加快孩子对食物的消化和吸收,进而改善孩子的胃口。孩子胃口好,吃东西当然会很快。

(3)让孩子承受吃饭磨蹭的自然后果

吃饭约定的时间到了,就收起食物,不再给孩子吃,并且在下一餐之前不再让他进食。或许孩子会因为上一餐没有吃饱,而在下一餐来临之前饿得发慌,他可能会不断地哀求要吃东西,但父母一定要坚持在下一餐之前绝对不给孩子任何食物,利用饿这一自然后果教育孩子,让他知道不好好吃饭的后果,然后启发他,为了下一餐之前不饿得发慌,就应该在规定的时间内加快吃饭速度。

2. 孩子睡觉时的磨蹭与应对

案例4-45 睡觉磨蹭的晓芳

晓芳3岁多了,她好像天生精力旺盛,很贪玩,每天晚上妈妈叫她上床睡觉,她总是磨蹭半天才肯上床,并且上床后也很难入睡。可是到第二天的起床时间,她又不愿意按时起床。

应对孩子睡觉时磨蹭的方法如下。

(1)饭后带孩子到室外活动

吃过晚饭半个小时后,让其消耗多余的精力,并且注意要有一定的活动量,让孩子困了再回来。

(2)睡前营造良好的心理环境

◆让孩子听一些舒缓优美的音乐,甚至可以是固定的"睡前曲"。每到准备睡觉的时间,就给孩子听"睡前曲",久而久之,孩子就会对"睡前曲"产生条件反射,进入想睡觉的状态。

◆睡觉时间一到,全家人都停下手中的工作,准备睡觉。让全家人都进入睡前准备状态,以免孩子还有想玩的欲望,也可以避免成人的活动影响孩子入眠。许多时候,孩子不愿意睡的理由是:"你们都不睡,干吗就叫我一个人睡?!"孩子有这样的抵触情绪是很难入睡的。

（3）父母态度要一致

严格按作息时间休息，不给孩子任何讨价还价的余地。该睡觉时就睡觉，并注意关灯、关电视、关电脑、关手机。

（4）让自然后果教育孩子

如果孩子晚上睡觉前磨蹭，久久不愿意上床睡觉，第二天就让他带着困意按时起床。如果不这样坚持，那么我们叫孩子按时上床睡觉，孩子是不容易接受的，因为他不知道不按时上床睡觉有什么"坏处"。

3. 孩子起床、洗漱时的磨蹭与应对

案例4-46　起床磨蹭的莹莹

最让莹莹的妈妈头疼的是，每天早上，她特意6点半就要求莹莹起床，尽管提前了半个小时，莹莹的时间似乎还不够用，穿衣服、洗脸、刷牙，每一个环节都需要妈妈不断催促才能完成。很多时候，妈妈会忍不住大声地提醒甚至呵斥莹莹，而莹莹经常是脸上挂着泪珠出门去幼儿园。

应对孩子起床、洗漱时磨蹭的方法如下。

（1）闹钟提示

弄个闹钟，做任何事之前，都与孩子约个时间，按时完成就奖励，不按时完成就批评，或者取消其感兴趣的其他活动，或者把以前的奖品暂时没收。

（2）借助于外力

孩子磨蹭，父母不催他，让他迟到，然后由老师批评他——记得提醒老师要批评他。在内力作用有限的情况下，借助于外力，孩子就会改变。

4. 去幼儿园时的磨蹭与应对

案例4-47　今天是星期六吗？

每天起床后，小姬首先问的是："今天是星期六吗？"如果父母说不是，今天要去上幼儿园，她就会十分难过。

好不容易起床后，小姬总是磨磨蹭蹭地穿衣服、洗漱，时间到了还是不愿意出门上幼儿园。

小姬到幼儿园后，总是与父母"哭别"，叫父母早点来接她。

为此，父母每天的心情也特别不好，以致影响了正常工作和生活。

应对孩子去幼儿园时磨蹭的方法如下。

（1）请老师帮助

孩子磨蹭不想上幼儿园，主要原因不在于孩子，而在于幼儿园。幼儿园没能让孩子获得快乐，所以孩子就不想上幼儿园了。因此，家长可以跟老师聊聊，请求老师平时多给孩子一些关照，比如，多给孩子表现的机会，多给孩子一点表扬。

（2）帮助孩子与老师建立良好的私人关系

家长有机会还可以通过一些活动让孩子和老师建立较好的私人情感关系，比如，约老师到家里来玩，有条件的话，约老师和你们全家人一起外出活动。孩子喜欢老师，老师喜欢孩子，那么，孩子每天对上幼儿园就会有一种期待的心情。

（3）为孩子找个伴

为孩子找个"利索"的小伙伴，让孩子每天和他相约结伴上幼儿园。平时也要注意通过各种活动增进孩子与该小伙伴的私人关系。如果他们关系很好，每天早上我们就可以对孩子说："快点，快点，你的小伙伴××在门外等你呢！"

（4）让自然后果来教育孩子

孩子磨蹭的时候，家长不要急，要让孩子着急。孩子只有在体会到磨蹭会给自己带来损失之后，他才能够自觉地快起来，因此，让孩子为自己的磨蹭付出代价，自己去品尝磨蹭的自然后果，不失为一个改掉孩子磨蹭这个毛病的好方法。比方说，孩子早晨起床后磨磨蹭蹭的，家长不要急，也不要去帮他，可以提醒孩子一下——"再不快点可要迟到了"。如果他依然在那里磨磨蹭蹭的，不妨任由他去，不必担心孩子上学迟到，其实我们恰恰就是要让孩子亲身体验上学迟到的后果。孩子如果真的迟到了，老师肯定会询问他迟到的原因，孩子挨了批评后，就会认识到磨蹭给自己带来的害处，第二天他就会自己加快速度。

总之，对于孩子的磨蹭行为，我们应该了解其产生的原因，然后采取有针对性的措施。如果孩子磨蹭是为了得到父母和老师的关爱，那么平时父母和老师就应该多跟孩子沟通交流，多与孩子玩耍。如果孩子磨蹭是为了逃避参加活动，那么父母和老师就应该努力地让孩子从相关的活动中获得乐趣，或者让孩子知道做完某件事后会有快乐的事情或结果等着他。

七、孩子的愤怒情绪及其行为与应对

愤怒是愿望得不到满足，实现愿望的行为一再受到阻挠引起的紧张不断积累而产生的强烈的情绪体验。愤怒的程度有：不满→生气→愠怒→愤怒→大怒→暴怒。

研究表明，新生儿有三种非习惯性情绪：爱、怒和怕。而伊扎特根据实验得出结论：3～4个月的孩子会表示愤怒。可见，愤怒是人的一种原始情绪反应，也是孩子常见的一种激烈的情绪，它会给孩子的生活带来或大或小的困扰。

（一）孩子愤怒情绪及行为的心理分析

1. 愤怒是孩子内心伤痛的外泄

孩子悲伤的时候，哭泣可以在一定程度上排解其悲伤；孩子害怕的时候，哭泣、发抖和出汗可以在一定程度上消除其恐惧。孩子遭受挫折的时候，发过脾气之后，他们能够重新感受生活的美好。但是，当孩子愤怒的时候，却没有明确的、与生俱来的应对好办法。教育者必须学会靠近孩子，只有这样，我们才能了解孩子愤怒的主要原因——惊恐和痛苦。

有时候，一件很小的事也能引发孩子的盛怒，其根本原因可能是某些类似的经历曾经让他痛苦不堪，也就是说，孩子的愤怒可能掩盖着某次可怕的经历——尽管此刻他并未面对严重威胁，但是他的愤怒行为正如那次一样，是因为感到孤独、惊恐和无助而做出的自卫反应。

2. 愤怒是孩子遭到挫折的一种反应

有时候，孩子生气、愤怒往往是由他一再受挫所引起的。

案例 4-48　下一站我就下车，你不要跟着我

5岁的扬扬坐公共汽车，爸爸答应让他刷卡，可上车后却不顾他伸着的小手，强行夺过公交卡自己刷了，扬扬大哭着要下车。孩子不仅生气，而且很愤怒！扬扬一定要重刷一次，他在要求没得到满足后更加愤怒，说爸爸是骗子，并且很严肃地告诉爸爸："下一站我就下车，你不要跟着我！"车上的人听见孩子的这句话都笑了。

扬扬生气、愤怒就是由他要刷卡的需要连续受挫所引发的。

案例 4-49　反复失败让孩子气炸了

5岁的儿子从幼儿园回到家后，高兴地对妈妈说："妈妈，我会用纸折小马了，我给你折一个吧。"然后他就开始折了。可是，他在折的过程中把一个步骤给忘了，怎么也折不成。看着情绪渐渐激动的儿子，妈妈想去帮忙，却被自尊心极强的儿子拒绝。

最后，气愤至极的儿子把手中的纸撕得满地都是，继而放声大哭，并把桌子上的图画书也撕了。

3. 愤怒是孩子引起家长关注的一种手段

孩子是以愤怒这种极端的方式引起父母和亲人的注意：他受到了伤害，需要帮助。孩子如果总是被忽略，得不到想要的物品或关爱，也会以愤怒的

方式来引起教育者的关注。例如，当教师给小伙伴喂饭而不给自己喂饭时，有的孩子就会通过愤怒的表情或哭声来吸引教师的关注，以期达到让教师也给自己喂饭的目的。有时，由于我们未能善待孩子，孩子就会迅速、强烈地进行抗议，他们的目的是得到关爱而并非想伤害任何人。

4. 愤怒是孩子对利益受损的一种表达

当一个人认为自己的利益被侵犯，认为自己不能再承受的时候，他就会生气，就会愤怒。他会通过这种方式告诉自己，也告诉别人：我的利益被侵犯了，我已经不能再承受了，所以，你不能再这样对我了，这件事不能再这样继续下去了。比如，被老师冤枉而受到批评，遭到其他孩子的言语攻击导致自尊心受到伤害或者受到同伴的人身攻击，东西被他人弄坏，玩具或食物被他人抢走，等等，都会引发孩子的愤怒。

在一定程度上，愤怒就是一个警报器，提醒自己，也提醒他人。同时，愤怒也是一把保护伞，保护着自己的利益不被侵犯。所以，我们要教孩子学会识别自己的愤怒，感受自己的愤怒，恰当地缓解愤怒，让愤怒成为我们的保护伞，而不是绊脚石。

案例 4-50　因自尊受损而愤怒

皓皓最近几天总是因为各种小事气鼓鼓地和妈妈顶嘴，后来妈妈在聊天时说到隔壁的畅畅很懂事，皓皓大声说："你总是表扬他，让他来当你的儿子好了！"妈妈很吃惊，想起几天前畅畅来串门时，自己曾在畅畅面前大声批评了皓皓，当时皓皓羞愤得满脸通红。

5. 愤怒是孩子嫉妒心理的一种表现

嫉妒也是导致幼儿愤怒的重要原因。例如，当两个孩子在做同样的或类似的事情（画画、做操、唱歌、弹琴等）时，老师只表扬一个孩子可能会导致另一个孩子的自尊心受损，进而引发其愤怒情绪。

（二）应对孩子愤怒情绪及行为的策略与要求

1. 宜疏不宜堵

愤怒一直被人们视为一种只有消极作用的情绪。其实，每一种情绪都有它的适应性意义，愤怒对孩子有防卫和保护的意义。有些孩子的攻击性行为就是因为"怒"在心中而没有合适的机会和方式输出而产生的；有些极度内向的孩子为了迎合环境的要求会将"怒"这种强烈的情绪锁在内心深处，这种对强烈情绪的压抑则会导致孩子产生头痛、胃痛或一些习惯性的疾病。

现实中我们时常看到，当孩子发怒哭闹时，教育者通常会说："不许哭。""有什么好哭的。""你给我闭嘴。""愤怒是不对的。""这件事是小事，不值得愤怒。""好孩子从不会发火。""你不要……"事实上，让孩子"闭嘴"本身就是对孩子的一种冷暴力，阻止孩子表达愤怒，会导致孩子产生羞耻感。如果孩子表达自己的情绪却被告知这"没什么好哭的"，那么他就会认定，自己的哭是一件不对的事情，自己是一个坏孩子。

平时，教育者就应该告诉孩子，愤怒情绪本身是没有错的，愤怒是自然的、正常的，然后教会他以健康的方式去体验它、表达它。当孩子表达愤怒时，教育者应该做的不是训斥孩子，制止其表达愤怒，而是应该帮助他思考：我为什么会对这样的事情感到愤怒？有效的应对办法有哪些？对于让你感到愤怒的人，你可以尝试与其进行沟通，向其说明你内心的感受，并且倾听对方给你的解释；你也可以寻求教育者的帮助，向其说出内心的不解与愤懑。成人要做的是帮助孩子学会合理地疏导情绪，学会与愤怒相处，学会理性地控制情绪的表达。

愤怒长期被压抑，最终会迎来总爆发，进而造成巨大的伤害。愤怒不会因为你压抑了它，它就消失，怒气在心中日积月累，总有一天会爆发，一旦爆发，就会产生难以想象的伤害——伤害自己或者伤害他人。曾经轰动全国的马加爵事件的主人公马加爵平时经常受人欺负，内心积累了很多怒气，但无处发泄，也不敢抗争，只能默默地忍受，最终忍无可忍，心理一时调节不过来，因为一次小小的争吵，就点燃愤怒的炸弹，酿成了悲剧。

情绪管理是从小学习的，如果孩子从小学会了压抑情绪，那么，他长大以后就很难改变，这不仅会伤害别人，更会严重地伤害自己。某些平时很乖的孩子，有时会很冲动地做出一些伤害别人的行为，很有可能就是怒气长期被积压的缘故。

2. 尊重孩子的愤怒

孩子的任何一种情绪及其行为都应该得到尊重，因为它们都具有适应性意义。因此，教育者对待孩子的愤怒要有一种尊重的态度，不可以随意贬损孩子的愤怒情绪。现实中，当孩子表现出愤怒时，我们时常看到这样的现象：

有的教育者会对孩子说："别生气，生气有什么用呢？"好像生气是一种多余的情绪，只会伤人伤己。

有的教育者对孩子说："别生气，这没什么大不了的！"好像生气要有正当的理由，理由不正当或不恰当就不能生气。

有的教育者对孩子说："你小小年纪，有什么资格愤怒？！"愤怒是情绪的一种自然流露，哪还需要什么资格呀？孩子也不知道愤怒还需要什么资格，因此，为了不惹教育者生气，他只好强行压抑自己的情绪，外表不显露出任何愤怒的痕迹。

……

在此类规训下，孩子便会逐渐产生这样的理念和行为：愤怒是不好的，应该收起愤怒，笑脸迎人，这样才是温顺可爱的乖孩子。

3. 愤怒后要认错

孩子宣泄愤怒情绪之后，教育者应该坚持要求他认错。因为认错标志着愤怒的终结，并有助于孩子的情绪恢复正常；认错还有助于家人之间正常关系的恢复。认错对于孩子发怒之后懂得如何使情况恢复正常，如何理性地面对困境有好处。在这方面，教育者也应该给孩子树立榜样，即教育者在发怒和冲动之后也要认错、道歉，如果真能如此，将有助于孩子形成相应的行为习惯。

4. 不可使用奖励

为了让孩子早点息怒，许多教育者会用玩具、食物、好玩的机会来哄孩子。这种做法是不妥的，因为如此一来，就等于鼓励孩子用生气、愤怒来达到其他手段无法达到的不合理的目的。

（三）应对孩子愤怒的一般方法

面对孩子的愤怒情绪，我们的目标不是压制或者破坏孩子的愤怒情绪，而是接受并引导，让孩子用积极的、不带有伤害性（不伤害自己，也不伤害别人）的方式来表达愤怒。为此，对孩子的愤怒，我们可以采取以下方法来应对。

1. 拥抱法

孩子生气了，已经开始踢打尖叫了，这时要做的事是使他冷静下来。而使孩子快速平静下来最有效的办法就是蹲下身来尝试抱着他，然后轻轻地哼唱歌曲，缓解孩子激烈的情绪。

2. 直面问题法

如果孩子是因为做事受到阻碍而生气，那就给他建议，协助他去尝试新的有效途径，看到解决问题的希望了，或者问题解决了，孩子的怒气也就消了。但具体的事情，一定要让孩子自己去做，而不要去替他做，否则，不仅会让孩子失去成长的机会，而且可能会助长孩子利用"愤怒"来偷懒。

3. 有氧运动法

有氧运动就是呼吸顺畅类型的运动，强度低，持续时间长，通过连续不断或反复多次的活动，在一定的时间内完成一定量的运动。在整个运动过程中，我们能够顺畅地完成呼吸过程，只是有呼吸的缓慢与急促之分。例如，走路、游泳、做健身操、骑车等都是有氧运动。

每天都要坚持让孩子进行一个半小时左右的有氧运动,确保幼儿得到充分的身体锻炼,同时,有氧运动能使身心的能量得到释放,有利于减少压力,进而降低愤怒的频率。

4. 榜样法

幼儿期的孩子对抽象的道理不易理解,模仿是他们重要的学习方式。要让孩子形成良性的愤怒表达模式,教育者就应该在对愤怒情绪的认知和表达方面为孩子树立一个良好的榜样,平时,要努力将自己的愤怒情绪合情合理地表达和宣泄出来,否则,将会给孩子树立负面的榜样,不利于孩子的身心健康。

案例 4-51　性情暴躁的宏云

开学初的一天,从室外活动回来,孩子们都十分高兴。到了本班教室门口,许老师掏出钥匙准备开门。钥匙孔可能生锈了,钥匙插进孔里,转动有些困难——无论如何尝试,门都打不开。宏云只好站在一边等着。许老师经过多次努力,门还是无法打开。宏云耐不住性子,竟然抬起脚来使劲地踢门。那模样真是有点疯狂,看架势他恨不得把门踢破。许老师制止了宏云,并且问他为什么要踢门。宏云说:"打不开门,生气!"

一天,宏云在玩积木,他想把积木一块一块地搭起来,看来他想要搭成一座高楼的模样。许老师在一边看宏云的脸色有点儿异样——突然噘起小嘴,紧绷着小脸,似乎是憋着气。还没等许老师猜透宏云为什么不高兴,宏云就一把推倒了快要搭成的高楼,然后站起身来,把散落在地板上的积木踢得到处都是。许老师赶紧问:"你玩得好好的,怎么不玩了呢?"宏云凶凶地回答:"有块积木搭不上去,我很生气!"

宏云原来不是这样的,近来他为什么会变成这样呢?后来经过家访,许老师了解到,宏云不仅在幼儿园里反常,在家里也比较反常。比如:吃饭的时候,饭菜不合胃口,他竟然把饭碗推到餐桌下给摔碎了;洗手的时候,水凉了，他就要把水盆给摔碎……

许老师提醒家长回忆：你们最近在家里有没有发火的表现呢？经许老师这么一提醒，家长想起来了：由于工作压力大，夫妻近段时间时常在家当着孩子的面发火——爸爸睡觉时因常被手机铃声惊醒，然后接到领导下达任务的通知而气昏了头，摔过几次手机；妈妈因买菜的经验不足，被菜市场的小贩给骗了，气得她把刚买的青菜摔在地上，还狠狠地踩了好几脚……

我给宏云的父母提出如下几个建议。

①调整自己的心态，做孩子情绪方面的榜样，尽量不要在孩子面前发火，努力让自己面对任何困难都能心平气和。

②在面对挫折时，父母首先要平静下来，不要互相指责，而要专注于问题的解决。

③万一感到气愤，请在心中默念"我是孩子的榜样，我不能失态"，然后数数1、2、3……8、9、10……数一次气未消，接着再数，实在不行就暂时离开当前的情境。正面示范后，相信经过一段时间的潜移默化，面对挫折和困境时，孩子就不会那么愤怒了。

教育者就是孩子学习的榜样，应该在如何表达自己的愤怒情绪方面成为孩子的榜样。如果一个孩子从来没见过教育者表达愤怒，那教育者实际上就是在教育孩子不能表达自己的愤怒。或者，当教育者的愤怒无法自我修复并且非理性地发泄出来时，就会成为孩子学习的坏榜样。例如，有些教育者总是以大声、有害的方式表达自己的愤怒，那么孩子往往就会以同样的方式来表达自己的愤怒。如果教育者因无法调控自己而失控地对孩子大发脾气，请记住事后一定要补救：真心地向孩子道歉，告诉他，你也是人，也会犯错误，但你愿意承认错误并改正。这种道歉不仅有利于增进亲子、师幼的良好关系，而且可以使孩子从中学会情绪失控后如何处理的技巧。

在愤怒时，教育者应该尝试采用积极的心理暗示来舒缓不良的情绪，引导自己正向思考，并且以健康的方式发泄出来。这样，你就为孩子树立了一个良好的解决愤怒的榜样。另外,教育者还要善于发现各方面的榜样,比如,在孩子的同伴中,在孩子熟知的文艺作品中树立典范,引导孩子去向情绪调节良好、能合理地发泄愤怒的榜样学习,让孩子逐渐明白,愤怒应当表达出来,但不难采用哭喊、打闹、耍泼等消极的方式。教育者可通过故事来让孩子知道如何正确地面对愤怒。例如,甲小朋友生气时会哭喊打闹,摔打东西;乙小朋友不开心时会告诉教育者自己为什么不开心,并与教育者共同商量解决的办法。然后,教育者组织孩子探讨这两种做法的不同,哪种做法更好,为什么这种做法更好。鼓励孩子以后愤怒时,也向其学习。

另外,当孩子做出良好的情绪行为时,教育者要明确地给予充分的肯定甚至奖励,使孩子清楚面对愤怒时如何做才是正确的,给他以后的行为提供一个正确的示范。

5. 鼓励强化法

教育者以语言、实物、表情或动作鼓励、强化孩子的正向行为,以达到调控孩子愤怒情绪的目的。例如,当孩子骂人时,教师蹲下身轻抚他的头说:"××平时最听话了,从来不骂小朋友。骂人是不对的,××不骂人好不好?做个乖宝宝。"这种肯定加激励,会让孩子很快停止因愤怒而产生的不良行为。

6. 规则管理法

教育者可对孩子提出合理的表达愤怒的行为规则。引导孩子宣泄愤怒,并不意味着毫无原则地纵容孩子胡搅蛮缠、生气发火。例如,当孩子为少买了一件玩具、少吃了一些甜食,而大发雷霆、怒不可遏时,家长不可一味地退让,应先安抚孩子的情绪,再对其讲明其中的道理,并与之协商日后遇到类似问题的处理办法。教育者应与孩子共同制定合理的情绪行为规则,对孩子的情绪行为提出限制,弱化其发怒的不合理原因。比如,一个孩子在愤怒的时候摔打玩具,教师可以这样对他说:"玩具是给大家玩的,是大家的东西,你不可以摔。就像别人摔你一样,它会痛的。"

7. 情绪调控训练法

让幼儿了解并掌握一些可以被他人接受的表达愤怒的方式，这样有利于孩子在愤怒时，既不压抑自己的愤怒情绪，又能通过适当的方式表达出来，于人于己都有利。

当孩子愤怒时，教育者可以通过以下方式来引导孩子宣泄愤怒情绪或者逐渐减弱愤怒的冲动。

（1）情境转移法

当孩子感到愤怒的时候，把他带离使他生气的地方，这样往往可以收到较好的息怒效果，因为眼不见则心不烦。或者告诉孩子，当他愤怒时，可以主动离开那个引他发怒的地方。

（2）数数法

数数法即让孩子学会在准备愤怒的时候强迫自己数数，在心里从1数到10。一次不行，就数两次、三次。

（3）深呼吸法

深呼吸法即让孩子学会在准备愤怒的时候，强迫自己赶紧闭上嘴巴深呼吸，并且连续深呼吸10次。深呼吸有利于孩子的内心恢复平静。

（4）活动法

活动法即让教育者快要愤怒时，通过打枕头、跺脚、画画、投掷沙包、飞镖，挤、掐、摔橡皮泥和面团，吹哨子等方式来宣泄体内积聚的生理或心理的负能量，以达到生理或心理的新平衡。这种把内心深处的不满和愤怒的消极情绪发泄出来的办法，有利于幼儿的身心健康发展，对矫正幼儿的不良行为也有独特的作用。

（5）音乐法

音乐法即教育者在孩子快要愤怒时，选择一些旋律轻松、舒缓的音乐来使孩子放松心情，或者教孩子学唱一些歌词内容积极向上、音乐节拍活泼欢快的儿歌。

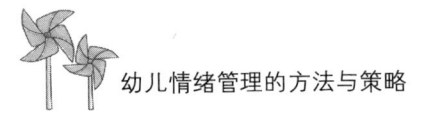

（6）诉说法

诉说法即让孩子学会在快要愤怒时，主动向教育者或小伙伴诉说自己的不满，这样可以舒缓其内心的压力。

在家里，父母和孩子可以进行一种有效的亲子倾听练习。孩子和母亲或父亲背靠背坐着，其中一人不受打扰地说2分钟，倾诉想要表达的任何感情，另外一人只需以"嗯、嗯"附和，2分钟的时间到了，他才能说话。双方轮流说话，直到把想要说的话全部说完为止。结束时，两人应该至少在一起说4分钟。

经常进行这样的练习，孩子就能学会并习惯于倾诉和倾听。

（7）语言应对攻击法

当一个孩子要去打另一个孩子时，通常是由孩子怒不可遏而导致的。气急败坏的他会认为打架就是自己唯一能做的。教育者必须告诉孩子，尽管生气是人的正常情感，但是打人是不对的。要教会孩子如何保护自己，并在不借助于拳头的情况下表达自己的愤怒，如教会孩子使用"够了！不要这样""别动！我正在玩这辆卡车呢，等我不玩了你再玩吧""我在玩这个呢，你重新找一辆吧"等语言来表达自己的不满情绪。孩子掌握了语言应对攻击法，就可以减少因受攻击而冲动继而动手打架的情况。

案例4-52　亚当该如何还击

亚当今年3岁，个头较小，为人很和气。一次，他在画架前兴高采烈地画画。他把深蓝色的颜料混在了一起，正在试混合后的色彩效果。沃尔特从他旁边经过时停下来盯着看了一会儿，然后故意拿腔拿调地说："真难看！"过去，对于沃尔特的嘲讽和侮辱，亚当一直是忍让。但是，这一次他用妈妈曾教给他的话反驳道："我不喜欢你这样说。你的话伤了我的感情，我很难过。"而沃尔特望着他，咧开嘴大笑，还毫无顾忌地大声喊道："画得真丑，你真笨！"这次沃尔特又赢了。

老师们，我们应该问问自己：我是否会制止孩子之间的言语中伤？我有没有教那些可能会被欺负的孩子一些技巧和手段，让他们能独立、有效地应对那些喜欢说话伤人的同伴？如果回答是否定的，那么我们就该行动起来，因为语言的杀伤力是很强的。

（8）应对被攻击的办法

孩子在幼儿园里，在社会上，甚至在家里，都会时不时地遭受小伙伴的攻击。遭受攻击是引发孩子愤怒的一个重要因素。我们不主张被打者绝对地"打不还手"，更不主张"懦弱地走开"。我们主张，面对别人的人身攻击时，应采取以下办法：一是学会自我保护；二是学会有序地表达自己的不满甚至是愤怒——愤怒地瞪着攻击者 → 大声地说"你打痛我了，请你别再打我" → "你再打我，我就告诉老师" → ……"狂徒、暴徒不是我想要的，懦夫也不是我想要的"。

如果孩子学会了有效、有序地应对小伙伴的攻击，那么他就会变得勇敢和坚强，就不会轻易地愤怒和失态。

（9）在安全岛里宣泄

在活动区比较隐秘的角落，布置一个"安全岛"，地上铺设蓝色的泡沫地垫，放几个毛绒玩具和两个软靠垫。告诉孩子们：如果哪个小朋友很生气，又不愿意告诉别人，就到这个"安全岛"来，可以在这里脱下鞋子跑、跳、喊、叫，也可以安静地坐一坐、躺一躺、想一想。

8.忽视法

当孩子以愤怒行为作为达到目的的手段时，最有效的应对办法就是忽视——装作不理他，不看他，任由他疯狂一下。当孩子发现其疯狂表现得不到教育者的任何回应后，他就会放弃愤怒行为。

案例 4-53 敢威胁老师的付勇

从小受到爷爷奶奶精心呵护和宠溺的付勇，一进活动室便满地打滚，碰

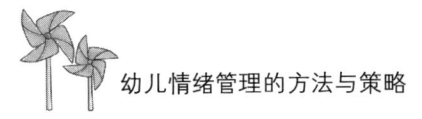

头抓脸,踢打老师,并且哭喊着威胁粟老师:"快让我回家,不然,我就把头碰烂给你看。"他边说边用头使劲儿碰门。粟老师装作一点都不在乎的样子,跟他说:"你撞呀,看谁的头痛。你撞到不想撞了,不想哭了,再过来跟老师谈谈。"然后,粟老师去组织其他孩子活动,既不看他,也不劝他。

付勇撞了几下门,然后就不撞了——估计是真的撞痛了,也可能是他发现老师根本不在乎他撞门。最后他放弃撞门了,也不哭了,乖乖地来到粟老师身边。

粟老师拉起他的手让他看班里的图书,教他搭积木,带他玩蹦蹦床和娃娃城。付勇很快就和粟老师亲近了,再也没有哭过,在以后的活动中表现得还相当出色。

粟老师赢在忽视,赢在坚持。

八、孩子的嫉妒情绪及其行为与应对

幼儿期的孩子看到或感受到小伙伴在某些方面比自己强或有优势,自己又感觉到无法拥有小伙伴的能力、物品或优势等,就会产生不安、不服、不悦、失落、烦恼、怨恨甚至仇视的心理,并企图破坏小伙伴的优越状况,这种消极情绪和行为就是嫉妒。

大约从 1 岁半起,孩子的嫉妒心理就开始有了明显而具体的表现。起初,孩子的嫉妒大多与母亲有关。如果自己的母亲将注意力转移到别的孩子身上,孩子就会以攻击的形式来对别的孩子发泄嫉妒情绪。例如,当母亲去抱别人家的孩子时,孩子就会很快地跑过去,叩叩他的头,或抓他的脚,想把那个孩子支开,甚至骑在他的身上,等等。这是孩子在家里常出现的嫉妒情绪。在幼儿园里,孩子之间相互比较的机会增多了,嫉妒的形式也会随之发生变化。比如,在幼儿园里,某个孩子常常偷偷地把老师喜欢的那些孩子的东西藏起来或搞坏;又如,在幼儿园里上课时,如果老师夸奖别的小朋友,有的孩子便会大声喊叫:"我也会啊!"

案例4-54 蕾蕾的画落选后

一次,贺老师要求小朋友们每人画一幅画参加评比。蕾蕾认真地画了起来,画画可是她的强项。大家都画完后,贺老师选出了五幅画贴在墙上,可蕾蕾的画落选了。课间休息时,贺老师发现,墙上的画都被撕破了。经过调查发现,原来是蕾蕾干的。在贺老师的追问下,蕾蕾说,因为自己的画没被评上,看到贴在墙上的画她心里不高兴,所以就把它们都撕破了。

蕾蕾不高兴并撕画就是其嫉妒心理的反映。

嫉妒对个人、集体和社会起着耗损作用,是一种对团结、友爱非常不利的情绪。如果好嫉妒这种缺点保留到长大以后,那么,孩子就很难与他人建立和谐的关系,很难在生活中心情舒畅,因为对嫉妒心理强的人来说,别人的成功和自己的失败,都会给他带来痛苦,平添不少烦恼。所以,教育者要注意从小关注孩子的嫉妒情绪及其行为,引导其向健康的方向发展。

(一)对孩子嫉妒的心理分析

1. 孩子的嫉妒有时是一种独占心理

孩子的嫉妒有时是一种独占心理,孩子年龄越小,这种成分越大。孩子不能容忍身边亲近的大人疼爱别的孩子。孩子最初的嫉妒总是与自己的爸爸妈妈等身边亲近的人有关,当看到大人疼爱别的孩子时,往往会表现出不满、哭闹、反叛等,有时甚至会出现一些倒退行为,如故意尿湿裤子,故意做出与自己的实际年龄不相符的幼稚行为,以引起大人的注意。例如,一个叫贝贝的小女孩,只有8个月大,吃过早饭,妈妈抱着她在小区里晒太阳。小区里有个宝宝和贝贝差不多大,很可爱,妈妈就去抱那个宝宝。没想到,妈妈刚刚抱起,贝贝就表现出要哭的样子,而且挥舞着小手叫嚷着,好像在说:"妈妈是我的!"

案例4-55 妈妈不懂孩子的心

有一天晚饭后，妈妈带着3岁的小明到小区的花园去散步。在花园里，他们遇到邻居张阿姨带着1岁的宝宝也出来散步。妈妈高兴地抱起邻居家的小宝宝，这时小明突然乱喊乱叫，也不知道他在说些什么，妈妈没有理会。小明的小脸憋得通红，上前去扯妈妈的衣服。

上述案例中小明的表现就反映了他的嫉妒心理，可是并没有引起妈妈的关注。

2. 能力中等以上的孩子易产生嫉妒心理

一般而言，在各方面都比较"弱"的孩子都比较"安分"，他们认命了，觉得自己无法超越别人的优秀，因此，得不到表扬和重视，他们觉得无所谓；但能力中等以上的孩子，觉得自己的能力与优秀者相差不远，很可能有机会超越那些占优势的强者，而在现实中又没有受到"重视"和"关注"，所以才会对有能力的小朋友产生嫉妒。

当你的孩子嫉妒别人的时候，你应该暗喜，因为这至少说明你的孩子并不差，同时，孩子还有一股不服输的劲儿。这样的孩子可教也！！

3. 孩子产生嫉妒心理与行为是有条件的

如果我们注意观察就会发现，以下四种情况容易引发孩子的嫉妒心理与行为：

①各方面的条件与自己相同、相近或不如自己的小伙伴处于优位；
②自己厌恶或轻视的小伙伴处于优位；
③与自己同性别或玩得好的小伙伴处于优位；
④比自己更高明的小伙伴处于优位。

但是，当上述条件与下列任何一个条件同时存在时，幼儿的嫉妒心理与行为就不会产生：

①孩子无意与上述这些处于"优位"的小伙伴对比。

②孩子认为，自己无法达到上述这些处于"优位"的小伙伴的高度。

③孩子认为，他和上述这些处于"优位"的小伙伴生活在不同层次的世界。

④孩子认为，上述这些小伙伴的"优位"是其经过艰苦努力得到的结果。

了解孩子嫉妒产生的条件，有利于我们有针对性地对有嫉妒心理和行为的孩子进行教育。

4. 自我中心思维易导致孩子产生嫉妒心理与行为

幼儿期的孩子处于自我中心时期，他们只会从自己的角度去思考问题，加之自幼就得到家人过分的溺爱和娇宠，他们想要什么就有什么，想干什么就干什么，这就导致他们以为自己是世界的中心。他们希望自己每时每刻都能得到父母和老师及周围其他人的宠爱和关注，到哪里都想成为众人关注的焦点，一旦发现自己所期望的这些东西属于其他小伙伴，马上就会觉得心里不舒服，就容易产生嫉妒心理，进而想方设法地通过各种手段夺回优位。

（二）应对孩子嫉妒心理与行为的策略与要求

嫉妒会使人迷失自我、心胸更加狭窄、目光短浅，会使人的快乐变得畸形，会使君子变成小人。因此，我们要注意对孩子的嫉妒心理和行为进行预防和矫治。教育者可以从预防和矫治两个方面采取措施。

1. 预防孩子产生嫉妒心理与行为的措施

预防孩子产生嫉妒心理与行为的措施主要有以下几种。

（1）建立良好的环境

嫉妒心理和行为的产生，虽有多种原因，但从根本上讲，是孩子内部的消极因素和外部环境的消极因素相互影响、相互作用而产生的。教育者应当在幼儿园和家庭中为孩子建立一种团结友爱、互相尊重、谦逊忍让的环境和氛围，这是预防孩子产生嫉妒心理的重要基础。

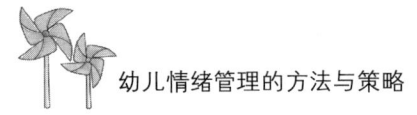

（2）要正确地评价孩子

孩子都喜欢受到表扬和鼓励。表扬得当，可以巩固孩子的优点，增强他的自信心，使他不断进步。如果表扬不当或表扬过度，就会使孩子骄傲，进而看不起别人，认为只有自己好，别人都不如自己，甚至当有人夸别人好，没夸他好时，他就难以接受。这是因为孩子年龄小，自我意识刚刚开始萌芽，他还不会全面地看问题，不能正确地评价自己和别人。孩子对自己的评价是以成人对他的评价为标准的，所以教育者要正确地评价孩子，不能因疼爱和喜欢，就随意拔高对孩子品德、能力的评价，不能过分地赞赏，以免孩子对他自己产生不正确的印象。教育者还要适当地指出孩子的长处和短处，使他明白，人人都有长处和短处，小朋友之间要互相学习，从而帮助孩子正确地评价自己。

（3）帮助孩子提高能力

教育者如果发现孩子在某些方面不如别的孩子，不要当面指责孩子不如别人，而应帮助他提高这些方面的能力。如果有条件，教育者可以请一个能力强的小朋友来帮助孩子做好一件事情，这样可以提高孩子的能力，孩子之间真诚友好的帮助也是预防嫉妒心理的良方。

每个孩子都不可能样样都有特长，只要孩子在某些方面有特长，他的强项足够强大，他的自信心就会足够强大，他对别人产生嫉妒心理与行为的概率就会大大降低。因此，教育者要努力让孩子有自己的强项，并且有意识地创造机会让他经常在小伙伴们面前展现，时常赢得小伙伴们羡慕的眼神，这样，孩子就会对自己更有信心。对自己有信心的孩子就不会轻易地嫉妒别人。

（4）对孩子进行谦逊美德的教育

通常，嫉妒心理较多地出现在有一定能力的孩子身上，这些孩子往往因为自己有一定的能力，但没有受到关注和表扬，所以对那些受到关注和表扬的小朋友产生嫉妒心理。因此，在预防孩子的嫉妒心理时，必须对孩子进行谦逊美德的教育，让孩子懂得"谦虚使人进步，骄傲使人落后"的道理。要让孩子明白，即使别人没有称赞自己，自己的优点也仍然存在，如果继续保持自己的优点，又虚心地学习别人的长处，自己的才干就会更强，就会真正长久地得到大多数人的喜爱。

（5）以身作则

生活在充满嫉妒心理的家庭里的孩子，也往往嫉妒心理较强。日常生活中，如果父母在孩子面前总是有嫉妒的言行，孩子就会在潜移默化中形成嫉妒别人的倾向。因此，为了孩子，为了自己，父母必须走出"小我"，不爱慕虚荣，不嫉妒他人，既勇于竞争，又能够超脱，真正做到正确地认识自己，公正地评价他人，这样才能给孩子树立一个好的榜样。切莫在邻居发了一笔横财或挚友升了官时，出于嫉妒对他们横加指责、冷嘲热讽甚至恶语中伤。要知道，坏榜样的"力量"也是无穷的。

2. 矫治孩子嫉妒心理与行为的措施

孩子的嫉妒心理与行为时常具有攻击性和破坏性。比如，小朋友们正在跟老师学画飞机。老师在黑板上画了一架飞机，让小朋友们照着画。画画结束后，老师把孩子们的画收上来，对小静的画提出了表扬，并且把小静的画贴在墙上展览。但小静的画贴到墙上不久，小敏就趁大家不注意，用黑笔在小静的画上涂抹了好几道。老师发现后，问小敏为什么要这样做，小敏说："我不愿意小静画得比我好。"又如，星期天，妈妈的同事带着两周岁的小弟弟来到4岁的佳佳家做客。小弟弟可爱极了，大家都争着去逗他玩。最初，佳佳也挤过去亲了亲他，但不大一会儿，佳佳就有些不高兴了，因为大家都围着小弟弟转，没人理她了。于是，佳佳开始大声地唱歌，可是没人注意她；佳佳又跳起了在幼儿园里刚学会的舞蹈，还是没人注意她。佳佳气极了，一把抢过小弟弟抓在手里的玩具熊，狠狠地摔在了地上。

因此，我们要注意对孩子产生的嫉妒心理和行为进行及时有效的矫治。矫治孩子的嫉妒心理与行为的措施主要有以下几种。

(1)充分地关心孩子

如果某个孩子频频有嫉妒情绪和行为流露出来,这就说明教育者对这个孩子的关爱不够,以至于让孩子时常产生"爸爸妈妈是不是不爱我了""老师是不是不喜欢我了"这样的疑问。孩子的思想是很单纯的,他之所以看到妈妈抱了一下别的宝宝就哭闹,是因为他以为妈妈不要自己了。类似这样的嫉妒所反映出来的不是道德败坏、品行低下,而是孩子对妈妈的爱是一种本能。所以,家长千万不要大惊小怪,更不要责骂孩子小气,而要想办法正确地引导孩子。

案例 4-56　梅婷:用表扬化解孩子之间的嫉妒心

一次,梅婷一个人在家带孩子。阳阳突然哭闹,梅婷让女儿快快帮忙拿纸巾,快快配合地将纸巾拿了过来。可是紧接着,快快发现妈妈全心全意地在哄弟弟,忽略了她的存在。当弟弟再次哭闹的时候,她不但不帮忙,还阻止妈妈接近弟弟,发现阻止无效时,快快冲过去打了弟弟一巴掌。

梅婷严厉地对女儿说:"你干什么?你怎么能打弟弟?你离开这儿吧!"快快本想争取妈妈的关注,想不到却被妈妈责令离开房间。接下来的时间里,梅婷一直很警惕地盯着快快,防止她再做出伤害弟弟的过激行为。

可是没想到梅婷的做法并没有收到成效,相反,快快为了抢夺妈妈的关注变本加厉。在梅婷给阳阳换尿布、喂奶,陪阳阳玩耍的时候,快快居然故意在梅婷面前爬上床,沿着床边不停地跳,好几次险些跌下床,吓得梅婷大声尖叫,放下阳阳就冲过去,一把将快快紧紧地搂在怀里。这时候快快脸上露出了特别开心的笑容,她觉得自己成功地赢得了妈妈的关注,可是梅婷却被快快弄得心力交瘁。

为此梅婷特意咨询了教育专家,得知她的两个孩子的情况属于最不容易带的那种类型:①老大是女儿,性格敏感;②两个孩子的年龄相差只有两岁,竞争意识强烈;③女儿处在极端缺乏安全感的年龄段,会做出各种意外之举来获得安全感。

专家综合以上几点指出，梅婷必须从根源上解决问题，给女儿快快足够的关注和安全感。

批评教育可以在一定程度上阻止情况的恶化，但是会使快快觉得更加不安，然后变本加厉地寻找安全感。所以，梅婷应该转换思维，改批评教育为表扬教育。

一次，梅婷给女儿快快买了一个彩色气球，弟弟阳阳不知道由于什么原因又哭了起来。梅婷和保姆正从车上往家里搬东西，只有快快一个人站在阳阳身边。快快下意识地把自己的气球拿给弟弟玩，还哄他说："别哭，别哭，你看这气球多好看。"

气球转移了阳阳的注意力，他伸手抓住气球的绳子，开心地笑了。

保姆见状立即夸奖快快："快快真好，把自己的气球给弟弟玩，哄得弟弟不哭了，真厉害！"快快不好意思地笑了，扑过来抱着梅婷。梅婷突然发现，原来小孩子的世界如此简单，只要得到一句表扬就会这么开心。

从那之后，梅婷跟保姆学会了一招，多表扬、少批评：当快快做得不对的时候，指出她的错误，告诉她下次不可以那样，语气尽量平和，像朋友谈心那样；当快快做得正确的时候，认真地表扬她、夸奖她，用眼神直视她，让她感觉到温暖。

没过多久，梅婷一个人带着孩子在家，阳阳饿哭了，梅婷把阳阳放在摇篮里，起身准备给阳阳冲奶粉。快快一看梅婷的关注点又在弟弟身上，就故意在妈妈面前摔倒，喊着让梅婷抱她。梅婷看出了女儿的心思，她站在快快面前，盯着她的双眼说："快快，妈妈很爱你，但是妈妈现在需要你帮着哄哄弟弟。不然妈妈一个人太累了，忙不过来，会病倒的。你难道不心疼妈妈吗？"快快不再嚷嚷，立即说："妈妈，我帮你！"她跑到摇篮前，轻轻地推着摇篮，阳阳感觉到有人在推摇篮，就停止了哭闹。

梅婷冲好奶粉，回到摇篮前，一边喂奶，一边对快快说："快快真棒！帮着妈妈照顾弟弟！"快快笑得特别开心。

从那之后，快快对弟弟阳阳的态度有了很大的转变，她不再将弟弟视为抢夺妈妈关注的敌人，而是慢慢有了照顾弟弟的概念。当爸爸教快快使用照相机拍照时，快快的第一句话是："妈妈，你抱着弟弟，我给你们拍照！"梅婷幸福地笑了，从心底里升起温暖的感觉。

回想起快快心理转变的历程，梅婷感慨万千：作为妈妈，她刚开始做得很不好，只会严厉地批评快快，反而让快快对弟弟的敌意越来越重。幸亏她及时改变了自己的态度，用表扬的方式温柔地化解了女儿的嫉妒心理，给了她渴望的关注和安全感。

【摘自：王晓莉.梅婷：用表扬化解孩子之间的嫉妒心［J］.婚姻与家庭：性情读本，2016（12）：44.】

梅婷化解女儿对儿子的嫉妒心理的做法，值得许多生育两个孩子的家长，在应对老大对老二的嫉妒方面加以借鉴。生了老二，不要忘了对老大的关注，同时，要适当地引导老大参与对老二的照顾工作，让其在其中发挥作用，并及时给予肯定甚至奖励。这样确实有利于化解老大对老二的嫉妒心理与行为。

（2）正确引导

嫉妒其实是一把双刃剑，利用得当，完全可以变成激励孩子积极向上的内在动力。因为有嫉妒心理的孩子都有很强的自尊心和积极向上的心理。如果孩子看到别的小朋友比自己好，心里一定会不服气。教育者在这个时候千万不要数落他，比如："你真没用。""你看看××，比你强多了。""人家能做得那么好，你为什么不行呀？！""××就是比你强多了，你应该向他学习。"说这一类的话，也许教育者的本意是想刺激孩子更加努力向上，但这对妒火中烧的孩子来说，无疑是火上浇油，会加重他的逆反心理和嫉妒心理。因为这类话语会深深地伤害孩子的自尊心。教育者要做的应该是鼓励孩子积极进取，与小朋友们良性竞争，告诉他只要尽力付出就已经收获了成功，就是好孩子。教育者要经常对孩子说："老师（爸爸或妈妈）相信你能行的！你要相信自己有潜力!""你希望成功,别的小朋友也希望成功。在大家都想获得成功的情况下,结果很可能是,这次你胜利了,下次他胜利了。因此,只要你努力争取,不管结果如何,你都是有志气的好孩子。"同时,教育者在孩子的潜能发挥和特长培养方面要给予有效的指导。只有不断地激励,孩子的嫉妒心理才能转化为积极向上的动力。

教育者要冷静地帮助孩子了解自己,正确地分析他与别人产生差距的原因,这些差距能否缩短及缩短差距的途径和方法。比如,要让孩子知道:自己在各方面表现如何,有什么优点和缺点,跟上个月、上个星期或昨天比较,自己在哪些方面有进步,在哪些方面退步了。要教育孩子看到别人的长处,学会正确地与他人进行比较,同时学会接受现实。每个人都有自己的强项和弱项,由于天资不同,别人的某些强项其他人即使努力也不可能赶得上。如果处处都想和别人争个高低,什么事都想超过别人,就只会自寻烦恼;而通过不正当手段来达到超过别人的目的,是可耻的、不道德的。因此,教育者要让孩子学会接受,学会尊重甚至欣赏别人的强项;当然,如果别人的强项是他后天努力的结果,那么,教育者就要鼓励孩子虚心地向别人学习,努力迎头赶上。由于人的精力有限,我们不可能在每个方面都超越别人。作为一个普通人,我们能在自己有潜质的某些方面,甚至是在某一方面超越别人,就很不错了。因此,教育者要教孩子学会正确面对自己的优势和劣势,学会心平气和地接受自己的"不如意"。一个孩子如果能在自我认识方面有这样的理念,那么,随着他逐渐学会客观地分析自我和别人,其嫉妒心理就会慢慢弱化甚至消失。

另外,教育者不要指责被嫉妒的对象,有时孩子会嫉妒别的孩子拿了什么奖,得到老师的表扬,穿了件很漂亮的衣裳。这时,教育者不要说被嫉妒者"没什么了不起"之类的话,因为这样会进一步纵容孩子的嫉妒心理,还容易让孩子对被嫉妒者产生敌对的心理。比较合理的方法是,既承认被嫉妒者的优势,也鼓励嫉妒别人的孩子,让孩子懂得大家都有自己的优势,以缓解其嫉妒心理。

（3）帮助孩子找到自身的优势

让孩子知道自己也有能让别的孩子羡慕的地方，这是减弱孩子对别人产生嫉妒心理的一种十分有效的办法。比如，一个5岁女孩的脸上有一块胎痣，她时常听到别人说自己是"阴阳脸"，就心存恼怒，天天照镜子，对别的孩子产生了嫉妒心理，有一次竟抓了一把泥抹在别的孩子的脸上。老师告诉她："胎痣是天生的，我们在电视里常看到黑人、白人，他们也是天生的。这没有关系。你有许多优点：你的眼睛很好看，脸长得很美；你会唱歌；你还会帮助大人做事，很能干。"这个小女孩逐渐地不太在意自己的胎痣，也不再嫉妒别人的长相，而是专注于自己的优点，并且敢于和善于表现自己的特长，周围的人也将注意的焦点从其脸上的胎痣转向她的才能。

（4）引导孩子树立正确的竞争意识

有嫉妒心理的孩子一般都有争强好胜的性格。教育者要引导和教育孩子靠自己的努力和实际能力去与别人比较，竞争是为了找出差距，更快地进步和取长补短，不能用不正当、不光彩的手段去获取竞争的胜利，要把孩子的好胜心引向积极的方向。

教育者不应盲目地鼓励孩子与别人比高下。比如，教育者不应该这样跟孩子说："别的小朋友在你之前获得成功，你在一旁生闷气可不是本事。相反，你应该激发自己的斗志，敢于和对方展开竞赛。这次他获胜了，下次你要和他比一比，争取通过自己的努力超过他。"

鼓励孩子不断地赶超别人无形中是在鼓励孩子相互嫉妒。今天你赢了，我嫉妒你；明天你赢了，我嫉妒你。如此循环，没完没了，就会让孩子不断地处于竞赛中，处于轮流嫉妒和被嫉妒之中。这样，孩子的内心永远不得安宁：今天赢了，怕明天输；明天输了，又想着如何赢回来。如此竞争的环境是不利于孩子的身心健康发展的。

我们应该鼓励的不是赢别人，而是做最好的自己，尽力就好。

在面对别人的优点时，我希望家长这样跟孩子说："在别的小朋友身上肯定有许多优点是值得你去学习的,只要把他们的优点学到手,你就能不断进步,取得成功。"孩子能这样就好,不一定非要超越别人。

九、孩子的懦弱性格及其行为与应对

案例4-57 河上光男的自杀

在一所小学曾发生过这样一个悲剧:一个身体单薄、性格内向的小学五年级学生河上光男,因为忍受不了本校一位高年级男生(有"小霸王"之称)的欺侮,竟然吞下了大量安眠药,怀着难以排解的恐惧含恨离开了人世。

在河上光男自杀前一天下午放学后,"小霸王"曾在他放学回家的路上拦住他,要他第二天务必"孝敬"一条烟,否则就会放他的血。在这之前,他曾遭受过多次类似的敲诈和威胁,还多次被打得鼻子、嘴巴出血。这个可怜的小男孩不敢告诉家长和老师,因为"小霸王"威胁他:"要是你敢告诉老师和家长,以后就别想有好果子吃!"

河上光男自杀,与其说是由"小霸王"欺凌所致,不如说是由其懦弱所致。

随着校园欺凌事件越来越多,情节越来越恶劣,我们在关注什么样的孩子喜欢欺凌别人的同时,也要关注什么样的孩子更容易被欺凌。一个孩子时常来向老师诉苦:"老师,他们又打我了!"这就透露出两个信息:一是不止一个人打他,而是多个人打他;二是他们不止一次打他,是多次打他。这时,我们的教育对象绝对不能仅仅是欺凌别人的孩子,从某种意义上讲,经常被欺凌的孩子更需要接受教育。有一首歌叫《为什么受伤的总是我》,如果现实生活真的是这样,那么,"总是受伤的我"一定也是有问题的,要不然人家不会总是去伤你。

一个孩子总是受到欺凌,说明他的性格过于懦弱,他胆小怕事,遇事好退缩，容易屈从他人，甚至逆来顺受，无反抗精神，常被人欺负，害怕困难，在困难面前惊慌失措。一个孩子一旦形成懦弱的性格，往往就从怀疑自己的能力发展到不能表现自己的能力，从怯于与人交往发展到孤僻地自我封闭，由此形成不良的人际关系，进而变得更懦弱。因此，教育者一定要努力避免孩子形成懦弱的性格，如果孩子已经形成了懦弱的性格，一定要努力地带领他走出懦弱。

（一）孩子懦弱的心理分析

1. 孩子的懦弱是家长过于严厉的结果

一个懦弱的孩子背后一定有一个严厉的家长，家长过于强势往往是孩子懦弱的一个十分重要的原因。强势而严厉的家长总是以训斥的口吻与孩子说话，对孩子的活动总是过度地限制，管得十分严厉，孩子犯错后，他们往往给予严厉的批评甚至处罚。如此一来，孩子就会变得胆小怕事，谨小慎微，唯唯诺诺，过分隐忍，不敢表达自己的意见和不满情绪。

2. 孩子的懦弱是连续失败经验的结果

人际交往中的连续失败和学习生活方面的连续失败都会让孩子对自己失去信心，对人对事缩手缩脚，不敢在做人做事方面再去进行新的尝试。

3. 孩子的懦弱是家长溺爱的结果

有人这样描述一些溺爱孩子的父母的举动："饭不用他自己盛，生怕烫着；苹果不用他自己削，生怕他伤着；路不让他多走，生怕累着；高处不让他去，生怕跌着；学轮滑，父母双双跟着扶着，生怕他摔着……"这样过度保护孩子实际上是在暗示孩子什么都不能做、不会做，做什么都很危险，孩子自然就什么也不敢做、不想做，自然就变得胆小怕事了。

4. 孩子的懦弱是家长教育的结果

有的家长经常向孩子灌输"卑微"的思想意识，比如，经常对孩子说："我们家穷，没权没势，爸爸妈妈也没什么本事，你要少出头露面，少与人搭话,吃点亏就吃点亏。"在这种意识的诱导下,孩子觉得懦弱是应该的,因此,在与同伴交往的过程中经常表现出懦弱的行为和倾向。

5. 孩子的懦弱是家长说出来的

很多家长在面对孩子的胆小时,表现得很急躁,动辄给孩子贴标签:"我们家孩子什么都好,就是很胆小。""我们家孩子胆小,从小就没离开过我们,希望老师多多照顾。"家长嘴里不断地念叨孩子"胆小","胆小"就是家长给孩子贴的一个消极标签。在这个消极标签的作用下,孩子真的就变成胆小的人。

孩子胆小、退缩,需要教育者的鼓励、引导和肯定,而不是乱贴标签,乱贴标签只会强化孩子对自己胆小的自我认识。

(二)应对孩子懦弱性格和行为的策略与要求

懦弱成为孩子学习生活中的一大障碍,是孩子成长、成功道路上的绊脚石。因此,教育者要预防和矫正孩子懦弱的性格和行为。

1. 接纳孩子顶嘴

许多教育者,特别是那些缺乏耐心的教育者,十分讨厌孩子顶嘴。他们认为,孩子顶嘴就是不听大人的教导,就是向大人提出挑战。因此,孩子顶嘴时,他们往往十分恼火,除了对孩子进行呵斥外,有时甚至还会痛打孩子一顿。其实,教育者没有必要对孩子顶嘴大动肝火,因为孩子顶嘴也有一定的积极意义。

(1)孩子顶嘴是聪明的表现

有一天晚上,女儿的外婆来了,女儿就陪外婆看电视。9点多时,她母亲说:"快去睡觉,都差不多10点钟了!"外婆说:"我难得来一次,今晚又是星期六,就让她多看一会儿吧!"妈妈不肯,女儿只好悻悻地去卧室。这时,母亲又说:"好孩子要听妈妈的话,干吗脸色这么难看?!"女儿听到这句话,马上回了一句:"妈妈,人人都要听妈妈的话吗?"母亲说:"那当然!"女儿

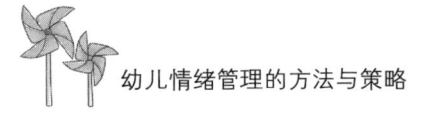

笑了:"那你干吗不听你妈妈的话?!外婆叫我多看一会儿,你干吗不听你妈妈的话?!"女儿顶出了水平,妻子哑口无言,我却在旁边忍不住笑了起来!

(2)孩子顶嘴有利于其身心健康

孩子顶嘴,是他们对大人的"不合理"要求的公开抗争,也是一种心理宣泄,这样的孩子不会畏缩、懦弱、保守、逆来顺受。他们以顶嘴来保持心理的平衡,顶嘴就起到了保护身心健康的作用。同时,由于敢于抗争,大人对他们提出要求时,不得不三思而行,这样他们就可以避免承受更多的心理压力和心理伤害。

(3)孩子顶嘴蕴含着许多积极的品质

顶嘴说明孩子有个性、有主见、有活力、勇敢等,要不然,孩子对教育者"不合理"的要求只会忍声吞气、逆来顺受。

(4)孩子顶嘴是对教育者教育不当的一种提示

孩子顶嘴可能的原因有:他做错了事,教育者批评不得法,他不服气;孩子没做错事,教育者冤枉了他;孩子不想马上去做某件事,教育者硬逼着他去做;大人心情不好,拿孩子出气;等等。在这些情况下,孩子不一定全对,但教育者确实做得不太妥当,此时孩子顶嘴不是什么坏事,它可以让教育者反思一下自己的教育方式和方法。

相信,当教育者了解了孩子顶嘴的积极意义后,如果孩子再次顶嘴,教育者就一定会以一种十分平静的心态,很理智地对待孩子顶嘴。这样,对孩子是有益的,对教育者也是有益的!

2. 给孩子一个勇敢的榜样

班杜拉的社会学习理论认为,孩子是通过观察和模仿来学习的。孩子学习和模仿的对象可以是现实生活中的人(同伴、教师、家长或其他人),也可以是故事、电视剧中的主人公。直观生动的形象容易为孩子所接受,为此,教育者可以创设条件,进行榜样示范,以勇敢、无畏的精神感染孩子,消除幼儿的懦弱心理。

一方面，利用文学艺术作品中的正面形象来感染孩子，如孩子心中的偶像是"超人"，可利用这一人物形象来引导孩子不因一点小事而哭。有一次，一个娇气的小男孩，在一次体育游戏过程中不小心碰到障碍物跌倒了，脚没有受伤，也没有其他什么问题，可他还是大哭起来。周围的同伴都对他说："'超人'是很勇敢的，不会随便就哭的。"这时老师也及时对他说："小朋友们都说对了，你想像'超人'一样，就要勇敢一点，坚强一点，不要轻易就哭，这样小伙伴们才会佩服你。知道吗？"该男孩点了点头，然后不哭了。又如，教师可以通过看图讲述故事《我是勇敢的小强强》、游戏活动"上课大声讲"等一系列活动，来强化孩子的勇敢品质。

另一方面，要注意教育者的示范作用。在孩子面前，对待困难和恐惧的事物要显示出坦然自如、沉着勇敢的样子，这样才会给孩子增添克服恐惧的信心和勇气。有些孩子胆小、懦弱，不能怨孩子，这完全是教育者教育出来的。有些孩子的父母本身就是那种胆小、懦弱的人，他们觉得胆小、懦弱并不是缺点，而是所谓的谨慎、小心、仔细或认真，他们对自己的孩子也一定会采取这样的教育。记住，孩子的第一任老师、最重要的老师，就是自己的父母。作为父母，一定要以身作则，做勇敢、阳光的人，给孩子做出好榜样。

案例4-58 "美国妈妈"与"中国爸爸"

中国香港地区拍了一部电影叫《美国妈妈》。其实"美国妈妈"是一位地道的中国母亲，只为了孩子的成长，忍痛夫妻分居，孤身一人带儿子杰克从香港来到美国谋生存。由于是外国人，杰克在学校里经常被一些美国孩子欺负，"美国妈妈"便让儿子告诉他的同学，他的爸爸是中国的"超人"，非常厉害，杰克渐渐树立了信心。

但是，当杰克文质彬彬的爸爸一出现，立即打碎了"中国超人"的形象，美国孩子又开始向杰克挑衅，抢走了他最心爱的唱片。杰克和他们打了起来。

"中国爸爸"拉起儿子把他带回了家，对儿子的行为感到十分惊诧："你怎么能和别人打架？一盒唱片值多少钱？把人伤了怎么办？"

"美国妈妈"却连眼皮都没有抬一下就对杰克说："自己的事情自己解决。"过了一会儿，杰克举着唱片回来了，他的衣服上滴着泥水，但脸上是胜利的笑容。

相信，大家一定能看出来，"中国爸爸"只能培养出懦弱的孩子，而"美国妈妈"能培养出勇于面对挑战的孩子。

3. 教会孩子应对困境的技能

恐惧是人企图摆脱、逃避某种情境而又苦于无能为力时产生的情绪，如果我们学会了摆脱或逃避这种困境的方法，恐惧自然而然就会消失。我是在农村长大的，记得小时候我曾经有一段时间很害怕狗，但自从我爷爷教会我用砖头、棍子等驱狗或打狗的方法后，我就不再害怕村里那些又凶猛又喜欢狂叫的狗了。同理，如果孩子害怕一个人在房间里关灯睡觉，父母就可以在他的床头装一个夜灯的开关，让其学会开和关，这样他掌握了控制黑暗和光亮的方法后，就不会害怕了。

案例 4-59　教侄子还手的技巧

我曾在报纸上看过一篇介绍中美教育观念差异的文章，其中有一段话给我留下了深刻的印象："美国小学教师如果发现某个孩子无端欺负了另一个孩子，对其处罚是让那个被欺负的孩子回敬两拳。这样可使胆小的孩子学会自我保护，增强其自我保护意识；也可让强悍者学会尊重别人，对其任意欺负弱小者的心理优势泼一瓢冷水。"

作为教育理论工作者，我很欣赏美国教师的这一做法。我觉得，一个孩子经常被别的孩子欺负，这不仅影响了他身体的健康发展，更为严重的是，经常被欺负会对孩子人格的健康发展产生持久的、难以估量的消极影响。

今年春节期间，我回农村老家过年，看到我的侄子经常被邻居家的一个小男孩欺负，虽然那个小男孩没有我侄子高，却比我侄子胖。我侄子经常被那个男孩追着打，所以他出门前都先要看看那"猛男"在不在附近，然后才决定是否出去。我觉得，我侄子现在最值得关注的不是他的身体问题，而是他的心理问题。为了使侄子的心理尽快地回到健康发展的轨道上来，我决定利用在家的几天时间教侄子一些"摔跤的技巧"，经过深入浅出的讲解和不厌其烦的示范，侄子终于掌握了摔跤的一些基本要领和技巧。我一再告诉侄子，不要怕那个"猛男"，当他来攻击你时，只要你按叔叔教的方法去做，你就能"战胜"他。

一试身手的机会终于来了。我在20多米外看到，我侄子先是警告那个逐渐靠近他的"猛男"。在我侄子大声警告无效后，两个小孩终于扭打了起来，在扭打的过程中，我侄子使用了些"绝招"，连续几次把那个"猛男"摔倒在地。

从此，那个"猛男"再也不敢和我侄子较量。我侄子也从此"挺直腰杆做人"，说话的声音也比原来大了许多！我认为，就我侄子而言，他的变化不仅仅是身体方面的变化，更重要的是心理上的变化！

面对幼儿园里的欺凌行为，教育者要让孩子学会如何有效地应对，这是非常重要的。仅仅简单地跟孩子说"勇敢点""别怕他"是没有用的，一定要教会孩子有效应对的方法。

面对小伙伴的欺凌行为，我们不主张孩子以牙还牙式的冤冤相报，更不主张孩子忍气吞声。我们主张，面对小伙伴的欺凌行为，孩子要学会有序地表达自己内心的不满：愤怒地瞪着他→（他不理会你的愤怒）大声地说"你打痛我了，请你别再打我"→（他不听劝告）"你再打我，我就告诉老师"→（老师不管或者老师说自己的问题自己解决）坚决打回去→（打不过）一走了之（走到安全的地方，如走到老师跟前）。另外，我们还应该教会孩子一些防身术，比如，不让对方抓到脸的技术，不让对方咬到的技术，推挡对方拳脚的技术，等等。

当孩子经常受到小伙伴的侮辱时,教育者要教会孩子应对侮辱的办法。一些好强的人格发展有问题的小朋友会经常讥讽和折磨小伙伴。教育者不仅要制止这些恃强凌弱者,还应该帮助那些弱小的潜在受害者学会有效地应对不可避免的侮辱的办法。

◆让恃强凌弱的小朋友不要再说那些难听的话。

◆对别人的无理取闹不予理睬。

◆一笑了之。

◆让欺负别人的小朋友知道他们这样做很傻、很滑稽。

◆把那些话转变成笑话。

如果我们的孩子能从容、持续、有效地应对那些喜欢说话中伤别人的小朋友,那么,喜欢中伤别人的小朋友就会无趣地放弃这些中伤别人的言行。

4. 不要因为胆小怕事而惩罚或嘲笑孩子

相对而言,性格懦弱的孩子比较内向,感情较脆弱敏感,教育者尤其要注意保护孩子的自尊心。当众揭孩子的短,会损伤孩子的自尊心,孩子会变得更加懦弱。比如,你总是骂孩子是"胆小鬼""窝囊废""懦夫",他不但不会因此变得大胆和勇敢,反而会更加坚信自己真的是胆小鬼,就是懦夫。当父母或教师看到孩子有懦弱的表现时,假如以幼稚、夸大或轻蔑的语气与孩子交流,就会增强孩子害怕的感觉。因为这样不但不会减轻孩子对某事物的恐惧,而且会使孩子担心因表现出对该事物的恐惧而被人耻笑。父母见到孩子害怕某物时,可以平静地对孩子说:"很多像你这么大的孩子都害怕它,这是正常的。"父母还可以坦率地承认自己小时候也曾害怕过这些事物,但现在已经不再害怕它们了。这样,孩子就会明白,他并不是世界上唯一害怕这些事物的人。从父母的身上他可以知道,这些事物并不那么可怕,是可以被征服的,由此一来,其恐惧心理便会得到克服。

5. 行为训练

心理学研究表明,改善行为就可以改善心理素质。如果孩子已经形成懦弱的性格和行为，教育者可以通过改变孩子的不良行为来达到矫治孩子懦弱的目的。

（1）视线和行为训练

讲话时盯住对方的眼睛，开始时做不到，就先盯住他的鼻梁，身体站直，挺起胸膛与对方讲话。懦弱的人与人面对时不敢看对方的眼睛，这种身体语言传递的信息是我胆怯、我害怕、我不安。美国心理学家阿瑟·沃默斯认为，只要将身体语言做些调整，就能产生令人吃惊的直接效果。他认为，面带微笑、坦率开通、身体前倾、友善性的握手、眼睛对视、点头，会使人的外在形象显得亲切、随和、勇敢。

（2）说话训练

训练孩子声音洪亮地说话；训练孩子在老师提问时努力争取第一个大声地发言；训练孩子多说"谢谢"，不要轻易地说"对不起"，因为前者的心态是积极的，后者的心态是消极的。

（3）走路姿势训练

让孩子抬头挺胸径直地迎着别人，特别是迎着他有点害怕的人走上前去，不要绕道走。

（4）气势激励

有懦弱性格者的最大弱点是过分畏惧和害怕，要克服这一弱点，就要借助于气势的激励。在困难面前，有了那么一股敢拼敢斗的气势，摆出一副摩拳擦掌的架势，你就会感到有力量，就不会再感到怯懦。因此，对性格懦弱的孩子来说，要求他学会用自我打气、自我鼓励、自我暗示等方法来培养自己无所畏惧的气势，就变得非常重要。比如，教育者可引导孩子面临困境时在心里默念："他们能行，我一定也能行！""我就是不怕他！"……

（5）勇气训练

孩子之所以懦弱，无非就是害怕失败。但孩子越怕就越不敢行动，越不敢行动就越怕，一旦陷入这种恶性循环之中，懦弱不免就加深了。教育者应该使孩子懂得：越是感到害怕的事越要大胆地去做，只要你能大胆地去做，你就能战胜你的懦弱。为此，教育者应有意交给孩子一些他感到害怕的、困难的任务并要求他完成，当他想打退堂鼓时要及时给予鼓励和帮助。随着这类锻炼机会的增多，孩子的能力就会自然成长起来，也就不会再感到害怕了。

（6）事前行为训练

让孩子提前演练，遇到真实情境时他就会胸有成竹，不会怯懦。如果没有做好准备，再次失败将会让孩子的自信心再次受到冲击，孩子可能会因此变得更加怯懦。

（7）数落出父亲的错误

父亲可充当主角进行心理训练：找一张桌子，父亲坐在对面，让孩子数落出父亲的错误，并大胆地喊出来。也许刚开始孩子说不出来，也喊不出来，但是没有关系，只要坚持训练，很快就会有收获。关键是父亲一定要有耐心，要认识到自己的行为对孩子产生的影响。

对孩子的行为训练要注意循序渐进，不应操之过急。为了培养孩子的勇敢精神，某幼儿园组织了一次别开生面的勇敢精神训练活动。老师从班里挑了6个平时胆子较小的小朋友，并分别邀请各自的家长共同参与一个风景区里的"穿黑洞"活动，这个黑洞长约百米，洞里伸手不见五指。洞壁凹凸不平，地上坑坑洼洼的，大小石头满地。在洞口，老师问这6位小朋友怕不怕，谁也不敢吱声，后来看看身边的父母才勉强说："不怕。"于是，老师打着光亮微弱的手电筒和孩子、家长穿过黑洞一遍，孩子在微光下看到石洞内只有石壁而别无他物，恐惧心理消失了许多。第二次，不打手电筒，每个孩子由父母领着，手摸着石壁穿过黑洞。第三次，由孩子和自己的父母单独穿黑洞。第四次，老师在洞口送孩子，父母在洞口另一端接孩子。第四次结束时，老师问孩子们怕不怕，原本胆子很小的这些孩子齐声回答："不怕！""谁敢单独穿过黑洞？"孩子们欢呼起来，他们看到了家长、老师眼里的鼓励和信任，便一个个举起了手,要求自己成为第一个单独穿过黑洞的勇士。这次活动对培养孩子的胆量与勇气起到了很好的作用,使他们从此勇敢起来。

案例 4-60　勇敢行为训练

第一周:向陌生人问路。在你熟悉的地方,让孩子扮演一个问路者,向不是本班的老师问:"老师,请问××班在哪里?""老师,请问××大型玩具在哪里?"或者到商场后,让孩子去问售货员:"阿姨(叔叔),请问××在哪里卖?""阿姨(叔叔),请问厕所在哪里?"在机场、车站或路上,都可以对孩子进行训练。这个训练一周完成三次就算成功了。对于那些怯于同陌生人打交道的孩子来说,完成这项任务会使其产生从未有过的兴奋和愉悦感。

第二周:找营业员换零钱。这比第一周的任务困难一些,因为它给对方带来了一定的麻烦,当然也给孩子造成了一定的心理压力。请孩子拿100元钱到商店或银行里,找一位面部表情冷漠的营业员,两眼平视对方直截了当地说:"阿姨(叔叔),请给我换100块钱的10元一张的零钱。"不论对方态度是好是坏,也不论对方给不给孩子换钱,都要让孩子镇定自若地看着对方,表情越自然越好。只要按规定三次完成这项任务,就算通过。如果有半途而废的情况,就要补齐三次。

第三周和第四周:学习争吵。懦弱的孩子必须学会表达自己的感受,尤其是要学会把不满、愤怒的情绪表达出来。为此,必须让孩子学会争吵。这个训练可这样进行:先是老师或家长扮演与其吵架的对象,与孩子选择一些话题进行争吵;等他的能力提高后,再选择一些盛气凌人、好争辩的小朋友为对象进行争吵。经过磨炼,孩子由敢争吵到能争吵、会争吵,会逐渐增强孩子的胆量和自信心。辩论的结果可能有两个,一个是孩子战胜了对方,另一个是对方占了上风。如果是后面这种结果,让孩子把想说的话说完,然后面带从容的微笑看对方的表现,或者干脆说:"别再强词夺理了,我还有事,再见!"这种使孩子第一次勇敢地面对"强者"的训练,对改变其懦弱是很有意义的。

以后，可乘胜前进，继续训练，直到孩子形成新的自我、新的生活方式和自强自信的心理状态为止。

经过持之以恒的训练和强化，孩子就会逐渐变得坚强、胆大。

【参考文献】

[1] 陈海燕. 允许孩子哭，比哄孩子笑更重要［J］. 新课程：小学，2008（8）：56–57.

[2] 晨曦. 铃木镇一教育法［M］. 北京：石油工业出版社，2005：176.

[3] 冈萨雷斯–米纳. 多元化社会中的早期教育［M］. 徐韵，等，译. 南京：江苏教育出版社，2008：57，61–62.

[4] 高晓妹. 幼儿愤怒情绪的产生及其应对策略［J］. 宿州师专学报，2004（1）：119–120.

[5] 高越洋. 浅谈幼儿的愤怒情绪［J］. 科教文汇，2011（5）：184，200.

[6] 戈登，布朗. 幼儿教育学导论：下册［M］. 梁玉华，等，译. 成都：四川少年儿童出版社，2010：192.

[7] 宫陈. 让孩子为自己的小气"买单"［J］. 山东教育：幼教园地，2010（Z6）：77.

[8] 何为. 小班幼儿在园愤怒情绪的观察研究［J］. 早期教育：教科研版，2013（9）：25–28.

[9] 科特曼. 幼儿教师88个成功的细节［M］. 李旭晴，译. 上海：华东师范大学出版社，2010：68，58–59.

[10] 李训刚. 孩子愤怒时，家长该说的三句话［J］. 青春期健康，2016（3）：31.

[11] 李正菊. 新入园幼儿止哭几例［J］. 山东教育：下旬，2002（30）：31.

[12] 梁淑娴，袁爱玲. 正确认识和处理孩子的愤怒［J］. 教育导刊：幼儿教育，2011（8）：83–84.

[13] 墨非. 如何应对孩子的愤怒情绪［J］. 妇女生活：现代家长，2011（1）：38-39.

[14] 史峰. 别把愤怒情绪"传染"给孩子［J］. 妇女生活，2013（2）：53.

[15] 孙瑞雪. 爱和自由：孙瑞雪幼儿教育演讲录［M］. 天津：新蕾出版社，2004：81.

[16] 王辉. 行为改变技术［M］. 南京：南京大学出版社，2006：37，42.

[17] 王晓莉. 梅婷：用表扬化解孩子之间的嫉妒心［J］. 婚姻与家庭：性情读本，2016（12）：44.

[18] 吴晓燕. 走进童心世界：幼儿教师优秀笔记集粹［M］. 北京：北京师范大学出版社，2000：29.

[19] 肖夏. 引导幼儿正确面对"愤怒"——基于戈尔曼"情绪智力理论"［J］. 亚太教育，2016（5）：106-107.

[20] 杨翠美，渠彦超. 幼儿嫉妒行为点击［J］. 教育导刊：幼儿教育，2006（9）：33-34.

[21] 易慧娟，马学刚. 浅谈幼儿的心理健康教育［J］. 学前教育研究，1998（4）：58-59.

[22] 张春炬. 幼儿教师的家长工作技巧［M］. 北京：中国轻工业出版社，2014：120.

[23] 赵淑芳，樊洁. 家庭教育情境中调节幼儿愤怒情绪的策略［J］. 教育导刊：幼儿教育，2011（9）：85-87.

万千教育 学前教育类书目

书号	书名	著、译者	定价(元)
幼儿园区域活动指导			
1935	幼儿园户外环境创设与活动指导（全彩）	董旭花 等 著	72.00
2103	幼儿园社会区材料设计与评价（四色）	王微丽 霍力岩 主编	60.00
1950	幼儿园科学区材料设计与评价（全彩）	王微丽 霍力岩 主编	60.00
1951	幼儿园生活区材料设计与评价（全彩）	王微丽 霍力岩 主编	60.00
1782	幼儿园数学区材料设计与评价（全彩）	王微丽 霍力岩 主编	60.00
1800	幼儿园语言区材料设计与评价（全彩）	王微丽 霍力岩 主编	60.00
2598	幼儿园艺术区材料设计与评价（全彩）	王微丽 霍力岩 主编	60.00
9613	幼儿园区域活动 ——环境创设与活动设计方法（全彩）	王微丽 主编	60.00
9149	小区域，大学问 ——幼儿园区域环境创设与活动指导	董旭花 等 著	30.00
9548	幼儿园创造性游戏区域活动指导 （角色区·建构区·表演区）	董旭花 等 编著	32.00
9549	幼儿园自主性学习区域活动指导 （生活操作区·美工区·益智区·科学区）	董旭花 等 编著	35.00
0156	幼儿园区域活动现场指导艺术 ——透视38个区域故事	董旭花 等 著	38.00
9134	如何有效实施幼儿园主题性区域活动	秦元东 等 著	24.00

7937	幼儿园科学区（室）——科学探索活动指导117例	董旭花　主编	28.00
幼儿园区域活动指导合计			679.00

幼儿园园所管理			
2102	破解幼儿园园长的50个管理难题	苏晓芬　等　著	48.00
1784	幼儿园危机管理策略与实例	周丛笑　等　编著	52.00
1596	幼儿园安全管理策略	张春炬　李芳　主编	42.00
0039	园本培训促进幼儿教师专业发展	晏红　著	32.00
9883	幼儿园教研活动设计与实施	莫源秋　著	32.00
9620	幼儿园保育员工作指南	伍香平　等　主编	20.00
9438	幼儿园园长的领导艺术	任民　李迎春　著	32.00
9006	幼儿园园长临场应变技巧50例	卢俊　著	20.00
9012	幼儿园园长易犯的80个错误	伍香平　主编	25.00
幼儿园园所管理合计			303.00

幼儿园教师专业成长指导			
2113	做会沟通的幼儿教师	胡剑红　等　主编	38.00
2236	幼儿园文案撰写规范与技巧	刘敏　等　著	52.00
2311	幼儿园探究性环境创设（四色）	康丹　等　译	48.00

……
欲了解更多图书信息，请登录：www.wqedu.com
联系地址：北京市西城区三里河路6号院2号楼213室　万千教育
咨询电话：010-65181109，65262933

*本目录定价如有错误或变动，以实际出书为准。